講談社選書メチエ

569

古代日本外交史

東部ユーラシアの視点から読み直す

廣瀬憲雄

MÉTIER

序章　日本と中国への視線

唐による格付け

『曲江集《きょくこうしゅう》』という漢籍がある。唐・張九齢《ちょうきゅうれい》（六七八〜七四〇）の詩文を集めたもので、『唐丞相《じょうしょう》曲江《きょくこう》張先生文集』や『張文献公《ぶんけんこう》文集』など、さまざまな名称で現在に伝えられている。張九齢は中書《ちゅうしょ》舎人《しゃじん》・集賢院《しゅうけんいん》学士・知《ち》制誥《せいこう》など、文人の栄誉となる官職を歴任しているが、玄宗《げんそう》皇帝治世下の七三二年（開元二十年。以下、原則として西暦で表示）から七三六年にかけて、多数の外交文書を起草したことでも知られている。唐代の外交文書の多くはすでに散逸しているのだが、研究者のあいだでは有名な「勅日本国王主明楽美御徳《スメラミコト》（当時は聖武《しょうむ》天皇）書」など、張九齢が起草した外交文書は散逸を免れて『曲江集』のなかに残存している。

この『曲江集』が収録する外交文書には、聖武天皇治世下の日本をはじめとして、新羅・渤海、契丹・奚《けい》、突厥《とっけつ》・吐蕃《とばん》・突騎施《とっきし》、そして西域諸国など、当時唐の周辺に存在していた多くの勢力が登場する。一九八六年、この点に注目した山内晋次（敬称略。以下同じ）は、『曲江集』に見える外交文書を相互に比較することで、玄宗朝中期の唐による周辺諸勢力の格付けを解明した。現在ではその一部に著者の研究による補正が必要ではあるが、山内の研究が明らかにした唐を取り巻く国際関係は、本書のように広い視野から古代日本の歴史を考える際には、欠かすことができない重要な成果である。

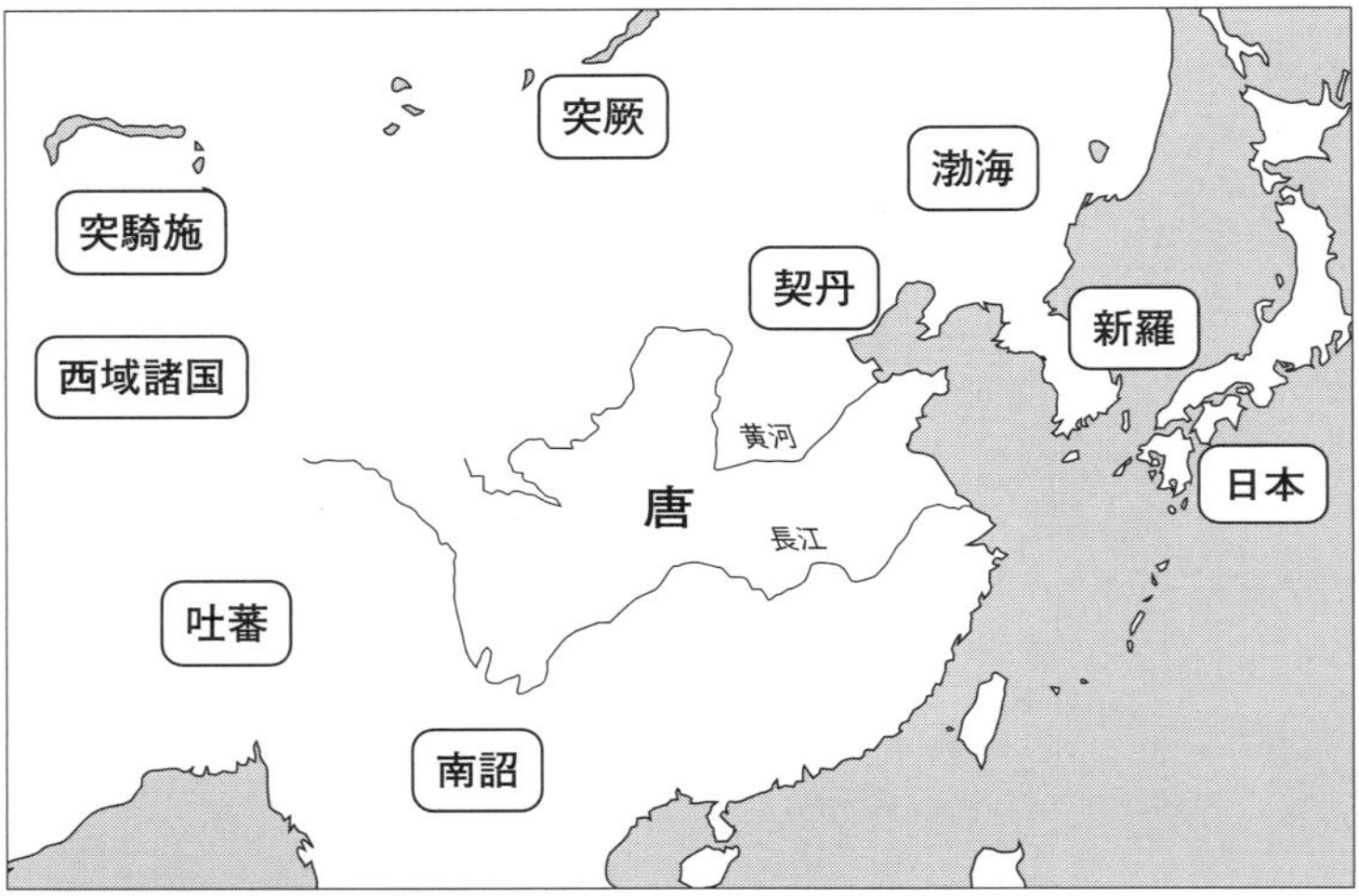

図1　問：黒囲いをした9つの勢力に、玄宗朝の唐が重視した順に①〜⑨の番号を付せ。

では、冒頭から恐縮であるが、読者の皆様に質問したい。玄宗皇帝治世下の唐は、周辺諸勢力のなかでは、どれを重視していたのであろうか。上の地図に見える各勢力に、唐が重視していた順番に①〜⑨の番号を付していただきたい。

いかがであろうか。著者は大学での講義の際に、受講する学生にこの質問を出しているが、聞き慣れない名称が多く登場するうえに、組み合わせが9! = 三六万二八八〇通りもあるためか、これまでのところでは完全に正答した学生は皆無である。気になる正解は、①吐蕃、②突厥、③突騎施、④新羅、⑤契丹、⑥南詔《なんしょう》⑦渤海、⑧日本⑨西域諸国の順である（⑥・⑦と⑧・⑨は逆でも可）。おそらくこの結果は、多くの方は意外なものとして受け止めるのではないだろうか。

北と西が重要

それでは、玄宗朝中期の唐が重視したのは、どのような勢力なのであろうか。まず、唐がもっとも重視した吐蕃とは、西方のチベット高原を本拠とする、チベット史上唯一の統一王朝であり、唐の西域経営に対抗してシルクロードに進出する一方で、のち七六三年には、唐の内乱（安史の乱）に乗じてではあるが、一時的に唐の都・長安を占領したこともある。第二番目の突厥とは、北方のモンゴル高原に本拠を置く遊牧勢力であるが、唐の建国時には高祖・李淵《りえん》が臣属したこともあるなど、強大な軍事力を有しており、八世紀では契丹・奚・渤海の服属をめぐり唐と対立していた。第三番目の突騎施とは、もとは西突厥の属部の一つにあたる遊牧勢力であり、八世紀前半には西突厥にかわり天山山脈北方の砕葉《スイヤブ》を本拠として、吐蕃と結び唐を攻撃するとともに、中央アジアに進出してきたウマイヤ朝（イスラム帝国）とも交戦していた。

このように見てくると、唐が重視した勢力は、唐の北方から西方にかけて存在した、唐と肩を並べる軍事力を保持していた遊牧国家といえる。その一方で、唐の東方に位置する新羅・渤海・日本の格付けは概して低い。唯一、新羅が前三者につぐ第四番目の地位を確保しているが、それは七三二年に渤海が唐の登州を攻撃した際、新羅が唐に協力して渤海と交戦したことが影響しており、一時的な措置と考えられる。実際、唐・元和年間（八〇六〜八二〇）に成立した李肇《りちょう》『翰林志』の規定や、唐末（八八三頃〜九〇三）の制勅などを編纂した、楊鉅《ようきょ》『翰林学士院旧規』所収の「答蕃書并使紙及宝函等事例」によれば、新羅の格付けは一貫して渤海と同格であり、唐末では甘州回鶻《ウイグル》や南詔の下位にあるように、特筆するような高さではない。

ところが、この質問に対する学生の解答では、日本・新羅・渤海という東方の諸勢力を上位三者とする解答が、全体の半数以上を占めてきた（ただし、著者の講義内容の流れを察した一部の聡い学生は、東方の諸勢力を下位三者としていた）。おそらく、教科書では必ず取り上げられる遣唐使とその旅程の困難さ、阿倍仲麻呂《あべのなかまろ》や鑑真《がんじん》に代表される日唐間の人的交流や、時に「シルクロードの終着駅」ともいわれる正倉院宝物の数々、そして現代日本の（近年は韓国も）国際的な地位の高さなどが反映した結果なのであろうが、このような歴史像は、明確に誤りといわなければならない。なお、シルクロードについて付言するならば、本来の意味での「シルクロードの終着駅」は唐の都・長安であり、奈良はたしかに終着駅ではあるのだが、長安から伸びた単なる支線の終着駅でしかないのである。

唐を格付けしてみると

当該期の国際関係を考える際には、もう一点注意すべきことがある。それは、他ならぬ唐自身の格付けである。一般に、中国史での隋唐王朝はしばしば「世界帝国」と呼ばれており、広大な版図と多彩な文物、律令制などの高度な法制度で知られている。また、十世紀に編纂・施行された『延喜式』には、日本から唐皇帝・渤海王・新羅王への信物（贈り物）一覧が規定されているが、唐皇帝への信物は渤海王・新羅王の十倍以上にも及ぶように、唐は他勢力とは隔絶した特別な地位を占めていたと考えられることが多い。

しかし、前述の唐による格付けの第一番目であるチベットの吐蕃に注目すると、このような考え方は誤りであることが判明する。八世紀から九世紀にかけて、唐と吐蕃は互いに対等な立場で何度も盟約を締結しており、両者の関係は上下関係よりも対等関係に近い。さらに、著者はチベット語には不案内なのだが、山口瑞鳳の研究によれば、八世紀末に原本が成立したと推測される敦煌チベット語写本の『年代記』に、唐と吐谷渾《とよくこん》が吐蕃に「朝貢」したことが記録されているという。

以上をふまえて唐自身の格付けをおこなうならば、前述の①〜⑨の諸勢力とは隔絶した地位を占めていたと考えることはできず、これらの諸勢力の上位にはあるとしても、あくまで相対的な上位にある存在としなければならない。

本書の構成

このように、現代の我々が抱いている歴史像、特に日本と中国への視線には、重大な問題点が含まれている。本書ではこれらの問題点を廃して、新たな歴史像のもとで古代日本を取り巻く国際環境を論じていくのだが、そのためには、現在の我々が抱いてきた、日本と中国が必要以上に重視される歴史像が、どのようにして成立したのかを知ることが必要である。そこで、まず第一章では、西嶋定生の「冊封体制」論、および「東アジア世界」論を中心にして、これまでの学説を整理したうえで、著者による新たな歴史像を提示する。つづいて第二章以下では、最新の実証研究の成果を取り入れながら具体的な歴史叙述を進めていくが、通常の歴史書のように時系列順に扱うのではなく、日本と中国を必要以上に重視する従来の歴史像とは大きく異なるが、逆に著者による新たな歴史像には最も適合する国際環境が出現した、唐の滅亡後からモンゴルの台頭までの時代（五代両宋―遼金併存期、あるいは第二次南北朝時代）を、第二章で先に扱う。

モンゴルの台頭以降は世界史全体が大きく変動するので、本書での叙述も一旦区切りとして、そこから四世紀まで大きく時間を遡り、これまで「冊封体制」論や「東アジア世界」論で説明されてきた歴史像の再検討をおこなう。このうち第三章では、中国史の（第一次）南北朝時代であり、倭国（ヤマト政権）が朝鮮半島に直接的な影響力を行使した四〜六世紀を扱い、第四章では、ユーラシア規模の巨大帝国が出現して、周辺諸勢力がその巨大帝国への対応を迫られた六・七世紀を扱い、第五章では、日本律令国家が成立・展開した時期であり、唐が全盛期から安史の乱を経て滅亡へと向かう八・九世紀を扱う。最後に終章では、本書で展開した議論をもとに、新たな世界史像の構築について論じていきたい。

目次

第一章　東アジアと東部ユーラシア

1 「冊封体制」論と「東アジア世界」論

東アジアはどこまでか

古代日本を取り巻く国際環境を論じる時に、その舞台となる空間は「東アジア」と称されることがほとんどである。そして、現代世界でも「東アジア」と称される空間は存在しており、多くの場合は、現代日本とのつながりが特に深い地域として認識されている。では、ここでいう「東アジア」とは、一体どこまでを指すのであろうか？

この質問も、先に提示した唐による格付け同様、著者が大学の講義の際に学生に投げかけているもので、その際には「東アジア」の地図を描かせているのだが（学生の空間認識がわかるので面白い）、章節ごとに読者の皆様に課題を課すわけにはいかないので、学生による解答の集計結果だけ紹介しておく。

まず、文学部日本史学専攻の学生の解答では、「東アジア」を中国・朝鮮・日本とするものが一番多い。この解答は、後述する「東アジア世界」論での空間設定にもっとも近く、その意味で「正解」にもっとも近い（そして、もっとも一般的で面白くない）。その一方で、法学部や経済学部などの学生の場合、じつにさまざまな地域を「東アジア」のなかに含めている。例えば、モンゴル・東南アジア・ロシア極東地域などは予想の範囲内であろうが、インドやオーストラリアはもとより、モスクワやカイロまで「東アジア」とする学生もいた。もちろん、ここまでくれば普通は「不正解」になるのであろうが、じつは、どこまでを一つの地域とするのかという問いに対しては、その地域に注目することにより何を示したいのか、ということが解答の中心になる。そのため、単純に「不正解」とはできないのである。

その点で面白いのは、中国・朝鮮・日本以外の地域も「東アジア」に含めていた学生のうち、モンゴルやロシアを「東アジア」に含めていた学生は東南アジアやインドを含めておらず、逆に東南アジアやインドを含めた学生は、ほとんどがモンゴルやロシアを「東アジア」から外していたことである（これは、専門課程か否かを問わず共通の傾向である）。つまり、北（陸のアジア）に注目した学生と、南（海のアジア）に注目した学生とでは、関心の方向が完全に異なるのである。このことは逆にいうと、一人一人の関心に応じて無限の「東アジア」という地域設定がありえることになる。仮に、モスクワやカイロを「東アジア」に含めることで、特定の関心にもとづいた新知見が得られるのだとしたら、それは「正解」の一つとして考えなければならないであろう。

世界史の基本法則と「世界帝国」論

このように、歴史叙述の舞台となる空間が、叙述者の関心に応じて可変的であるとすれば、舞台空間を設定する前に、著者の問題関心を明確にしなければならない。そこで、相当に迂遠な方法にはなるが、歴史学という学問の手続きとして、時間軸を敗戦まで巻き戻して、古代日本をめぐる国際環境の研究史を確認しておきたい。

一九四五年の日本の敗戦は、当然ながら日本の歴史学にも大きな影響を及ぼした。このうち、本書の内容と関わる重要な点は、戦前におこなわれていた国策に連動した研究が下火となり、かわりにマルクス主義歴史学が学界の主流として登場したことである。マルクス主義歴史学は、原始共産制→古代奴隷制→中世農奴制→近代資本主義→資本主義の最高の発展段階としての帝国主義→革命による共産主義の成立（そして、さらなる革命による国家の消滅）という、いわゆる「世界史の基本法則」を理論上の支柱としていたが、この基本法則は全世界の歴史に当てはまると考えられていた。

では、なぜ同一の法則が、全世界に適用可能と考えられていたのであろうか。その理由は、隣接する地域の歴史が関係して展開していくことに求められた。つまり、地域Aが先行して古代から中世に移行すると、隣接する地域Bも地域Aの影響を受けて中世に移行するので、地域Aでも地域Bでも「世界史の基本法則」が貫徹する、という具合である。例えば、一九四八年に前田直典が発表した論文「東アジヤに於ける古代の終末」では、先行発展する中国と、差を詰める朝鮮・日本という、いわゆる発展不均等の論理を用いて三者の歴史の連動性を追究したが、残念ながらその連動構造は不明なまま残された。

この問題を解決したのが、一九四九年に松本新八郎が提唱した「世界帝国」論である。松本は、古代国家のうち古典古代民主制とアジア的ディスポティズムに立脚するものは、国家の拡大再生産をおこない、「世界帝国」の段階へと到達するとした。そして、この「世界帝国」は周辺への侵略や支配を通じ、各地の歴史発展の連関を媒介する存在であるとして、その例としてアレクサンドロス帝国・ローマ帝国・隋唐帝国・モンゴル帝国と、小規模ながら同様の性格を持つものとして日本律令国家を挙げている。

この松本説の最大の功績は、世界帝国である隋唐帝国が、対外侵略・支配を通じて地域における歴史発展の連関を媒介する、という構図を提唱したことである（日本律令国家も小規模ながら同様の性格を持つとされたことにも注意）。この構図は広く受け入れられ、つぎに紹介する西嶋定生を含めた、以後の研究者の学説に大きな影響を与えている。

「冊封体制」論

松本の「世界帝国」論を受けて、つぎに登場したのは西嶋定生の「冊封《さくほう》体制」論と「東アジア世界」論である。松本説では、各地域における歴史発展は世界帝国の対外侵略と支配により媒介されたとしているのだが、西嶋説では、中国王朝と周辺諸勢力とのあいだで結ばれた個別具体的な政治体制に注目することで、律令制など文物制度の伝播を含めた東アジアの歴史が、相互に関連して展開することを提示している。

まず、一九六二年に提唱された「冊封体制」論では、中国皇帝がその「東辺の諸国」である朝鮮三国・渤海・日本の君長に官爵を授与することを通じて、一定の政治的秩序、すなわち「冊封体制」が形成されたことに注目した。本来「冊」とは、天子が諸侯を任命する書（冊書）であり、「封」とは「封建」という熟語もあるように、天子が臣下を王・公などへ任命して封地を賜与することである。つまり「冊封体制」の「冊封《さくほう》」とは、中国皇帝が周辺の君長に冊を授けて封建することを意味しており、冊封により成立した中国皇帝と周辺君長との君臣関係を軸とする秩序が「冊封体制」である。

ここで注意すべきことは、冊封体制とは本来、中国皇帝と貴族・官僚とのあいだに形成される君臣関係の秩序体制であり、中国王朝国内の秩序ということである。しかしここでは、その秩序が中国王朝外部にも適用され、中国王朝国内の臣下（内臣）ではない周辺君長も皇帝の臣下（外臣）として扱われている。それゆえ、中国皇帝から冊封を受けた周辺君長は、中国王朝国内の秩序の延長上に位置づけられ、中国皇帝の臣下としての礼節が要求される。もしこの秩序が守られない場合、中国王朝は冊封体制の秩序を維持するために討伐の軍を興す必要が生じてくる。

具体例としてもっとも有名なのは、隋代から唐代の高句麗であろう。高句麗は隋王朝の冊封を受けていながら朝貢をおこなわず、臣下の礼を欠いたため、隋の煬帝《ようだい》は二百万と号する大軍を率い、三度にわたり高句麗に遠征したが失敗し、隋は滅亡することになる。唐代に入ると、高句麗は唐の冊封を受けたのだが、六四二年に莫離支《ばくりし》の泉蓋蘇文《せんがいそぶん》が高句麗王を弑殺して政権を握ると、唐の太宗はその罪を問うことを名目に、三度にわたり高句麗に遠征した。この太宗の遠征も失敗したのだが、高句麗討伐という課題は次代の高宗に継承され、百済の討滅と白村江の戦いを経た六六八年に、唐は高句麗を滅亡させることに成功する。このように「冊封体制」論では、冊封体制の秩序とその維持という内在的論理が、中国王朝と「東辺の諸国」との国際政局を動かす契機であるとされている。

「東アジア世界」論

つづいて、一九七〇年に提唱された「東アジア世界」論では、近代に地球規模の世界史が出現する以前には、各地に独自の自律性と完結性を持つ複数の「世界」が共存していたという予見のもとに、このような「世界」の一つとして「東アジア世界」を設定している。この「東アジア世界」は、文化圏として完結した世界であるとともに、それ自体が自律的発展性をもつ歴史的世界であり、おおよその地理的範囲としては中国内地・朝鮮・日本・ベトナムに加え、モンゴル高原とチベット高原に挟まれた河西回廊地帯東部が該当し、共通性を示す指標としては漢字・儒教・中国仏教・律令制の四点が存在するとした。

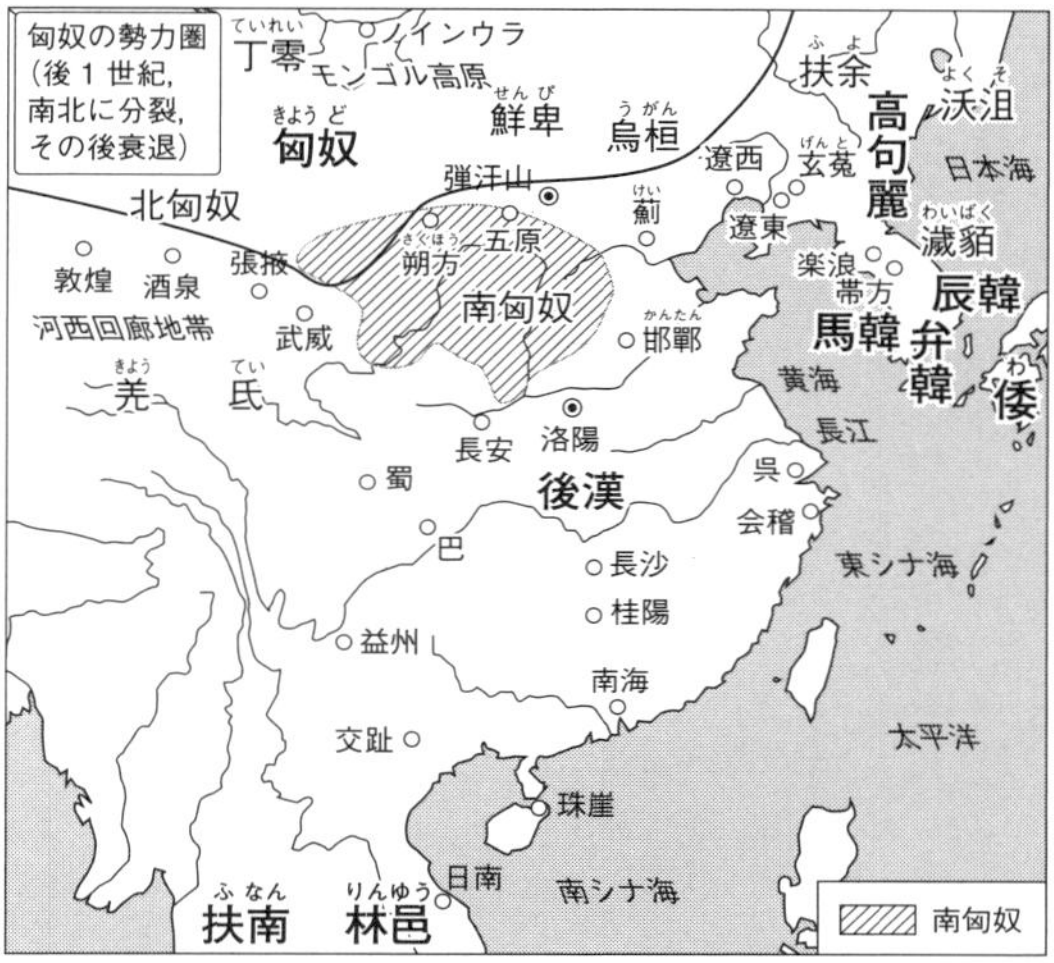

図2　2世紀の東アジア世界　原図：『最新世界史図説タペストリー』十一訂版（帝国書院、2013）93頁

これらの諸指標は、律令制以外はすべて文化現象であるのだが、この東アジア世界においては、文化が文化自体の持つ価値により独自に伝播するのではなく、東アジア世界全体を規制する政治的構造、すなわち「冊封体制」を媒介として伝播するという特徴があるとした。つまり、中国に起源を持つ文化的諸現象や政治体制は、中国王朝の政治的権力や権威を背景にして周辺諸民族に伝播していくことになり、この考え方に従えば、中国皇帝と周辺君長とのあいだに形成された政治的関係の及ぶ範囲と、中国起源の政治体制・文化現象が伝播した範囲はおおむね対応することになる。

以上の考えを基礎にして、西嶋は東アジア世界の歴史展開と相互の関連性をつぎのように描いている。まず漢代では、郡国制というかたちで中国国内の封建制が復活したことと、皇帝による周辺君長への官爵授与が開始したことにより、東アジア世界を規定する政治的構造である冊封体制の原型が成立した。つづいて南北朝時代には、中国王朝の分裂にもかかわらず、朝鮮三国や倭国での国家形成の進展を背景にして、中国王朝と朝鮮三国・倭国とのあいだに冊封体制が形成され、この冊封体制を媒介として各地に漢字・儒教・中国仏教・律令制が伝播した。隋が中国を統一すると冊封体制は一元化され、唐代にかけて政治的・文化的に一体として動く東アジア世界が完成したのだが、十世紀初頭の唐・新羅・渤海の滅亡により、東アジア世界の政治的な統一性は失われてしまい、中国を再統一した宋王朝も、東アジア世界の冊封体制を主宰する宗主国ではなくなる。しかし宋代の中国は、著しく発展した経済力を背景に、経済と文化を共有する「東アジア交易圏」を成立させ、東アジア世界の自律性と完結性を別のかたちで再生させた。以後、十九世紀に至り、ヨーロッパ資本主義が東アジア世界を含めた世界中の諸「世界」を併呑して、地球規模の世界史が成立するまで、東アジアは文化的・経済的世界として存続した、と。

東アジアのなかの日本

「冊封体制」論と「東アジア世界」論は、発表直後からさまざまな批判を受けながらも、歴史学界の内部にとどまらず、広く一般に受け入れられてきた。そして一九九九年には、高等学校学習指導要領（地理歴史編）のなかに、「東アジアの国際関係が、中国を中心とする冊封体制に基づいていたことに触れ」（世界史A）というかたちで、はじめて「冊封体制」論が取り入れられることになり、それ以降は教科書の記述などを通じて、学校教育の現場にも浸透している。著者より若い世代の方であれば、本書をひもとく以前に、すでに何らかのかたちで冊封体制や東アジア世界という考え方に接しているのではないだろうか。

「冊封体制」論と「東アジア世界」論が広く受け入れられた理由は、日本の歴史は他地域の影響を受けずに独自に展開したという、戦前からつづく独善的な歴史観を廃して、日本の歴史は中国や朝鮮の歴史と大きく関係していたとする、「東アジアのなかの日本」という視点を提示したことにある。また、古代史の立場からは、この「東アジアのなかの日本」という視点を通じて、日本の「はじまり」を明確に描き出していることも見逃せない。よく知られているように、現在も使用されている「日本」という国号は、七世紀から八世紀にかけて新たに成立したものであり、現在「日本」と称される地域のまとまりも、神代《かみよ》の昔から不変なものではありえない。国家としての日本にも、地域としての日本にも、必ず「はじまり」が存在するはずである。古代史からみた「冊封体制」論と「東アジア世界」論の最大の功績は、戦前のように「日本」を所与の前提とはせず、その「はじまり」を含めた日本の歴史の展開を説明していることにある。

そして今日では、西嶋により提示された「東アジアのなかの日本」という視点が、さらに重要性を増していることはまちがいない。一九八〇年代までの世界は、G7という枠組みに代表されるように、アメリカとヨーロッパを中心とした国際秩序が支配していたのであるが、現在ではG7がG20に変化したように、世界政治におけるアジア諸国の発言力は確実に増加している。経済の面に注目しても、かつての日本は、欧米以外では唯一近代化を成し遂げた、アジアの「例外」としての地位を確保していたのだが、その後韓国や中国などが経済成長を果たした結果、現在の日本の地位は、アジアに複数存在する経済大国の一つにまで後退している。以上のような、欧米と肩を並べる「東アジアの『その』日本」から、韓国や中国と比較される「東アジアのなかの日本」への変化は、今後もさらに進行していくであろうし、後戻りすることはありえないであろう。

2　東部ユーラシアという視点

時間的な飛躍と空間的な限界

西嶋定生が提唱した「冊封体制」論と「東アジア世界」論は、歴史学でいう「枠組み」というものに相当する。枠組みとは、本質的にはある時代や地域を理解するうえでの大きな仮説であり、その仮説でどれだけ多くの歴史的事象が説明できるかにより、その枠組みの優劣が決まる。その意味では、日本の「はじまり」をはじめとする多くの事象を説明できる西嶋説の枠組みは、大きな成功を収めたと考えてよいであろう。

ただし、西嶋説の枠組みに対してはさまざまな批判も提出されており、それによりいくつかの問題点も明らかにされている。前述の通り、冊封体制や東アジア世界という考え方は高校の教科書にも取り入れられ、広く一般に流布しているのだが、その一方で、西嶋説が抱える問題点は、十分に周知されているとはいいがたいのが実情である。

では、西嶋説の問題点とは何であろうか。まず一点目は、西嶋説には時間的な飛躍が存在することである。この点については、一九六二年に提唱された「冊封体制」論が、南北朝から隋・唐前半期の国際的政局から導き出されているのに対して、一九七〇年に提唱された「東アジア世界」論では、厳密な論証を追加することなく、漢代や明代にも冊封体制が適用されていることに注意しなければならない。卑弥呼《ひみこ》や足利義満《あしかがよしみつ》の冊封は、冊封体制の実例として紹介されることが多いのだが、それぞれの時代に冊封体制が適用できるかどうかは、改めて検証されなければならないのである。

つぎに二点目は、西嶋説には空間的な限界が存在することである。この点については、序章で紹介した山内晋次の研究を思い出していただきたい。玄宗朝中期の唐が重視した勢力は、唐の北方から西方にかけて存在した、強力な軍事力を保持していた遊牧国家（吐蕃《とばん》・突厥《とっけつ》・突騎施《とっきし》）であり、これらの遊牧勢力との関係が、東方も含めた唐の対外政策全体を大きく規定していたはずである。しかし、唐とこれらの遊牧勢力との関係は、冊封関係ではなく別の形式で展開されるとして、西嶋の「冊封体制」論や「東アジア世界」論では扱われていないのである。そのため西嶋説は、中国と周辺諸勢力との関係の全体像を解明する理論としては、有効性に大きな疑問があるとしなければならない。これまで冊封を媒介として説明してきた東方との関係についても、もし北方・西方との関係に大きく規定されるということになれば、全面的に再検討しなければならないからである。

周辺諸勢力の主体性

最後に三点目は、冊封体制は中国王朝中心の秩序であるため、西嶋説の枠組みでは、周辺諸勢力の主体性を十分描くことができないことである。この点については多少説明を要するので、以下で詳しく見ていきたい。

まず、冊封体制が中国王朝中心の秩序であることについては、議論の余地はないであろう。中国皇帝と周辺君長との君臣関係を前提とした官爵の授与、中国王朝国内の秩序の延長上としての周辺君長の扱い、そして周辺勢力が秩序を乱した場合の出師《すいし》討伐などは、すべて中国王朝の理念を背景としている。大学での講義の際にも、学生から「九割方は中国王朝側の言い分なのではないか」という意見が出たことがあるように、西嶋説の枠組みは、構造的に中国中心との譏《そし》りを免れ得ないのである。

もちろん、中国史の視点から国際関係を論じるのであれば、中国王朝が設定した国際秩序を解明することには大きな意義がある。しかし、日本も含めた周辺諸勢力に視点を置く場合には、中国王朝が設定した国際秩序を媒介にして東アジア世界の歴史展開と相互の関連を描いてしまうと、中国王朝に依拠して周辺諸勢力の歴史的発展が達成されたという、実態とは異なる歴史像を作り出してしまう恐れがある。

この点に関して、特に問題となるのは朝鮮史である。というのは、戦前日本の朝鮮史研究では、日本による朝鮮半島の植民地支配を背景として、自力での近代化が不可能な朝鮮を日本が併合することで朝鮮の近代化が進んだという、日本の植民地支配を正当化するゆがんだ歴史像が定着していたからである。このような考え方は「他律性史観」と称されており、日本の敗戦後は当然克服の対象とされてきたのであるが、中国王朝の国際秩序を重視して東アジアの歴史連関を説く西嶋説の枠組みは、意図するとしないとにかかわらず、朝鮮の他律性・従属性を強調する方向に流れやすい。朝鮮史の自律的発展や朝鮮諸王朝の主体性は、西嶋説の枠組みを鵜呑みにすると見失う危険がある。

ただしこの問題は、西嶋のみが責めを負うべきものではない。前田直典・松本新八郎以来、東アジアにおける歴史発展の連関は、先進地域（世界帝国である中国王朝）が後進地域（世界帝国の侵略や支配を受ける周辺諸勢力）に影響を与えるというかたちで追究されてきたからである。この構図のもとでは、後進地域の従属性が高ければ高いほど、歴史発展の連関を明確に描くことができるのだが、そのような歴史像のなかでは、周辺諸勢力の主体性が示される余地は乏しいはずである。

西嶋説を克服するためには

以上、西嶋が提唱した「冊封体制」論と「東アジア世界」論について、現在までに提出されている問題点を紹介した。教科書などを通じて一般に流布している西嶋説の枠組みではあるが、決して完全な理論などではなく、依拠する際にはさまざまな面で注意が必要であることが理解していただけたかと思う。

さて、既存の枠組みの問題点を指摘すること自体は、研究の出発点の確認にすぎない。古代日本を取り巻く国際環境を論じていくかぎり、最終的な研究の目標は、西嶋説の枠組みの問題点を克服した、新たな枠組みの構築ということになるだろう。そこでまず、西嶋説の枠組みが抱える問題点を列挙しておこう。

① 隋・唐前半期の分析が中心である（時期的な問題）
② 中国の北方・西方との関係が除外されている（地域的な問題）
③ 周辺諸勢力の主体性が軽視されやすい（歴史像の問題）

この①〜③は、それぞれまったく別個の問題ではあるが、その原因はただ一点のみに求められる。それは、そもそも西嶋説の枠組み自体が、中国王朝と周辺諸勢力との君臣関係から導き出された、ということである。前述のように、西嶋は中国皇帝と周辺君長との君臣関係に基づく官爵の授与から「冊封体制」論を提唱して、その「冊封体制」論をもとにして「東アジア世界」論を提唱したのであるが、じつは中国王朝と周辺諸勢力との君臣関係が貫徹する事例は、普遍的に存在するわけではないのである。

例えば、南北朝時代や唐後半期以降では、隋・唐前半期とは異なり、中国王朝の勢力は他勢力を圧するほど大きくはなく、また、隋・唐前半期においても、隋・唐と並ぶ軍事力を有する北方・西方の諸勢力との関係は、対等に近くなることも珍しくはない。一般に、中国王朝と周辺諸勢力との君臣関係が貫徹するためには、中国王朝の勢力が周辺諸勢力よりも強大でなければならないはずだが、そのような条件が整う期間と対象は、意外と限られているのが実情であろう。

このように考えると、西嶋説の枠組みが抱える①と②、すなわち時期的・地域的に限られた範囲から立論されているという問題は、単なる時期的・地域的な限定などではなく、中国王朝と周辺諸勢力との君臣関係が比較的貫徹する時期・地域を選んで立論したという意味で、西嶋説の構造的な問題ということができる。そのため、西嶋説を克服するためには、まずこの点に取り組むことが必要になるだろう。

非君臣関係への注目

それでは、西嶋説の構造的な問題点を克服して、新たな枠組みを構築するためには、どのような視点が必要なのであろうか。先に提示した西嶋説の枠組みの問題点を基準に、単純な論理的要請に従うならば、①隋・唐前半期以外の時代も含める、②中国の北方・西方との関係も含める、③周辺諸勢力の主体性も十分考慮する、ということになるのだが、それだけでは具体性を欠くので、新たな枠組みの展望が見えてこない。

そこで注目したいのが、西嶋説の枠組みが、中国王朝と周辺諸勢力との君臣関係から導き出されたことである。中国王朝と周辺諸勢力との君臣関係を中心に外交関係を考えていくかぎり、君臣関係が比較的貫徹する時期・地域に議論が集中したり、周辺諸勢力の主体性が軽視されたりなどの問題が構造的に生じるのであれば、これらの問題を根本的に解決するためには、君臣関係が貫徹する事例ではなく、君臣関係が貫徹しない事例や対等関係を中心に外交関係を考える必要がある。このような視点は、西嶋説の枠組みとは正反対の方向性を持つのではあるが、近年進められている東洋史・日本史双方の研究は、この視点と共通する傾向を持つものが多いのである。

その代表的なものが、南北関係を基軸とする中国史の理解である。これは、中国史の展開を、南の農耕民による王朝（例えば、漢）と、北の遊牧民による王朝（例えば、匈奴）との、絶えざる緊張と友好関係のなかで説明するものであり、森安孝夫の言葉を借りるならば、「草原を本拠地とする遊牧民族は決して客人ではなく、農耕漢民族と並ぶもう一方の主人」（同『シルクロードと唐帝国』六〇頁）と位置づけるものである。この理解にしたがえば、南の農耕王朝と北の遊牧王朝との関係が外交関係の中心線となるのだが、それは君臣関係を基本とするものではなく、むしろ対等関係を含む非君臣関係の事例の方が多い。

また、倭国＝日本の外交関係についても同様に、君臣関係が貫徹しない事例や対等関係が中心であり、君臣関係が貫徹する事例はきわめて限られている。例えば、戦前からつづく「任那《みまな》日本府」についての、四世紀末には任那を直轄領として植民地支配をおこない、また百済・新羅を貢調義務を持つ保護国とすることで南朝鮮を実質支配したとする見解は、一九六〇年代後半以後に再検討が進み、現在ではほぼ否定されている。さらに、通交開始当初から一貫して君臣関係がつづいたとされてきた渤海との関係についても、一九七〇年代以降に実証研究が進められた結果、渤海は日本に対して君臣関係を提示していないことが解明されているのである。

澶淵体制の提唱

このように、東洋史・日本史双方の研究動向として、非君臣関係や対等関係を中心とした外交関係の重要性が認識されているのだが、最近東洋史からは、新たに「澶淵《せんえん》体制」という枠組みが提示されている。この枠組みは、私見による枠組みと共通する部分も多いので、私見を披露する前に、まずはこの「澶淵体制」をめぐる議論を紹介していきたい。

澶淵体制は、まず二〇〇五年に杉山正明により、十一〜十三世紀のユーラシア東方での盟約に基づく多数国家の共存方式＝澶淵システムとして提唱され、つづいて二〇〇七年には古松崇志により澶淵体制と名づけられ、明確な規定がなされた。古松は、一〇〇四年に北宋と契丹のあいだで結ばれた「澶淵の盟」により、両国がその後百二十年近く平和共存したことや、澶淵の盟が北宋—契丹間に加え、北宋—西夏、金—南宋、さらにはモンゴル期に至るまでの国際関係や外交形式を規定したことに注目して、以下のように定義している。

澶淵の盟の誓書《せいしょ》に定められた歳幣や国境の遵守をはじめとする平和維持のための規定や、誓書以外に定められた両国の擬制家族化、外交儀礼や管理貿易制度など、両国が対等な国家として共存するための仕組みと、この仕組みによってユーラシア東方で維持された複数の国家が共存する国

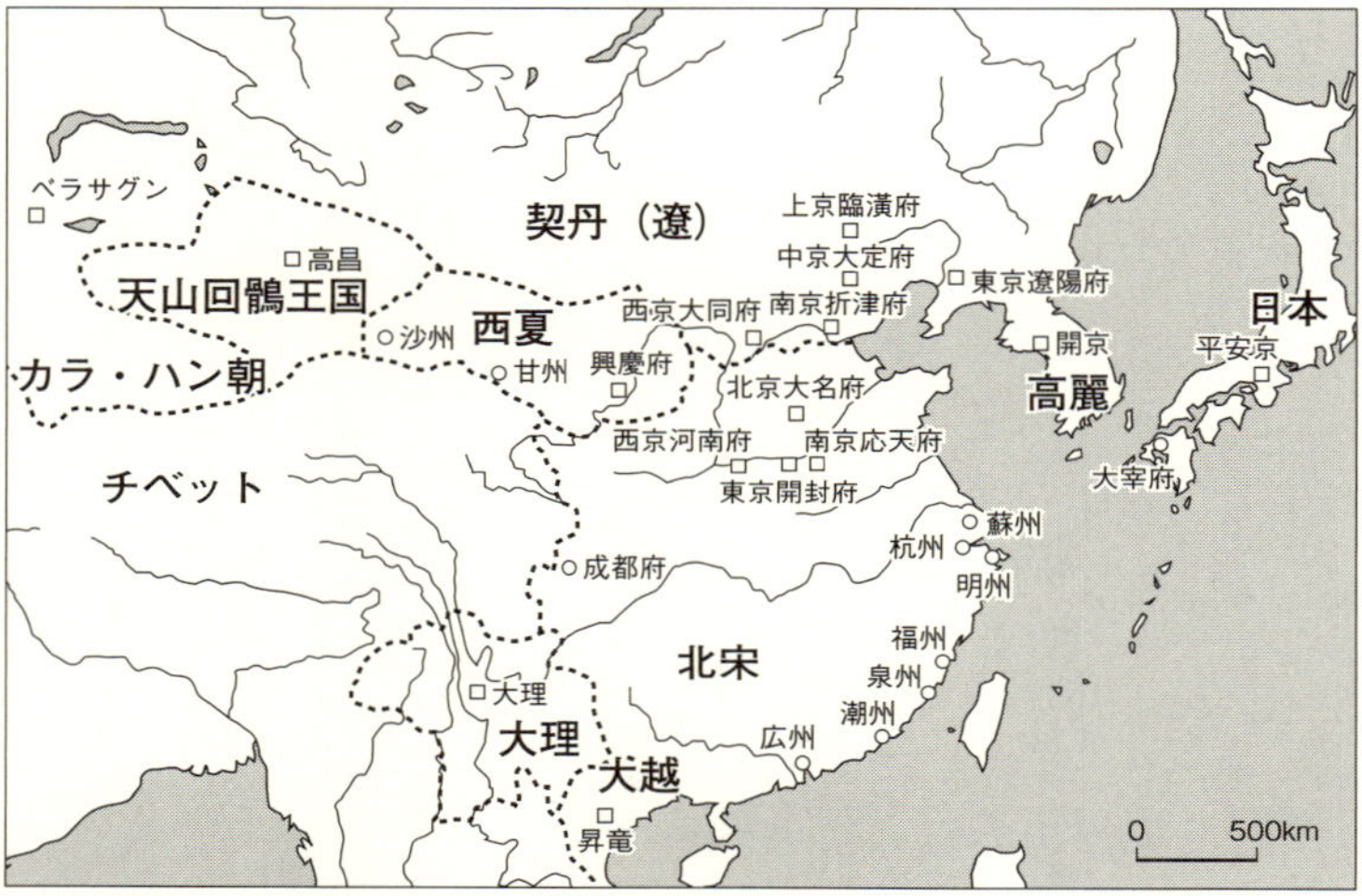

図３　澶淵体制下のユーラシア東方　原図：杉山正明『疾駆する草原の征服者』（講談社、2005）268頁

際秩序の双方を包み込んで、「澶淵体制」と呼ぶことを提唱したい。

この澶淵体制という枠組みは、澶淵の盟という北宋―契丹間の対等関係に基づく盟約に注目したものであるが、西嶋の「冊封体制」論は中国皇帝と周辺君長との君臣関係に基づく官爵の授与に注目するのであるから、両者はまさに正反対の国際情勢から導き出されたものといえる。その意味で澶淵体制は、これまで述べてきた新たな枠組みへの展望とも合致するものであり、傾聴すべき議論であることはまちがいない。

しかし、澶淵体制にも枠組みとしての問題点が二点存在している。まず一点目は、提唱当初の澶淵体制では、対等な北宋―契丹関係と、一貫して金が上位の金

─南宋関係とに明確な段階差が存在していない点であり、二点目は、毛利英介の研究により、澶淵の盟に特徴的な諸要素が、九〇五年に契丹・耶律阿保機《やりつあぼき》と李晋・李克用《りこくよう》が結んだ雲中《うんちゅう》の盟にまで遡ることが解明された点である。これらの点が問題となるのは、盟約そのものは通時代的に存在する現象であるので、盟約細部の検討により一定の時期区分がなされなければ、冊封体制論がしばしば漢代や明代に無批判に援用されてきたように、澶淵体制も無批判のまま南北朝時代の国際関係などに一般化されてしまう恐れがあるからである。

盟約の時代という視点

澶淵体制の弱点を解決したのが、井黒忍による「盟約の時代」という視点である。井黒は九世紀から十三世紀、すなわち唐後半期からモンゴルの登場までに至る、ユーラシア東方での国際盟約の展開を見通したうえで、そのなかにおける北宋─契丹関係の盟約と、金─南宋関係の盟約との共通点・相違点を明らかにしている。それによれば、金代では北宋─契丹並立期とは異なり、金を中心とした君臣関係に基づく新たな国際秩序が構築されるが、それは通常の君臣関係と同一ではなく、誓表《せいひょう》と誓詔《せいしょう》を交換するという形式を取る、盟約に基づく共存関係である点で、金代を「第二次澶淵体制」期と評価している。

井黒の視点で注目すべきなのは、背景となる想定のなかに九世紀、すなわち唐後半期における唐─吐蕃─回鶻《ウイグル》の三国会盟（第五章第四節参照）が含まれており、唐代を始点に国際盟約に基づく枠組みを提示したことである。この考え方に基づけば、九世紀（唐後半期）、十・十一世紀（契丹─五代・北宋）、十二・十三世紀（金・モンゴル―南宋）を区分して位置づけることが可能となり、古松による澶淵体制の問題点を解決することができる。

ただし、井黒の視点にも問題がないわけではない。細かいものでは、建中年間や開元年間など八世紀の唐―吐蕃間の盟約の位置づけが課題であるが、おそらくは七世紀後半の唐の全盛期からの流れで説明可能であろう。より重大な問題点は、古松の澶淵体制などと同様に、西嶋の「冊封体制」論と「東アジア世界」論の弱点の一つである、周辺諸勢力を主体的な存在として位置づけることの難しさが、完全には解決されていないことである。

先に述べた通り、近年の中国史の議論では、南の農耕王朝と北の遊牧王朝との、絶えざる緊張と友好関係のなかで歴史展開を説明している。この視点は、従来「周辺」として扱われていた遊牧勢力の重要性を再認識させることには成功しているが、農耕王朝とともに新たに「中心」となる遊牧王朝、そして盟約を介して関係する少数の勢力（例えば、北宋―契丹併存期の西夏・高麗など）のみが歴史上の主役となることで、中心―周辺間の上下関係がより強調されてしまい、それ以外の諸勢力の位置付けがゆがめられてしまう恐れがある。もとより、この考えは杞憂かもしれない。しかし、すでに紹介したように、朝鮮史における「他律性史観」という問題の根深さを考えるならば、有力な周辺諸勢力を「中心」の一員に含める方法のみでは、周辺諸勢力の主体性に関する問題を完全に解決することは不可能である。むしろ、南北関係を基礎とする「中心」の複数性という見地から、中心―周辺間の上下関係を相対化する方向で議論を進めた方がいいのではないだろうか。

私見（地域的な問題）　東部ユーラシア

以上が、敗戦後から今日に至るまでの、古代日本をめぐる国際環境の研究史である。それでは、この研究史を引き継いで、今後どのように考えていけばよいのであろうか。以下では、先に提示した西嶋説の枠組みの問題点を基準に、地域的な問題・時期的な問題・歴史像の問題の順に、現段階での私見を披露していく。

まず地域的な問題であるが、西嶋説で提示された「東アジア」で考えるのではなく、近年の東洋史における研究動向をふまえ、「東部ユーラシア」という地域設定をおこなう。この場合の東部ユーラシアの範囲は、パミール高原（現在の中国・タジキスタン・アフガニスタン・パキスタンにまたがる平均標高五〇〇〇メートルの高原）以東とする。これは、西嶋説には含まれていない中国の北方・西方の諸勢力、特にモンゴル高原とチベット高原の勢力を含めることが目的であり、その内部の外交関係は、南の農耕王朝と北の遊牧王朝の両者、時期により西の遊牧王朝を含めた三者の関係を中心に展開するものと考える。

なお、東部ユーラシアの範囲をパミール高原以東とすることについて補足したい。パミール高原は、唐の一時的な最大領域の西端部に位置しており、また南下すればインドに至る交通の要衝でもある。そして、パミール高原は単なるシルクロードの通過点ではなく、文化的諸現象の分水嶺としての位置にあることも重要である。

例えば、入澤崇によれば、イラン国内にある仏教遺跡は、疑問のあるものも含めて四ヵ所のみであり、そのうちイラン北西部のバルジュビ（Varjuvi）石窟は、アッバース朝を倒したモンゴル勢力が最

図４　東部ユーラシア図（７世紀）　原図：盧泰敦・橋本繁訳『古代朝鮮　三国統一戦争史』（岩波書店、2012）４頁

初に都を置いたマラーゲの町の近郊にあり、仏教徒であるモンゴル人のイラン進出と大きく関係するという。これは、インドで発生した仏教が、パミールの東方には広まり、日本の社会と文化にまで大きな影響を与えた一方で、西方にはほとんど伝播していないことを意味している。同様の視点からすれば、七世紀にアラビア半島で発生したイスラム教は、ほどなく中央アジアに進出したものの、著名なタラス河畔の戦い（七五一年）の結果にもかかわらず、唐末までパミールを東に越えることはなく、東トルキスタン（中国・新疆《しんきょう》ウイグル自治区）全体に広がるのも十五世紀以降、ということにも注目すべきであろう。本書の議論では諸勢力の政治的関係を中心に扱うため、文化的諸現象の伝播について詳述することは控えるが、仏教が社会と文化に大きな影響を与えた日本史の立場からすると、この東部ユーラシアは中国仏教以外も視野

に入れた、広い意味での仏教文化圏としての性格もあわせ持つことに注意しておきたい。

私見（時期的な問題）「唐の全盛期」の扱い

つづいて時期的な問題であるが、西嶋説のように中国王朝と周辺諸勢力との君臣関係が比較的貫徹する隋・唐前半期だけではなく、その前後の南北朝時代や、五代両宋／遼金時代も含めて考えていく。この場合、千年に近い時間軸を扱うことになるので、そのなかで適宜時期区分をおこなう必要があるのだが、現在のところでは以下のように考えている。

① 三〇四～四三〇　五胡十六国時代開始～北魏の華北覇権確立
② 四三〇～五四八　北魏の華北覇権確立～侯景の乱
③ 五四八～五八三　侯景の乱～突厥の東西分裂
④ 五八三～六三〇　突厥の東西分裂～突厥の滅亡
⑤ 六三〇～六八二　突厥の滅亡～突厥の復興
⑥ 六八二～七五五　突厥の復興～安史の乱
⑦ 七五五～八四〇　安史の乱～回鶻の滅亡
⑧ 八四〇～九〇五　回鶻の滅亡～雲中の会盟
⑨ 九〇五～一一二〇　雲中の会盟～海上の盟
⑩ 一一二〇～一二一五　海上の盟～金の中都陥落

①〜⑩の各時期の特徴や区分の根拠については、必要に応じて本書各章で述べていく。ここでは当該期全体に関連する事項として、以下の二点を確認しておきたい。一点目は、一般に正統とされる中国王朝を中心とする国際関係が展開したのは、④・⑤・⑥のわずか二百年足らずということであり、二点目は、中国王朝の勢力が周辺に対して圧倒的な優位にあり、中国王朝の国際秩序が大きな意味を持つ時期は、⑤のみということである。

一般に、⑤の時期は「唐の全盛期」と呼ばれており、東部ユーラシアという視点から見れば、この時期の唐は、南の農耕王朝と北の遊牧王朝（滅亡した突厥）が一体化した巨大帝国と考えることができる。多くの場合、日本人が思い描く唐王朝像は「唐の全盛期」の姿であり、実際に中学や高校の教科書や各種資料集では、東は朝鮮半島から西はパミール高原までの広大な支配領域を示した地図が必ず掲載されている。

しかし、この「唐の全盛期」はわずか五十年強であり、全体から見ればむしろ例外的な時期である。西嶋の「冊封体制」論では、この「唐の全盛期」は冊封体制がもっとも有効に機能していた時期と考えられているが、私見では逆に、ユーラシア規模の巨大帝国が出現した、後のモンゴル帝国期と並ぶ特異な時期とみなしておきたい。

私見（歴史像の問題）　小帝国群としての周辺諸勢力

最後に歴史像の問題であるが、西嶋説のように中国王朝の国際秩序のみを重視するのではなく、周辺諸勢力を独自の国際秩序を持つ存在と位置づけることで、東部ユーラシアのなかでの主体性を描いていく。その際に参考となるのが、従来の研究で「東夷の小帝国」との位置づけが与えられた（過大評価されてきた）倭国＝日本の外交関係である。

倭国＝日本を「東夷の小帝国」とする視点は、西嶋の「冊封体制」論と同年の一九六二年に、日本史家の石母田正により提唱された。この「東夷の小帝国」論では、四～十世紀の倭国＝日本を、大陸に対する朝貢国かつ半島に対する被朝貢国であり、四世紀末に任那を直轄領として植民地支配した「帝国」と理解している。そして、任那の滅亡により帝国としての実体が失われた後も、律令法の制定により、新羅・渤海の朝貢を受ける日本の小帝国的秩序は法制化・固定化され、唐の世界帝国的秩序と併存していたとする。

もちろん、この「東夷の小帝国」論は、戦前のいわゆる「任那日本府」についての理解を基礎としているので、戦後の実証研究の進展により、任那を「直轄領」かつ「植民地」とする理解が否定された現在では、そのままでの援用は不可能である。しかし、倭国＝日本を「小帝国」とする視点自体は、倭国＝日本の内政と外交を理解する重要な「枠組み」であり、さらに倭国＝日本が「小帝国」として独自の国際秩序を保持したことに注目すれば、東部ユーラシアにおける倭国＝日本の主体性が明確に提示できる。そのため、倭国＝日本以外の周辺諸勢力に関しても、同様に独自の国際秩序を保持する「小帝国」という視点を導入すれば、主体的な存在とみなすことが可能になると思われる。

ただし、本来の「東夷の小帝国」論では、周辺諸勢力のうち倭国＝日本のみを「帝国」として位置づけている。それは、直接には松本新八郎の「世界帝国」論のなかで、倭国＝日本のみが小規模ながら「世界帝国」と同様な性格を持つとされたことに由来しており、近代日本による朝鮮半島の植民地支配への真摯な反省に基づいた視点でもあるのだが、現在では酒寄雅志の研究により、朝鮮三国・渤海・ベトナムも独自の国際秩序を保持していたことが明らかにされている。このことは、東部ユーラシアには倭国＝日本以外にも、独自の国際秩序を持つ「小帝国」としての周辺諸勢力が複数存在していたことを意味しているので、それらの「小帝国群」は、東部ユーラシアの国際関係の中心に位置する複数の大帝国の影響を受けながらも、大帝国と同様に、自らを中心とする秩序を維持・拡大することを志向する、主体的な存在として考えるべきであろう。

歴史連関の否定へ

以上、西嶋説と対峙するかたちで、古代日本を取り巻く国際環境を考えるための新しい枠組みを披露した。この枠組みの要点を再度提示するならば、以下の通りとなる。まず、東部ユーラシアの全体像には、中心に南の農耕王朝と北の遊牧王朝、時期により西の遊牧王朝を加えた複数の大帝国を据え、その周辺に「小帝国」としての倭国＝日本を含めた諸勢力が位置する姿を基本とする。また、これら諸勢力間の外交関係は、君臣関係が貫徹しない関係や非君臣関係が中心であると考え、従来注目されてきた君臣関係が貫徹する事例は、むしろ例外的なものとして扱う。そして、東部ユーラシアの外交関係を規定する国際秩序は、周辺諸勢力のものも含めた複数の秩序が併存したと想定して、中国王朝の国際秩序が大きな影響力を持つ時期は、東部ユーラシアの中心としての農耕王朝と遊牧王朝が一体化した、唐の全盛期という特異な時期のみとする。

図5（1）「東アジア世界」論に基づく国際関係

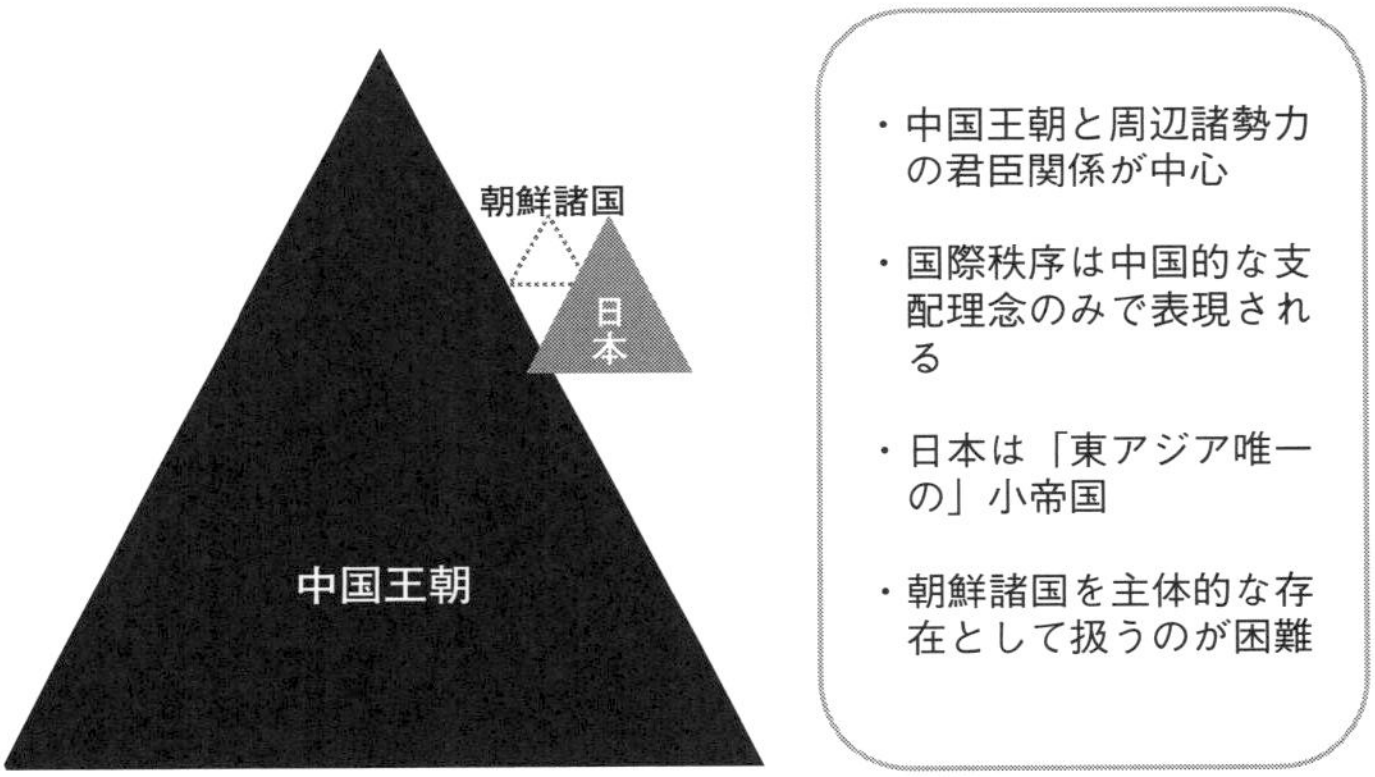
朝鮮諸国
日本
中国王朝
・中国王朝と周辺諸勢力の君臣関係が中心
・国際秩序は中国的な支配理念のみで表現される
・日本は「東アジア唯一の」小帝国
・朝鮮諸国を主体的な存在として扱うのが困難

図5（2）東部ユーラシアからみた国際関係

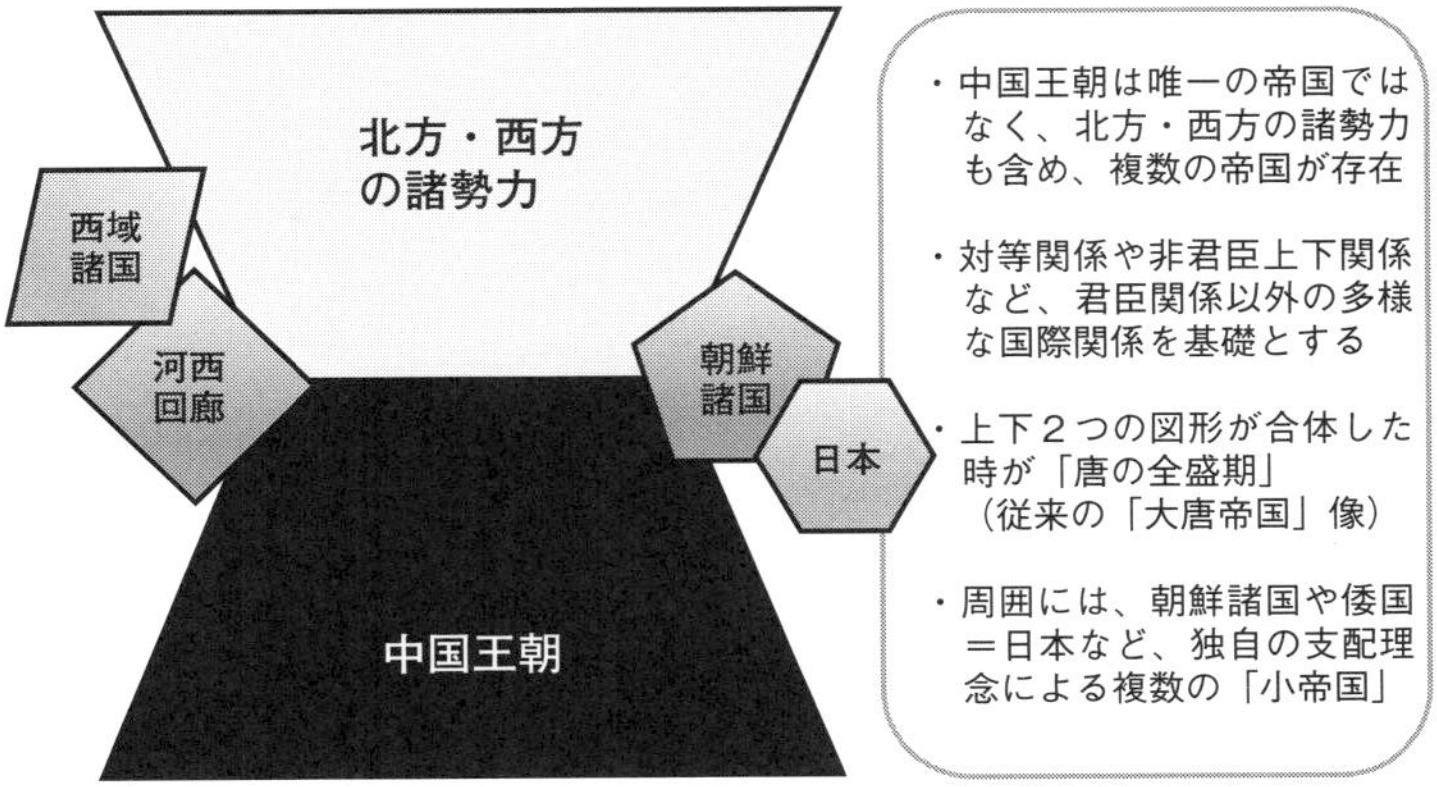
北方・西方の諸勢力
西域諸国
河西回廊
朝鮮諸国
日本
中国王朝
・中国王朝は唯一の帝国ではなく、北方・西方の諸勢力も含め、複数の帝国が存在
・対等関係や非君臣上下関係など、君臣関係以外の多様な国際関係を基礎とする
・上下２つの図形が合体した時が「唐の全盛期」（従来の「大唐帝国」像）
・周囲には、朝鮮諸国や倭国＝日本など、独自の支配理念による複数の「小帝国」

ただし、この新しい枠組みに基づく議論は、西嶋の「東アジア世界」論に至る研究史の流れでは、一貫して重視されてきた各地域間の歴史連関を、軽視ないし否定する方向に進むことになる。その理由は、従来の議論では前田直典・松本新八郎以来、中心（中国＝先進地域）から周辺（後進地域）への文物の移転を通じて、域内各地の歴史の有機的な連関を追究してきた（そして、その結果として周辺諸勢力の主体性が軽視された）のだが、この新しい枠組みでは、中心の複数性への注目や「小帝国」という視点の導入により、域内各地の歴史連関を説明してきた中心—周辺関係を相対化することで、周辺諸勢力の主体性や自律的な歴史発展に注目するからである。

従来の議論に問題がある例として、倭国＝日本への律令法の導入という問題を想定してみたい。これは、中国法典の周辺諸勢力への移入という、まさに「域内各地の歴史の有機的な連関」の例であるが、倭国＝日本が律令法を導入したのは、中学・高校の教科書も含めて、唐の朝鮮半島への進出に対抗するためと説明される場合が多い。もちろん、この説自体は真実の一端を示していると思われるのだが、この説に基づいて倭国＝日本への律令法導入という歴史展開を説得的に説明しようとすればするほど、実態よりも巨大な唐王朝像が提示されてしまうという、致命的な問題を抱えている。これに対して、先に提示した新しい枠組みでは、律令法導入という歴史展開の原動力を安易に外部要因（唐の朝鮮半島への進出）に求めることはなく、内部での自律的な歴史発展にも注目することで、各地域間の歴史連関を必要以上に重視しない歴史像を志向していくことになるはずである。

カオスへの挑戦

このように、新しい枠組みに基づく議論では、各地域間の歴史連関を必ずしも追究することなく、東部ユーラシアの歴史展開を描いていくことになるのだが、この方向性を突き詰めていくと、かつての「世界史の基本法則」のように、人類の歴史に法則性があることを想定して、その法則性がどのようなかたちで（多くは隣接する地域の歴史の関係性により）貫徹しているかを問う議論とは決別していくことになる。その意味で、この新しい枠組みの提示は一種のパラダイムの転換であり、法則性を重視する歴史学の流れからは離れて、カオス（混沌）に近づくものということができる。

この点に関して、重要な事実を一点指摘しておきたい。それは、西嶋自身が非法則的な歴史像の可能性について言及していることである。一九九七年に刊行された『岩波講座世界歴史』第二五巻附載の「月報」には、西嶋の「世界史像について」と題する小文が掲載されているが、その最後の段落には以下のようにある。

もしもここ（今回の『岩波講座世界歴史』）で求められている世界史像が、従来の体系化を求めた世界史像に代って、その反体系性ないしは無体系性を意図するものであるならば、これまた冷戦終結以後の現在世界の混沌さの表現として、有意義なものであるかもしれない。なぜならば歴史は現在からのみ書かれるものであり、そしてカオスは神々の故郷であるからである。

西嶋はこの翌年、一九九八年七月に死去しているので、西嶋自身にこの言の真意を問うことは不可能である。だが、後学の一人として思いをめぐらすならば、西嶋は自身の枠組みの問題点が、体系化を求めた世界史像に由来することを承知していたのではないだろうか。だとすれば、仮に最終的な到達点が反体系ないしは無体系になるとしても、新たな枠組みを提示して歴史像の刷新を図ることは、後学（たち）の責務になるはずである。

ただし、著者がその責務を果たすためには、次章以降で展開していく、東部ユーラシアという新たな枠組みに基づく具体的な歴史叙述を、多くの事象を整合的に解釈できるものにしていかなければならない。ところが、東部ユーラシアという新たな枠組みは、時間的にも空間的にも、一人の研究者が学問的厳密性を維持したまま扱える範囲を越えているため、西嶋説の提唱以降に飛躍的に増大した個別実証研究の成果を、どれほど反映できるかは未知数である。その意味でも、次章以降での歴史叙述は「カオスへの挑戦」になるのだが、この挑戦の成否については、本書を読み終えた読者諸賢の判断に委ねたい。

第二章

第二次南北朝時代と平安期日本

1　第二次南北朝時代

時代区分と第二次南北朝時代

時系列に基づいて物事を論じていく歴史学では、ある時代・時期にはどのような特徴があり、前後の時代・時期とどのように違うのか、どのように変化したのかを明らかにすることが重要になる。これは一般に「時代区分」と呼ばれているのだが、この時代区分をおこなうということは、各時代の特徴をわかりやすいかたちで提示することでもあり、歴史の流れを体系的に把握するためにも不可欠といえる。

しかし、時代区分をおこなうことは非常に難しい。例えば「飛鳥時代」と「奈良時代」という二つの時代の区切りは、教科書の記述では七一〇年の平城遷都なのであるが、律令国家の完成を象徴する大宝律令の施行は七〇一・七〇二年であり、現代までつづく「天皇」号の成立は少なくとも天武《てんむ》・持《じ》統《とう》朝にまで遡る。つまり、時代区分をおこなううえでの基準は、この場合では都の位置・法典の編纂・君主号など複数の要素があり、しかも変化の時期は一致していないので、各時代の特徴のうちのどの要素に注目するかにより、異なる時代区分も十分に可能であり、実際に各種の通史では、さまざまな時代区分がなされている。

以上のような状況は、東部ユーラシアという新たな枠組みでも基本は同じである。ただし、東部ユーラシアという枠組みは、前章でも述べたように、日本と中国を必要以上に重視する従来の歴史像を廃して、中心―周辺間の上下関係を相対化することを意図しているので、これまでとはまったく違う視点から時代区分をおこなう必要があろう。そこで本章では、本書で扱う三〇四年から一二一五年に至る時間軸のなかでも、従来の「東アジア世界」論に基づく歴史像とは大きく異なる国際環境が出現した、九〇五年から一二一五年までを一つの大きな時代と考えて、東部ユーラシアという新たな枠組みでの国際関係の基準として位置づけていくために、本来は旧い時期から新しい時期へと順に叙述を進めるところを、あえて順序を逆にして、この三百年に及ぶもっとも新しい時代から説き起こしていきたい。

この時代は、前章で「澶淵《せんえん》体制」や「盟約の時代」を紹介した際にも言及したように、南の五代・北宋・南宋と、北の契丹・金という王朝が、互いに盟約を結んで併存していたことから、近年では「第二次南北朝時代」ともいわれている。このうち、国際関係の中心となるのは「南朝」である中国王朝ではなく、軍事的に優越する「北朝」の契丹・金であるのだが、全盛期の唐のような卓越した勢力は保持していないため、中心―周辺間の上下関係は相対的に小さく、高麗や西夏などの周辺諸勢力も無視できない位置を占めている。

その意味でこの時代は、東部ユーラシアという新たな枠組みでの国際関係の基準として評価できるのであるが、まだ一般の方にはなじみが薄いと思われるので、まずは視点を西暦九〇五年に固定したうえで、東部ユーラシア各地の諸勢力を一通り眺めておきたい。

九〇五年の諸相

まず、日本の状況から確認しよう。九〇五年の日本は醍醐《だいご》天皇の延喜五年であり、菅原道真《すがわらのみちざね》が大宰府に左遷されて以降、藤原時平《ふじわらのときひら》政権が成立していた。この年には、初の勅撰和歌集である『古今和歌集』が撰上され、つづく九一一年には日本に来航する海商に対して年紀制が施行されるなど、醍醐朝ではいくつかの新たな政策が展開されている。

同時期の朝鮮半島では、統一新羅の衰退に伴い、八九二年に甄萱《けんけん》が後百済を、九〇一年に弓裔《きゅうえい》が後高句麗を建国して以降は、後三国時代と呼ばれる抗争の時代に突入していた。そのなかで台頭したのが、九一八年に弓裔を殺した王建《おうけん》が建国した高麗であり、最終的には九三六年に高麗が朝鮮半島を統一している。また、半島北部から中国東北・ロシア沿海州にかけて存在していた渤海は、九〇七年・九一九年の両度、日本に使者を派遣しているのだが、九二六年には契丹・耶律阿保機《やりつあぼき》の遠征を受けて滅ぼされている。

南のかたベトナムでは、翌九〇六年以降では、土豪の曲《クック》氏が三代にわたり節度使を自称するなど、北部の紅河デルタを中心にめまぐるしく勢力が変遷していくのだが、最終的には一〇〇九年に李朝が成立することで、ベトナムの政権は安定に向かう。

北のモンゴル高原では、唐・吐蕃《とばん》と並ぶ大勢力の回鶻《ウイグル》が八四〇年に崩壊して以降は、チンギス＝ハンの登場まで統一勢力が出現しない時期に突入する。その間隙を縫うように、十一世紀には東から契丹がトーラ川流域まで進出している。

西のチベット高原では、チベット唯一の統一王朝である吐蕃が八四三年に分裂して以降は、各地の

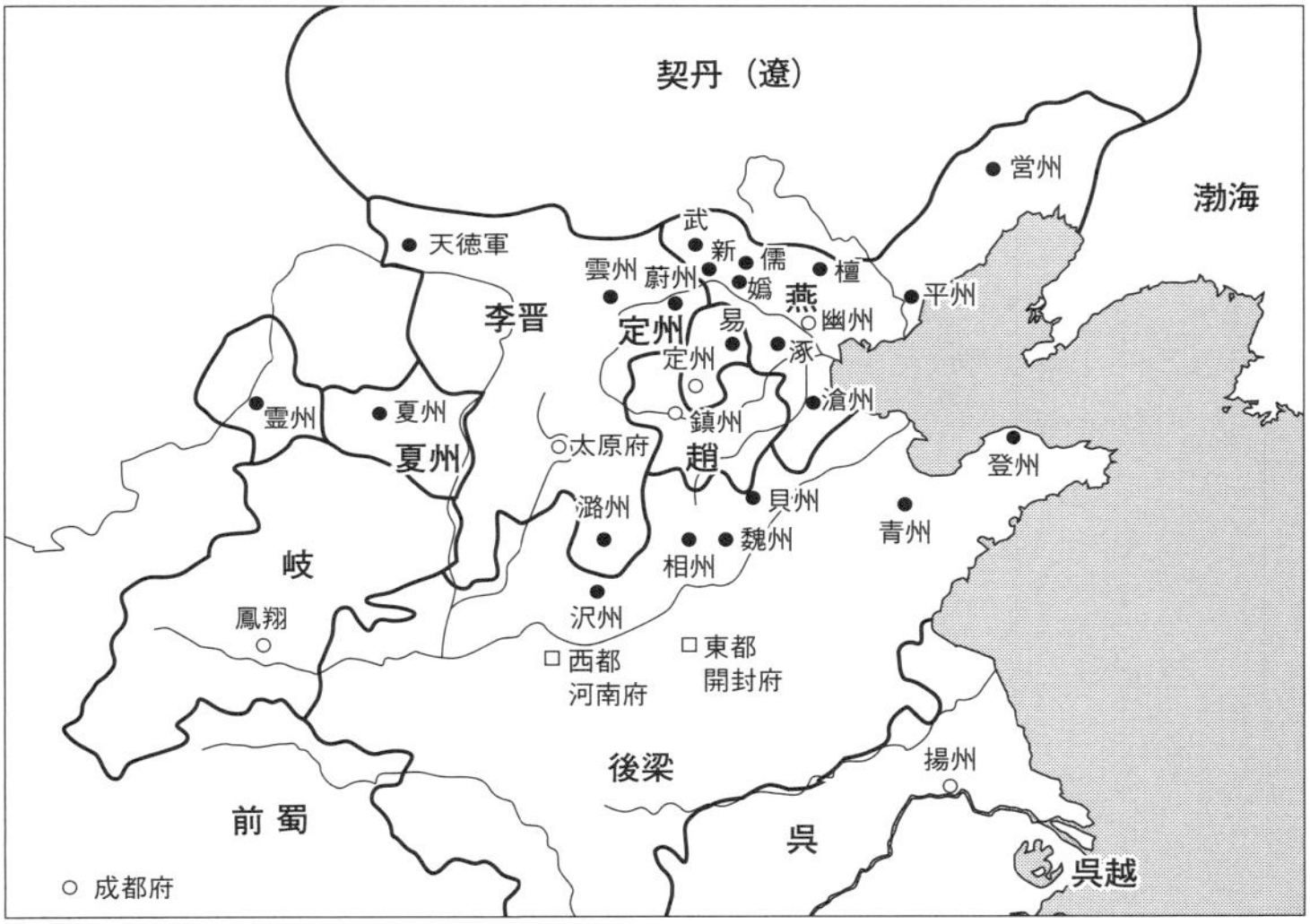

図６　唐滅亡直後の中国内地　原図：杉山正明『疾駆する草原の征服者』（講談社、2005）131頁

勢力があいついで自立した。また、雲南の南詔は九〇二年に鄭買嗣《ていばいし》のクーデターで滅亡し、三十余年の混乱の後、九三七年に大理《だいり》国が成立している。

河西回廊から西域にかけては、八四〇年以降モンゴル高原を脱出した回鶻遺民が、甘州や天山山脈方面（北庭《ビシュバリク》や焉耆《カラシャール》）に、甘州回鶻王国や天山回鶻王国を建国していた。また、敦煌では漢人の帰義軍《きぎぐん》節度使（張氏）政権が成立していたが、ほどなく同じ漢人の曹議金《そうぎきん》が帰義軍節度使に就任して、曹氏政権が新たに成立することとなる。

最後に中国では、十年にわたる黄巣《こうそう》の乱の鎮圧に功績を挙げた沙陀《さだ》族の李克用《りこくよう》（片眼が小さいので「独眼竜」と呼ばれたことは有名）と、もともとは黄巣の配下で唐朝に帰順した朱全忠《しゅぜんちゅう》が節度使として台頭していき、最終的には九〇七年に朱全忠が唐を滅ぼし、五代最初の王朝である後梁を建国した。一方李克用は、シラムレン川流域を中心に勢力を伸張させていた契丹・耶律阿保機《やりつあぼき》に接近し、九〇五年に雲中《うんちゅう》の盟を結んでいる。以後、朱全忠が建てた後梁と、李克用の晋（李晋）との対立がつづき、最終的には九二三年に、李克用の子・李存勗《りそんきょく》（荘宗）が後梁を滅ぼし、五代の二番目の王朝である後唐が成立している。

九〇五年の画期

以上のなかで、時代を区分するもっとも重要な出来事は、一見すれば九〇七年の唐の滅亡のように思えるであろう。しかし、その認識は誤りである。八七五年に発生した黄巣の乱の結果、唐王朝はすでに長安周辺のみを支配する一地方政権に転落しており、李晋・呉（のち簒奪され南唐）・前蜀・呉越・燕・岐など、各地の節度使はすでに自立傾向を強めているので、唐の滅亡自体は、一般に考えられているほど大きな画期ではない。むしろ九〇七年を画期にするのであれば、契丹・耶律阿保機が「天皇帝」に即位して、第二次南北朝時代を構成する「北朝」としての契丹国家が成立したことを重視すべきであろう。

また、中国内地の「南朝」に注目した場合でも、後梁による唐の簒奪は大きな画期にはなり得ない。なぜなら、同じく「五代」と総称される後梁・後唐・後晋・後漢《こうかん》・後周という五つの王朝のうち、後梁をのぞく四王朝は、トルコ系の沙陀族の流れを汲む軍事組織を中核とする「沙陀系王朝」であり、後梁とは明確に区別されることに加え、趙匡胤《ちょうきょういん》（北宋・太祖）が後周の禁軍に擁立されているように、北宋もこの四王朝の延長として位置づけられるからである。つまり、第二次南北朝時代の「南朝」である北宋・南宋の系譜は、唐を簒奪した後梁の朱全忠ではなく、後梁を滅ぼして後唐を建国した李存勗の父、李克用の方に遡ることになり、朱全忠による唐の簒奪も、中国内地の「南朝」の大きな画期とは言えなくなるのである。

では、時代を区分するもっとも重要な出来事は、何に求めるべきであろうか。ここで注目したいのは、九〇五年に契丹・耶律阿保機と、李晋・李克用のあいだで結ばれた雲中の盟では、毛利英介が指摘するように、擬制親族関係の設定・使者と礼物の交換・互いの領域の設定など、澶淵の盟にまで継承される南北関係の原型が定められたということである。前章で「澶淵体制」や「盟約の時代」を紹介した際にも言及したように、第二次南北朝時代の最大の特徴は、南北両朝が盟約を通じて共存したことである。この点からすれば、九〇五年の雲中の盟は、「北朝」の祖である耶律阿保機と、「南朝」の祖である李克用が、澶淵の盟にまで継承される南北関係の原型を定めた盟約ということになり、第二次南北朝時代の開始を告げる象徴的な出来事と位置づけることができる。このように、九〇五年は第二次南北朝時代の「はじまり」として考えることができるので、本書では時代の画期を、九〇七年ではなく九〇五年に設定しておきたい。

契丹―五代併存期

以下では、九〇五年から一二一五年までの東部ユーラシアにおける歴史展開の概略を、最新の研究に基づいて述べていく。九〇五年の雲中の盟から一〇〇四年の澶淵の盟に至る過程のうち、李晋＝後唐が存続した九三六年までは、契丹と李晋＝後唐は何度かの軍事衝突を経ながらも、おおむね対等な関係を維持していた。しかし、後唐が滅亡して後晋が成立した九三六年から、北漢が滅亡する九七九年までは、分裂した南の沙陀系王朝の一方に北の契丹が軍事介入することで、契丹を上位とする南北関係が形成されていた。

このうち、よく知られている事件としては、石敬瑭《せきけいとう》（後晋・高祖）による後晋の建国を挙げることができる。太原を本拠とする石敬瑭は、契丹の太宗・耶律堯骨《やりつぎょうこつ》と父子・君臣関係を結び、燕雲十六州の割譲を約束することで、契丹の援軍を得て洛陽の李《り》従珂《じゅうか》（後唐・末帝）を打倒して後晋を建国し、契丹による冊封を受けた。しかし、石敬瑭の死後に後晋は契丹との君臣関係を破棄したため、最終的には契丹軍の遠征を受けて滅亡している。

同様に契丹が助力した沙陀《さだ》系王朝としては、北漢も忘れてはならない。九五〇年に郭威（後周・太祖）が開封《かいほう》を攻撃して後漢を滅ぼし、翌九五一年に後周を建国すると、後漢・劉承祐《りゅうしょうゆう》（隠帝）の叔父である劉崇《りゅうすう》（北漢・世祖）は太原で自立して北漢を建国し、契丹・耶律述律《やりつじゅつりつ》（穆宗《ぼくそう》）と叔姪《しゅくてつ》（弟―兄の子）関係を結んで冊封を求めた。これにより、沙陀系王朝は開封政権（後周）と太原政権（北漢）に分裂したのだが、契丹は比較的弱体だが地理的には近い太原政権を支援して、華北の分裂状況を維持することで、沙陀系王朝との上下関係の確保を試みている。

ところが、このような南北関係は、北宋の登場により大きく変化する。

北宋は九六五年に後蜀、九七五年に南唐を滅ぼし、九七八年には呉越国王・銭俶《せんしゅく》を降伏させるなど、北漢を大きく上回る勢力を形成していく。それに伴い、九七四年には新たに契丹と北宋との通交

図７　後周期の中国内地　原図：竺沙雅章『征服王朝の時代』（講談社、1977）51頁

（第一次通和）が開始され、後唐の滅亡以来途絶えていた南北間の対等関係が復活した。この北宋と契丹との対等関係は、九七九年に北宋が北漢を滅ぼすと一時破綻して、燕雲十六州をめぐる軍事衝突がくりかえされることになるが、一〇〇四年に澶淵の盟が結ばれて以降は、百年以上の長きにわたり平和が維持されていく。

図８　契丹―北宋併存期　原図：古松崇志「十〜十二世紀における契丹の興亡とユーラシア東方の国際情勢」（『契丹［遼］と10〜12世紀の東部ユーラシア』勉誠出版、2013）14頁

契丹―北宋併存期

契丹と北宋とのあいだで結ばれた澶淵の盟は、双方の皇帝が「誓書《せいしょ》」を取り交わすという形式でおこなわれた。そのなかでは、①北宋は契丹に毎年歳幣を贈る、②互いに国境を遵守する、③越境した逃亡者は相手方に引き渡す、④相手国の耕地と農作物を荒らさない、⑤国境地帯に新たな軍事施設は築造しない、という五点が定められているが、この他にも、⑥契丹と北宋との関係は対等関係とする、⑦契丹皇帝と北宋皇帝は擬制親族関係（兄弟関係）を結び、年齢が上の者を兄とするが、代替わりにより伯姪・叔姪関係などに変化する、⑧毎年正月と皇帝（契丹は皇太后も）の誕生日に使者を派遣する、などが慣例としておこなわれた。

この澶淵の盟により契丹―北宋関係が安定する一方で、一〇三八年に党項《タングート》族の李元昊《りげんこう》が皇帝を称して、オルドスの興慶を中心に西夏を建国すると、西夏と北宋との全面戦争が勃発した。その最中、一〇四二年に契丹は北宋に特使を派遣し、宋夏間の紛争に乗じるかたちで新たな誓書を交換して、北宋からの歳幣の増額や「納」字の使用などと引き替えに、北宋上位の形式での西夏との和議を斡旋している。これにより、東部ユーラシアの国際関係全体で、契丹の北宋に対する優位が確定することになる。

ただし、この契丹による斡旋は、西夏に北宋への臣属を強いるものであるため、西夏側の反発を引き起こし、最終的には契丹と西夏の軍事衝突にまで至る。その過程で、西夏は契丹と北宋の双方との対立を回避するため、一〇四四年には北宋と慶暦の和約を結び、歳賜と引き替えに北宋に対して臣下の礼を示したが、北宋は契丹とは異なり、西夏をより対等に近い「夏国主」に冊封したことは注目すべきであろう。

一方、朝鮮半島の高麗は、九九六年にはじめて契丹の冊封を受けた後も、北宋への朝貢をつづけていたが、一〇三〇年の使者を最後に一時北宋との関係を断絶して、契丹にのみ朝貢するようになる。高麗から北宋への朝貢自体は一〇七一年に復活するものの、北宋からの冊封が復活することはなく、高麗は北宋との通交再開後も契丹との関係を重視していた。このように、契丹―北宋併存期では、北宋は国際関係の中心の一つではあるのだが、契丹の方がより大きな中心として機能していたことは明白である。

金―南宋併存期

以上のような契丹優位の国際関係は、松花江の支流・按出虎《アルチユフ》水流域に金が勃興すると、急速に崩壊することになる。金を建国した女真族の完顔阿骨打《ワンヤンアグダ》は、一一一五年に皇帝を自称すると、遼河平原の

図９　金—南宋併存期　原図：古松崇志「十〜十二世紀における契丹の興亡とユーラシア東方の国際情勢」（『契丹［遼］と10〜12世紀の東部ユーラシア』勉誠出版、2013）18頁

要衝である遼陽を占領するなど契丹を軍事的に圧倒して、金を兄・契丹を弟とする対等関係を要求したが、契丹側が拒否したため交渉は決裂した。

一方、金の勃興を燕雲十六州回復の好機ととらえた北宋は、澶淵の盟以来の南北併存体制を放棄して、一一一八年には馬政を金に派遣し、契丹の挟撃を提案した。金はこの提案を受諾して「海上の盟」を結び、一一二一年から契丹との全面戦争を開始して、一一二五年には天祚帝を捕縛して契丹を滅ぼした。つづいて金は、歳幣贈与の拒否・叛将の庇護などの盟約違反をくりかえした北宋の都・開封を包囲して、一一二六年には金を伯・北宋を姪とする上下関係と、太原など三鎮の割譲などを北宋に認めさせるが、北宋がこの条件を反故にすると、一一二七年には上皇徽宗・皇帝欽宗を北方に連行して北宋を滅亡させている（靖康の変）。これにより、契丹—北宋関係を中心とする前代の国際秩序は完全に崩壊した。

北宋を滅ぼした金は、華北に傀儡国家（楚、ついで斉。一一三七年廃止）を建てる一方で高麗・西夏を臣属させ、江南に成立した南宋と和戦をくりかえしたが、一一四二年には皇統（紹興）和議が成立して、金による南宋・高宗の冊封がおこなわれ、南宋は金に歳貢を奉り臣属することになる。この時点で、東部ユーラシアの国際関係は、契丹―北宋併存期からつづく盟約による共存関係ではありながらも、対等関係を基本とする契丹―北宋併存期とは異なり、金との誓表《せいひょう》・誓詔《せいしょう》の交換による一元的な君臣関係で構成されることになる。

しかし、金―南宋間の君臣関係は長続きせず、一一六一年に金・海陵王の南宋遠征が失敗すると、一一六五年に大定（乾道）和議が成立して、君臣関係は廃されて金を叔とする叔姪関係となり、歳貢も減額されたうえで歳幣に改められている。さらに、一二〇七年の泰和（開禧）和議でも、前年におこなわれた南宋の北伐が失敗したため、叔姪関係は伯姪関係に改められて歳幣も増額されたのだが、君臣関係の設定はなされてはいない。

このように、金を中心とする国際秩序は不十分なものであるが、その最大の原因は、モンゴル高原の遊牧勢力の統制に失敗したことであろう。それは、契丹の滅亡後に西方に逃れた耶《や》律《りつ》大石《たいせき》が建国して、東西トルキスタンを支配した西遼《カラ・キタイ》が、モンゴル高原に一定の影響力を及ぼしていたことも関係していると思われるが、このモンゴル高原の遊牧勢力のなかから台頭し、一二〇六年にクリルタイを開催して即位したチンギス＝ハンは、金の辺境を守る契丹軍団を帰順させ、一二一五年には中都（北京）を陥落させるなど金領の大半を占領した。この結果、金を中心とする東部ユーラシアの国際関係は崩壊して、モンゴルによる大帝国建設への道が開かれていく。

2 非君臣関係と致書文書

名分関係と外交文書

以上、およそ三百年にわたる東部ユーラシアの歴史展開を、五代・北宋・南宋という中国王朝ではなく、契丹・金を中心として提示した。この契丹・金という王朝は、中国史の視点からは、中国内地以外を本拠としながらも、中国の一部を領有した「征服王朝」として位置づけられてきたが、東部ユーラシアという視点から見れば、一貫して国際関係の中心に位置した「北朝」として理解することができる。

それでは、この「第二次南北朝時代」の歴史像は、どのように描いていけばよいのだろうか。その切り口として注目したいのは、外交当事者間の名分関係（政治的な位置関係）である。名分関係は、例えば君臣関係・対等関係・擬制親族関係（父子関係・兄弟関係・舅甥関係……）などさまざまな種類があり、多くは当該勢力間の力関係や、多国間関係における国際秩序に基づいて設定されるので、名分関係の検討をおこなうことにより、その時々の歴史像を提示することが可能となる。

ただし、実際の名分関係は非常に複雑である。一般的な「中国を中心とする」国際秩序（Chinese World Order）では、中国皇帝を君主、他勢力の首長（蕃国王）を臣下とする君臣関係が基本であり、例外的に、中国王朝と匹敵するような勢力（敵国）の首長が中国皇帝と対等関係を結ぶことがある、と理解されているのだが、実際には、諸勢力間の名分関係は君臣関係と対等関係の二者択一ではなく、両者の中間に属する「非君臣上下関係」(君臣関係が貫徹しない事例)も数多く存在している。そのため、個々の名分関係を検討する際には、どの程度の上下関係が含意されているかを解明する必要があろう。

そこで、本節と次節では、外交当事者間の上下関係が明確に表明されている、外交文書と外交儀礼とに注目したい。このうち本節ではまず、諸勢力の首長間で交わされる外交文書を中心に、第二次南北朝時代の名分関係の特徴を提示していきたい。

慰労詔書と致書文書

まずは、隋唐期の外交文書についての一般的な理解を確認しておく。中国王朝と周辺諸勢力とのあいだに君臣関係が貫徹する場合には、君主である中国皇帝は、「皇帝、敬《つつし》ミテ某ニ問フ」(皇帝敬問某)または「皇帝、某ニ問フ」(皇帝問某)ではじまる慰労詔書《いろうしょうしょ》か、「某ニ勅ス」(勅某)ではじまる論《ろん》事勅書《じちょくしょ》を発給する。この三者は、いずれも君臣関係で使用されるのだが、慰労詔書のうちの「皇帝敬問某」がもっとも相手を重視する形式であり、ついで同じ慰労詔書の「皇帝問某」形式、もっとも薄礼なのは論事勅書の「勅某」形式である。これに対して、臣下である周辺諸勢力の君長は、「臣某言ス」(臣某言)ではじまる、表という様式の文書を上《たてまつ》る。これを一般に「上表」と称しているが、有名なところでは、倭王武が中国南朝の宋(劉宋)に提出した「上表文」も表様式の文書である。

ただし、周辺諸勢力の君長は、中国王朝との君臣関係を拒否して、対等関係を求める場合があり、その場合には「某、書ヲ某ニ致《いた》ス」（某致書某）ではじまる、書状形式の「致書《ちしょ》文書」が使用される。推古朝の倭国から隋・煬帝に送られた、有名な「日出ヅル処ノ天子、書ヲ日没スル処ノ天子ニ致ス。恙無《つつがな》キヤ」という外交文書も致書文書なのであるが、中国王朝が周辺諸勢力との対等関係を容認することはほとんどなく、倭国の外交文書も当然ながら「無礼」と判断されている（倭国—隋関係の詳細は、第四章第一節を参照）。

対等関係を示さない致書文書

これに対して、第二次南北朝時代の外交文書には、致書文書が多用されているという大きな特徴がある。例えば、百年以上つづいた契丹と北宋の対等関係では、「二月日、兄ノ大宋皇帝、書ヲ弟ノ大契丹……皇帝〈闕下《けっか》〉ニ致ス」や、「弟ノ大契丹皇帝、謹《つつし》ミテ書ヲ兄ノ大宋皇帝ニ致ス」などのように、相互に致書文書が使用されつづけた。また、金—南宋関係でも、君臣関係が設定されていない時期には、「九月日、叔ノ大金皇帝、書ヲ姪ノ宋皇帝ニ致ス」や、「姪ノ宋皇帝眘《しん》、謹ミテ再拝シテ書ヲ大金……皇帝闕下《けっか》ニ致ス」という外交文書が交わされており、五代十国間においても、十国の一つである前蜀から五代の最初の王朝である後梁に、「大蜀皇帝、謹ミテ書ヲ大梁皇帝閣下ニ致ス」という外交文書が送られているなど、多数の致書文書を確認できる。このように、隋唐期ではあくまで「例外」扱いの致書文書が多用されているのは、中国王朝との君臣関係を中心とする隋唐期の国際秩序が崩壊して、新たに南北間の対等関係（または非君臣関係）を基軸とする国際秩序が形成されたことと対応するのであろう。

さらに、第二次南北朝時代の致書文書には、①「謹ミテ」を付加する、②国号の「大」字を削除する、③「上《たてまつ》ル」を付加する、④君主号を「国主」とするなどの方法で、非君臣関係における微妙な上下関係を表現したものもある。具体的には、①契丹―北宋関係は対等関係ではあるが、両者のあいだに設定された擬制親族関係では、兄―弟、伯―姪、叔―姪などのように、必ずどちらかが上位に立つことになる。そのため、卑幼側から尊長側へ宛てられる致書文書には、「謹ミテ」が付加されて敬意が示されている。②金―南宋関係では一貫して金が上位であるので、南宋皇帝からの外交文書では「謹ミテ再拝シテ」が付加されていることに加え、南宋の国号には「大」字は付されていない。③・④十国の一つに数えられる前蜀と南漢は、五代の二番目の王朝である後唐に対して、「大蜀（大漢）国主、書ヲ致シテ大唐皇帝ニ上《たてまつ》ル」という外交文書を提示している。以上のように、第二次南北朝時代の致書文書は、完全な対等関係を示すものではなく、時と場合に応じて一定の上下関係をも含んでおり、これは隋唐期とは大きく異なる重要な点といえる。

致書と献書と奉書と上書と

このように、第二次南北朝時代の致書文書には上下関係も含まれるという点に注目すれば、致書文書に類似する形式であり、しかも明確に上下関係を示す外交文書を何点か指摘することができる。例えば、①後蜀から後唐へ送られた「大蜀国主、書ヲ大唐皇帝ニ献ズ」という外交文書、②南唐から後周へ送られた「唐皇帝、書ヲ大周皇帝ニ奉ズ」という外交文書、③西夏から北宋へ送られた「男ノ邦泥定国（西夏の自称国号）ノ兀卒（西夏の君主号）ノ曩霄（李元昊）、書ヲ父ノ大宋皇帝ニ上《たてまつ》ル」という外交文書などである。

これらの外交文書では、致書文書のように「致書」を使用するのではなく、「献書」・「奉書」・「上書」という形式を使用しているのだが、献・奉・上という文字が使用されていることから明らかなように、これらの形式では相手を上位に置くことが明確に示されている。

例えば①・②は、それぞれ十国の一つである後蜀から五代の二番目の王朝である後唐、十国の一つである南唐から五代の最後の王朝である後周に宛てたものであり、自らの国号の「大」を削除することや、君主号を「国主」とすることで、上下関係を表明している。また③では、西夏・景宗（李元昊）が北宋・仁宗との父子関係を表明しており、君臣関係ではないため北宋には拒絶されているのだが、これも上下関係を明示した事例といえる。このような外交文書の形式が存在したこと自体は、これまでも中村裕一や中西朝美の研究で指摘されてはいたが、当該期の国際関係を反映した致書文書の変形として登場したと理解されるにとどまり、十分な検討はなされていない。

そこで、この点に注意しながら隋代以降の史料を通覧すると、ⓐ書状としての「致書」・「献書」・「奉書」・「上書」形式は一貫して中国国内でも使用されつづけている、ⓑしかも、例えば「五月二十日、宣義郎《せんぎろう》・左拾遺《さしゅうい》・内供奉《ないきょうほう》臣張九齢《ちょうきゅうれい》、謹ミテ再拝シテ死罪死罪、書ヲ開元神武《かいげんしんぶ》皇帝陛下（唐・玄宗）ニ上《たてまつ》ル」のように、これらの形式は皇帝にも提出されているという重要な事実が明らかになる。つまり、外交文書で使用されている「献書」・「奉書」・「上書」などの形式は、唐の崩壊・契丹の台頭以降における国際関係の変化を反映して新たに登場したものではなく、当初から書状の一形式として存在していたものが、第二次南北朝時代以降に外交文書としても使用されはじめた、と理解しなければならない。

ただし、このように考えるのであれば、致書文書の位置づけについての再検討も必要であろう。これまでの理解では、君臣関係を示す慰労詔書・論事勅書や表に対置されるべき外交文書としては、対等関係を示す書状形式の外交文書としての致書文書のみが注目されてきたのだが、致書文書が完全な対等関係を示さない場合もあることや、同じく書状形式である「献書」・「奉書」・「上書」なども外交文書に使用されることから考えれば、致書文書のみを慰労詔書・論事勅書や表に対置するだけでは不十分である。慰労詔書などと対置されるべき外交文書は、致書文書も含めた「某〇書某」形式の外交文書（以後、この形式を「広義の致書文書」と表現する）全体であり、その広義の致書文書のなかに、対等関係や非君臣上下関係を示す「致書」・「献書」・「奉書」・「上書」などの諸形式が存在するというように、理解を改めなければならない。

広義の致書文書の時代

ところで、隋唐期と第二次南北朝時代の外交文書を比較した場合、広義の致書文書が多用されていることに加えて、啓や状などの様式が外交文書として使用される事例がほとんどなくなることも、両者の差異として指摘することができる。例えば、日本—渤海関係では、日本側は慰労詔書を発給して君臣関係を要求しているのだが、渤海側は表ではなく、上長に奉じる様式の「啓」を提出することでこれを拒否しており、唐—吐蕃関係においても、唐側はやはり慰労詔書や論事勅書を発給するのだが、吐蕃側は「状」を提出することで、唐を上位としながらも上表・称臣を回避している（詳細は第五章第三節を参照)。

これに対して第二次南北朝時代では、下位勢力が上位勢力との君臣関係を拒否する場合には、上位勢力が発給する慰労詔書・論事勅書の受け取りを拒否したうえで、最終的には広義の致書文書の交換をおこない、非君臣上下関係を表現するのが通例である。例えば、十国の一つである呉と、五代の二番目の王朝である後唐との関係では、後唐は呉に対して「詔」(慰労詔書か)を発給したが、呉がこの受け取りを拒否したので、後唐は改めて「大唐皇帝、書ヲ呉国主ニ致《いた》ス」という外交文書を送り、呉も「大呉国主、書ヲ大唐皇帝ニ上《たてまつ》ル」という外交文書で応えている。これらの外交文書では、皇帝と国主・致書と上書などの差異を設けることで、相互に後唐を上位とする上下関係が表明されているのだが、君臣関係は表明されておらず、両者の関係は「非君臣上下関係」で一致している。

このような変化が生じた理由は、大きく三点指摘することができる。第一点目は、第二次南北朝時代では諸勢力間の上下関係が相対的に小さく、上位勢力が下位勢力に対して君臣関係を設定できないことである。これは、前に述べた後唐と呉との関係からうかがうことができる。第二点目は、広義の致書文書を外交文書として使用すれば、君臣関係から対等関係までの幅広い相互関係を表明できることである。これも、前述した後唐と呉との関係も含め、これまでに述べてきた点から明らかであろう。第三点目は、外交当事者間で盟約が結ばれた際には、両者の名分関係や外交文書について、何らかのかたちで合意が図られることである。この点は、君臣関係の事例ではあるのだが、北宋と西夏とのあいだで結ばれた慶暦の和約を参照すると、西夏が北宋に対して臣下の礼を取ることや、北宋からの外交文書は「勅」を「詔」に改め、西夏王の名を明示しないこと(ともに西夏に対する優遇措置)が明文化されており、名分関係と実際の力関係の双方に配慮するかたちで、外交文書についての合意がなされたことが明らかとなる。

以上のように、第二次南北朝時代では、隋唐期とくらべて広義の致書文書が数的に多用されているだけではなく、君臣関係の拒否・非君臣上下関係の表明など、隋唐期では啓や状が使用されていた用途でも広義の致書文書が使われているという、質的な変化も生じている。このような外交文書の変化を念頭に置くならば、過度の単純化という批判は当然出てくるとは思うのだが、君臣関係を基軸にはしていないという意味も含めて、第二次南北朝時代は「広義の致書文書の時代」ということができるのではないか。

元・明代での広義の致書文書

それでは最後に、この「広義の致書文書の時代」についての、現段階での見通しを述べておきたい。まず、唐最末期の外交文書の文例集（楊鉅『翰林学士院旧規』所収の「答蕃書幷使紙及宝函等事例」）では、契丹（耶律阿保機）に対するものも含め、慰労詔書・論事勅書が使用されているのに対して、唐を簒奪した後梁は、十国の一つである前蜀とのあいだで「致書」形式の外交文書を交換しているので、広義の致書文書が本格的に使用されはじめるのは、唐の滅亡後と考えられる。特に、後梁の太祖・朱全忠と前蜀の王建とのあいだに、唐末ではともに節度使に任じられたという対等性が存在することは、この問題を考えるうえでも重要と思われる。

その後の東部ユーラシアでは、契丹と李晋＝後唐を起点とする沙陀系王朝との関係、つづいて契丹

国名	使紙（用紙）	書頭	末尾	宝函・その他
新羅	五色金花白背紙	勅某国・王・姓名	卿比平安好、遣書指不多及	次宝函・使印（用印）
渤海	同右	同右	同右	同右
黠戛斯	同右	勅黠戛斯・姓名	同右	同右
回鶻		皇帝舅敬問界鶻天睦可汗外甥	想宜知悉時候、卿比平安好、将相及部族男女兼存問之、遣書指不多及。	使印
冊可汗の場合		勅某王子外甥	問部族男女等。	（無函・使印？）
契丹（旧）	黄麻紙	勅契丹王阿保機	想宜知悉時候、卿比平安好、遣書指不多及。	平使印（不使印）
朝宣令使となってより	五色牋紙	（同右）	（同右）	次宝鈿函・使印
牂牁（牂柯）	五色牋紙	勅牂牁・姓名	想宜知悉時候、卿比好否、遣書不多及。	不使印
退渾使首領	黄麻紙	勅退渾・姓名		不使印
党項使首領	同右	勅党項・姓名		同右
吐蕃使首領	同右	勅吐蕃・姓名		同右
南詔	白紙	皇帝舅敬問驃信外甥	想宜知悉時候、卿比平安好、将相及部族男女兼存問之、遣書指不多及。（次に四相の名銜を記す）	使印

図10　楊鉅「答蕃書并使紙及宝函等事例」による国書の格式表　原図：金子修一『隋唐の国際秩序と東アジア』（名著刊行会、2001）252頁

と北宋・金と南宋との南北関係が展開されていくのだが、いずれも対等関係や非君臣上下関係を中心とするものであり、一元的な君臣関係が安定的に設定されていたわけではない。そのため、広義の致書文書による外交世界は、第二次南北朝時代を通じて存在しつづけていたといえる。

さらに、モンゴルが台頭して金を中心とする国際秩序が崩壊した後でも、広義の致書文書は外交文

書の重要な形式として機能しつづけている。例えば、一二六六年にフビライ＝ハーンが日本を招諭するために発給した外交文書は、「上天眷命、大蒙古国ノ皇帝、書ヲ日本国王ニ奉ル」であり、日本に対して「奉書」形式が使用されていることは有名であるが、一四〇二年に足利義満が明に提出した外交文書でも、「日本准三后《じゅさんごう》某（足利義満）、書ヲ大明皇帝陛下ニ上《たてまつ》ル」と、明に対して「上書」形式が用いられている。さらに、室町幕府と朝鮮王朝とのあいだでも、一四二五年の外交文書には「朝鮮国王李祹《りとう》（世宗）、書ヲ日本国殿下ニ奉ル」とあり、一四七四年の外交文書では「日本国源義政、書ヲ朝鮮国王殿下ニ奉ル」とあるように、相互に「奉書」形式の外交文書を使用していることが判明する。

このように、フビライや足利義満も広義の致書文書を使用しているということは、分裂期・統一期という時代区分を超えて、元・明代においても広義の致書文書が一定の重要性を有していたということになる。通常であれば、これは「広義の致書文書の時代の名残」というような位置づけをされるところではあるが、対等関係や非君臣上下関係を含む微妙な相互関係を表現できる広義の致書文書の有用性は、モンゴルの台頭以降でも変わらずに存在していたはずである。

時期的には本書の範囲を超えることになるので、より詳細な考察は控えておくが、これらの「奉書」や「上書」形式を分析する際にも、「広義の致書文書の時代」という視点は欠かせないのではないだろうか。

3　非対称の外交儀礼

『大唐開元礼』の外交儀礼

前節では、外交文書、特に「広義の致書文書」を題材にして、第二次南北朝時代の外交関係の特徴を提示した。つづいて本節では、外交文書同様、外交当事者間の名分関係を端的に明示する外交儀礼に注目することで、第二次南北朝時代における外交関係の実態を解明していきたい。

まずは前節同様に、隋唐期の外交儀礼についての一般的な理解を確認しておく。隋〜唐前半期の外交儀礼に関しては、七三二年に完成した『大唐開元礼《だいとうかいげんれい》』という礼書（おおむね日本の儀式書に対応）に詳細な規定が残されている。この規定に対しては、石見清裕による詳細な研究があり、断片的な実例や日本の外交儀礼も参照すれば、隋〜唐前半期での周辺諸勢力に対する外交儀礼は、概略を以下のように復元することができる。

① 到着地で蕃国王・使者を迎接。つづいて一行（の一部）を入京させる。
② 入京時に蕃国王・使者を迎接。つづいて鴻臚館《こうろかん》（迎賓館）で謁見日程を伝達。
③ 宮内で蕃国王・使者が皇帝と謁見。原則として全官人参加。使者入朝時には外交文書・信物が提出され、皇帝は中書侍郎《ちゅうしょじろう》を介して外交文書を受ける。つづいて皇帝は中書舎人《ちゅうしょしゃじん》を介して

使者に蕃国王以下の起居《ききょ》（安否）を問い、使者は回答する。
④　日を改めて宮内で宴会。皇帝出御。蕃国王入朝時には信物が提出される。皇帝からの返礼物を授与する。蕃国王や使者に官職を授与することもある。
⑤　さらに日を改め、鴻臚館に勅使を派遣して蕃国王・使者に外交文書を授与する。

このなかでもっとも重要な儀礼は、蕃国王や使者が皇帝と謁見して、使者が外交文書・信物を提出する③である。この謁見儀礼では、太極殿《たいきょくでん》などの殿上に出御した皇帝は、南面・着座のまま蕃国王や

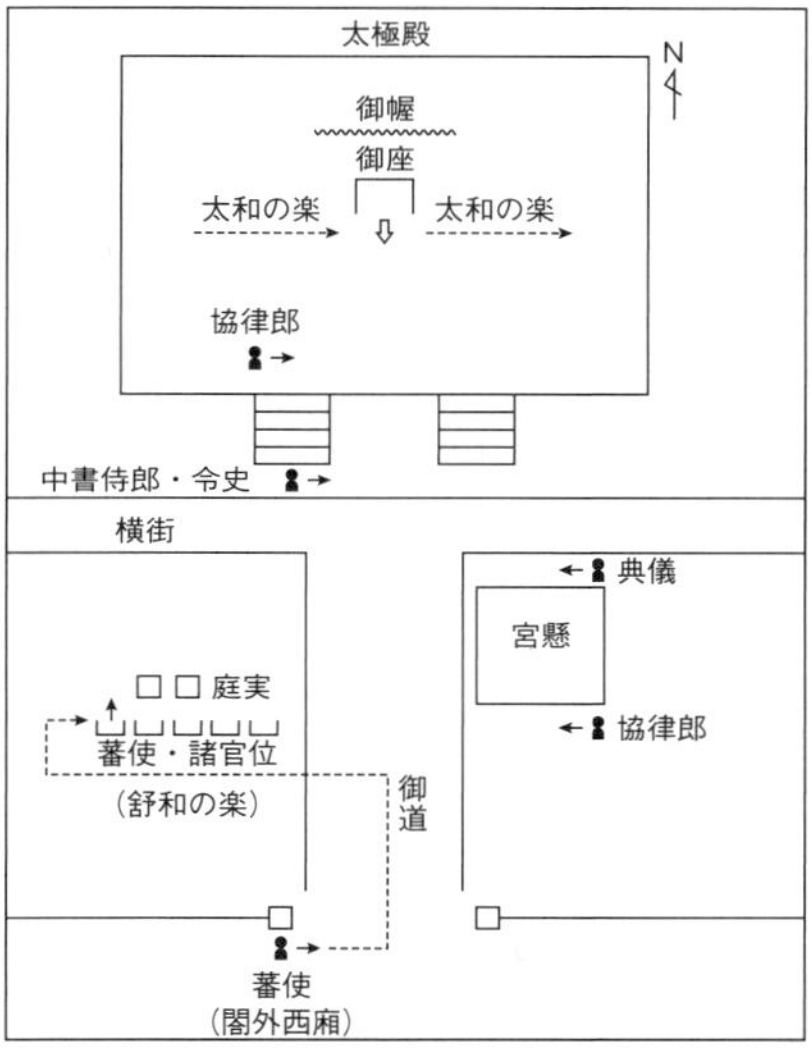

図11　謁見儀礼③概念図　原図：石見清裕『唐代の国際関係』（山川出版社、2009）57頁

使者と対面する一方、殿庭《でんてい》に引見された蕃国王や使者は、北面・起立した上で皇帝に拝礼をおこなう（その後、蕃国王のみは昇殿《しょうでん》・着座を許される）ことや、皇帝は外交文書を直接受け取るのではなく、中書侍郎などを介して受け取ることなどにより、明確なかたちで皇帝と蕃国王との上下関係が表現されている。同様の構造は他の儀礼でも存在しているのだが、特に皇帝本人ではなく、天使《てんし》（皇帝の使者）が鴻臚館で蕃国王などと対面する⑤においても、天使南面不拝・蕃国王北面起立拝礼という原則が貫徹していることは、中国皇帝と蕃国王との君臣関係を明示するものとして注目すべきであろう。

また、見逃してはならないのは、この儀礼体系では蕃国王自らの来朝も想定されていることと、宮内でおこなわれる③・④の儀礼には国内の臣下も参加しているということである。特に、この儀礼体系のなかでもっとも重要な③の謁見儀礼は、前述のように中国皇帝と蕃国王との君臣関係が明確に表現される場なのであるが、参加者は原則として全官人であるので、儀礼に参加した国内の臣下に、中国皇帝と蕃国王との君臣関係を明示する場としても機能していることになる（なお、このような外交儀礼の機能は、第五章第一節で詳述する倭国＝日本の外交儀礼の段階差を考える際にも有効な視点である）。

新たな外交儀礼の創出

ところが、この『大唐開元礼』の儀礼体系は、皇帝が宮の中軸線上に位置する「正殿」（唐長安城大明宮《だいめいきゅう》では、主に「内朝」の紫宸殿《ししんでん》）において、文官五品以上などの官人集団と対面する、討論集会的な聴政制度を背景としていたので、唐後半期から北宋にかけて、聴政制度が少人数の幹部官人を皇帝が順次引見して意見聴取する型式に変化すると、それに伴い『大唐開元礼』の儀礼体系も変質してい

夜4更 （夜間は不定時法）	皇帝、福寧殿で起床
夜5更	身支度、上奏閲覧。薄明に開門
昼卯 （6時）	垂拱殿（長春殿）で前殿視朝（*1） 宰相・枢密使・三司以下上殿奏事 班数は五班（5グループ）限定
昼辰 （8時）	皇帝、内廷に還御して食事 本来は文徳殿常朝に臨むが、実際は「宣不坐」儀が行われ官人は解散する（*2）
昼巳 （10時）	崇政殿または延和殿で後殿視朝 入見・入謝・入辞（*3）、および諸司奏上
昼午 （12時）	聴政終了 時間が足りず朝見できなかった臣下は、翌日朝見する

(*1)『政和五礼新儀』では、紫宸殿（崇徳殿）での儀礼も規定されているが、その場合でも上殿奏事は垂拱殿に移御してから行われている。

(*2)「宣不坐」儀に関しては、松本保宣「唐代常朝制度試論」（同『唐王朝の宮城と御前会議』晃洋書房、2006。初出 2003）参照。

(*3) 礼書の規定上は入見・入謝・入辞は前殿視朝の際に行われるが、実際には早くから後殿視朝に回されていたと思われる。

本図は平田茂樹「宋代の宮廷政治」（笠谷和比古編『公家と武家Ⅱ』思文閣出版、1999）所収の「図2　宋代の政治的時間（皇帝の一日）」を参照し、関連部分を抄出した上で私見を加えたものである。

図12　「対」の制度図（北宋の聴政時間）　原図：拙著『東アジアの国際秩序と古代日本』（吉川弘文館、2011）263頁

く。まず、宮の中軸線上から外れた「便殿」（延英殿《えんえいでん》と麟徳殿《りんとくでん》）において、宰相を中心とする少数の臣下が皇帝と対面して奏上をおこなう聴政制度や、特定の官人を招いておこなう宴会などが順次整備された唐後半期では、正殿でおこなわれていた外交儀礼のうち、前掲の④の宴会の会場が便殿に変化したうえで、入朝時と帰国時の二回開催されるようになり、さらに宴会の開催前に使者が皇帝と対面して奏上をおこなうようになるなど、聴政制度と連動した外交儀礼の変化がみられる。つづいて、聴政制度が皇帝と官人との個別会見、すなわち「対」の制度中心に再編成された北宋期では、契丹以外に対する外交儀礼は聴政制度の一環としておこなわれており、周辺諸勢力からの使者は中国国内の臣下と同様な手続きで、内朝前殿の垂拱殿《すいこうでん》や後殿の延和殿《えんわでん》・崇政殿《すうせいでん》で皇帝と会見している。このように、唐後半期から北宋にかけての外交儀礼と聴政制度が密接に結びついているのは、周辺諸勢力の首長を国内の官人と同様に皇帝の臣下として扱うという、歴代中国王朝の主観的な国際秩序に規定された結果と考えることができる。

その一方で、北宋の外交儀礼のなかには、聴政制度とは直接の関係を持たないものも存在している。それは、北宋とは対等関係にある契丹に対する外交儀礼である。北宋の礼書である『太常因革礼《たいじょういんかくれい》』や『政和五礼新儀《せいわごれいしんぎ》』の規定を中心に、北宋の契丹に対する外交儀礼と、契丹以外に対する外交儀礼を比較すると、以下のような差異が明らかになる。

A　契丹以外に対する外交儀礼は聴政制度の一環として垂拱殿などでおこなわれるが、契丹に対する外交儀礼は聴政がおこなわれない紫宸殿で挙行される。

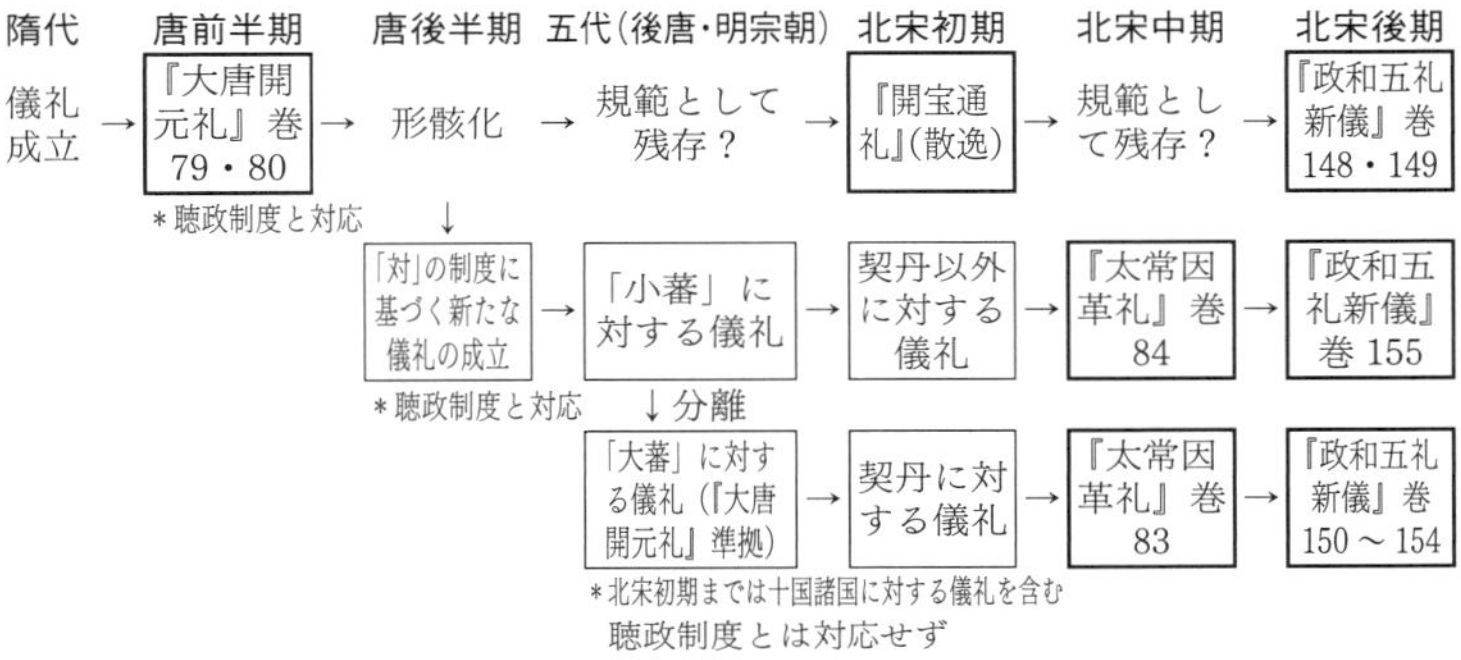

図13　隋～北宋の外交儀礼系統図　原図：拙著『東アジアの国際秩序と古代日本』（吉川弘文館、2011）270、271頁

B　契丹以外に対する外交儀礼が挙行される前後の時間には、皇帝と臣下が対面する聴政がおこなわれるので、外交儀礼の終了後に皇帝が出御する宴会を開催するのは不可能であるが、契丹に対する外交儀礼が挙行される日には、原則として聴政がおこなわれないので、皇帝が出御する宴会は問題なく開催されている。

両者に差異が生じる原因は、当然ながら契丹と北宋との関係が対等関係である（君臣関係ではない）ことである。つまり、北宋と君臣関係にある諸勢力に対する外交儀礼は聴政制度の一環として挙行されるが、君臣関係にはない契丹に対する外交儀礼は、聴政制度とは直接の関係を持たないということができる。このような儀礼の淵源は、後唐・明宗朝に「大蕃」と「小蕃」に対する外交儀礼を分離したことに求められるので、北宋の契丹に対する外交儀礼は、契丹の台頭・唐の崩壊以降の、第二次南北朝時代の国際関係に対応して創出された、新たな外交儀礼ということができる。

契丹と金の外交儀礼

それでは、第二次南北朝時代の「北朝」である、契丹・金の外交儀礼にはどのような特徴があるのだろうか。まず、契丹の外交儀礼に関しては、古松崇志の研究を参考にして、北宋の外交儀礼との比較をおこなうと、以下のような点が明らかとなる。

① 契丹の北宋に対する外交儀礼は、北宋の契丹に対する外交儀礼と手順などに多少の差異はあるが、基本構造はほぼ同一である。

② 北宋では、契丹に対する外交儀礼と契丹以外に対する外交儀礼は別系統の儀礼であるが、契丹では高麗・西夏に対する外交儀礼でも北宋同様に使者が昇殿して皇帝と問答をおこなうなど、同一系統の儀礼で構成されている。

①は当然のことであるが、契丹と北宋との対等関係を前提とした儀礼構造である。経緯は不明ながら、何らかのかたちで両者の外交儀礼の調整がなされたと考えてよいであろう（なお、島田正郎《まさお》が明らかにしたように、契丹では皇太后の地位が特別視されていたため、皇太后との朝見《ちょうけん》・朝辞《ちょうじ》儀礼もおこなわれた）。一方②については、契丹の聴政制度との関係は不明ではあるが、少なくとも契丹では北宋とは異なり、君臣関係の有無により外交儀礼が大きく変化することはないといえる。契丹の北宋に対する外交儀礼が、先に述べたように契丹と北宋の対等関係を前提に調整されたとすれば、契丹の高麗・

西夏に対する外交儀礼は、その北宋に対する外交儀礼に準拠して規定されたと考えることができる。

つづいて、金の外交儀礼に関しては、正史である『金史』や礼書の『大金集礼《だいきんしゅうれい》』に見える規定を参照すると、南宋・高麗・西夏のそれぞれに対する外交儀礼は、おおむね契丹時代と同一であり、個別の儀礼としては契丹のものを継受したと考えられるのだが、儀礼体系全体としてはきわめて大きな差異が存在している。それは、前述の契丹の外交儀礼では、複数の使者が同一の儀礼のなかで皇帝と対面することはなく、個別の謁見が複数回くりかえされており、この点は北宋の外交儀礼とも共通しているのであるが、金の外交儀礼では、入朝時には南宋・高麗・西夏の順、帰国時には逆に西夏・高麗・南宋の順で、同一の儀礼のなかで複数の使者が皇帝と対面していることである。

このような、同一の儀礼のなかに複数の使者が参加するという構造自体は、じつは唐代の外交儀礼と同様なのである。前掲の『大唐開元礼』の儀礼体系には明示されていないが、唐代の外交儀礼の実例では、前半期・後半期を通じて、複数の使者が同一の儀礼に参加するという構造は変化していない。そのため、これは唐代に展開された、中国王朝を中心とする一元的な君臣関係を反映した儀礼構造と考えられるのだが、金も一時的ではあるが、南宋を含めた周辺諸勢力を一元的な君臣関係のもとに編成することに成功しているので、このような国際関係を背景として、金は契丹時代とは異なり、複数の使者が同一の儀礼に参加する、唐代と同様の儀礼体系を構築したのではないかと思われる。

高麗の外交儀礼——天使と正対しない蕃国王

以上、隋唐期から第二次南北朝時代に至るまでの、国際関係の「中心」として機能してきた諸勢力の外交儀礼を提示した。これら上位勢力の外交儀礼は、広域にわたる国際秩序の変遷を解明するには欠かせない素材ではあるが、中心―周辺間の上下関係を相対化することを意図した東部ユーラシアという枠組みにおいては、上位勢力の外交儀礼の分析だけでは不十分であり、一般には「周辺」と認識されている、下位勢力の外交儀礼も含めて歴史像を形成していく必要がある。幸いなことに、第二次南北朝時代では高麗・西夏・南宋など、下位勢力内部での外交儀礼の史料が残存しているので、以下では、これらの下位勢力で挙行されてきた外交儀礼を確認しながら、第二次南北朝時代における東部ユーラシアの外交関係の実態を提示していきたい。

まず、高麗の外交儀礼に関しては、すでに奥村周司の研究が存在しているので、奥村の研究に基づき『高麗史』所収の外交儀礼（迎北朝詔使儀《げいほくちょうしょうしぎ》・迎北朝起復告勅使儀《げいほくちょうきふくこくちょくしぎ》）の特徴を列挙すると、以下のようになる。

① 外交文書伝達儀礼では契丹の使者は君臣の礼に従い南面するが、高麗王は主客の礼に従い西面しており、両者は正対していない。

② 『宣和《せんな》奉使《ほうし》高麗図経《こうらいずきょう》』によれば、一一二三年には北宋の使者に対しても同様の儀礼が挙行されている。

この外交儀礼では、契丹・北宋両国の使者（天使）は南面しているが、本来北面して臣下の礼を示すはずの高麗王は北面せず、対等関係である主客の礼に従い西面している。このような儀礼構造は、契丹・北宋両国の使者が示す名分関係（君臣関係）と、高麗王が示す名分関係（対等関係）が齟齬することに加えて、天使から蕃国王に外交文書の伝達がなされるにもかかわらず、その両者が正対していないことになるので、かなり問題があると考えなければならない。しかし、実際に北宋の使者に対してこのような儀礼がおこなわれているということは、高麗の外交儀礼においては、王が天使と正対

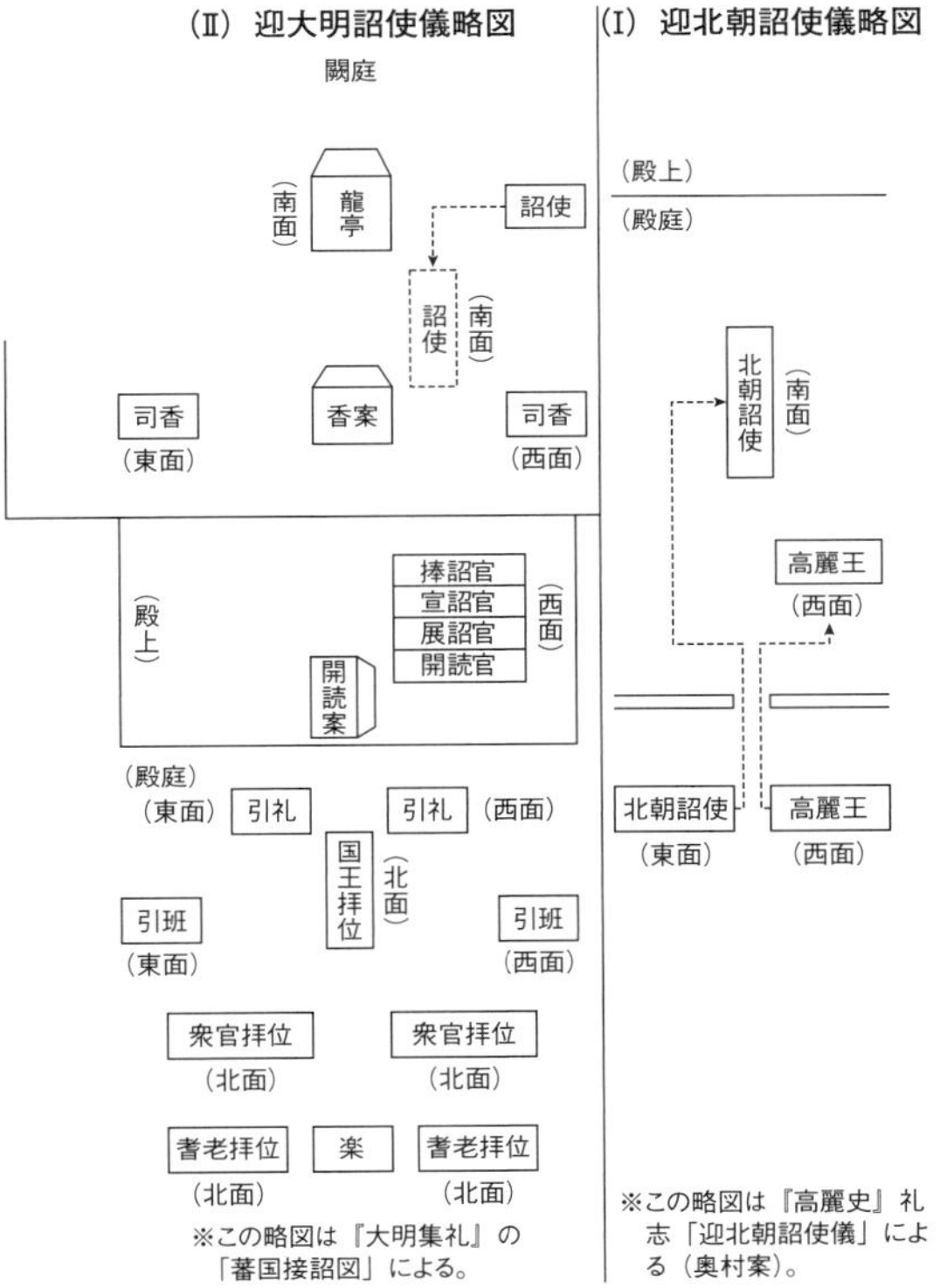

図14　高麗の外交儀礼　原図：奥村周司「使節迎接礼より見た高麗の外交姿勢」（『史観』110、1984）29頁

しないことにより、上位勢力との君臣関係の拒否を志向していた、ということができる。

そして、この儀礼構造は金代にも継承された可能性がきわめて高い。金の太宗・完顔晟《ワンヤンせい》は「高麗ハ世《よよ》、遼ニ臣タリ。当《まさ》ニ遼ニ事《つか》フルノ礼ヲ以テ我ニ事《つか》フベシ」として、契丹時代同様に高麗を臣従させる方針を明確にしていたが、その後契丹の天祚帝・耶律延禧《やりつえんき》が捕縛され、契丹が完全に滅亡すると、高麗は「今、上国ニ事《つか》フルニ、当《まさ》ニ遼・宋ニ事《つか》フルト同ジ礼タルベシ」として金に臣従した。以上の経過からすれば、金―高麗関係は契丹―高麗関係を継承しているのであるから、高麗の金に対する外交儀礼も、契丹・北宋に対する外交儀礼と基本的には同じと考えられる。この点については、前述した『高麗史』所収の儀礼名が、迎「北朝」詔使儀や迎「北朝」起復告勅使儀であるように、高麗の契丹に対する外交儀礼は、契丹のみに限定された儀礼とはかぎらず、契丹同様に「北朝」である金に対しても適用されたのではないだろうか。

西夏の外交儀礼――座礼で外交文書を受けた蕃国王

つづいて、西夏の外交儀礼に関しては、一一二四年に金使が西夏に赴いた時に、金の外交文書の受け取り方をめぐり問題が発生した事件に注目したい。この一件からは、西夏の金に対する外交儀礼だけではなく、契丹に対する外交儀礼の詳細も判明するので、以下に事件の概略を提示しておく。

一一二四年に金使が西夏に赴いた際、西夏・崇宗（李乾順《りけんじゅん》）は契丹時代の儀礼により、座したまま金の外交文書を受け取ろうとしたが、金使は逆に、契丹―西夏関係は舅甥関係（西夏王は代々契丹の公主の降嫁を受けた）なので、西夏王は座したまま契丹の外交文書を受けていたが、金―西夏関係は君臣関係であるから、西夏王は起立して金の外交文書を受けるべきである、と主張して譲らず、結局は西夏王が起立することで落着した。

この事件での金使の主張に注目すると、西夏の契丹に対する外交儀礼では、西夏王が座礼のまま契丹の外交文書を受けていたことが判明する。もちろん、このような受け取り方は尊大であり、本来は皇帝にしか許されない作法であるのだが、西夏王は国内では皇帝を称し、独自の年号も制定していることから考えれば、西夏王が座礼で契丹の外交文書を受けたことは、契丹との君臣関係を拒否することにとどまらず、西夏王＝皇帝を契丹皇帝と同等の地位に置く積極的な行為ということができる。

また、金に対する外交儀礼に注目すると、先の一件では西夏王は起立させられたので、西夏王を皇帝の地位に置く尊大な作法は、金代には消滅したようにも見えるのだが、じつは西夏王は、起立させられて以降も金使からの拝礼を受けつづけていた。しかも、このことは一一八〇年代に金の朝廷で問題となり、金使の拝礼を撤廃するために儀礼の改変が検討されたのだが、金―西夏間で交わされた誓詔・誓表には、契丹時代の旧儀に従い、西夏王が使者の拝礼を受けることが明記されていたため、金は儀礼の改変を断念している。

このように、西夏の外交儀礼では、契丹・金の両時期を通じて使者に拝礼をおこなわせていたのだが、前掲の『大唐開元礼』の儀礼体系では、天使は南面不拝、蕃国王は起立して北面拝礼が原則となるので、これは当然、原則に反する尊大な作法になる。しかも、西夏の金に対する外交儀礼が、西夏王が金使の拝礼を受けることも含めて、契丹時代の旧儀に基づいているということは、西夏の外交儀礼のなかには、契丹時代に遡る尊大な作法が他にも残存している可能性が高いと思われる。前述の通り、金は西夏王を起立させることには成功したのだが、それ以外の尊大な作法を撤廃させたことは史料上では見えないので、契丹時代におこなわれていた尊大な作法は、金―西夏間で交わされた誓詔・誓表を介して、そのまま金代にも受け継がれたのではないだろうか。

南宋の外交儀礼――北面受書を拒否した南朝皇帝

最後に、南宋の外交儀礼に関しては、趙永春が提示した、いわゆる「受書礼《じゅしょれい》」をめぐる問題に注目したい。第一節で述べたように、金―南宋間の名分関係は、一一四二年に君臣関係、一一六五年に非君臣・叔姪関係、一二〇七年に非君臣・伯姪関係と、めまぐるしく変化しているが、君臣期・非君臣期を問わず、南宋皇帝は起立して自ら金の外交文書を受けることが和議条件のなかに明文化されていた。もちろん、このような作法は「南朝」である南宋の皇帝にはふさわしくないので、南宋は何度も撤廃を要求したのだが、金は最後まで南宋皇帝に起立受書を強要しつづけた。この点に注目すると、南宋の金に対する外交儀礼では、金が設定した国際秩序が貫徹しているようにも見える。

しかし、和議条件のなかでは南宋皇帝の起立受書は明文化されているが、南宋皇帝の面位は明文化されていないことに注意する必要がある。通常、君臣関係では天使南面、蕃国王北面なので、南宋皇帝が起立させられていた以上、両者の面位は金使南面、南宋皇帝北面となるはずであるが、実際の儀礼での面位を確認すると、君臣期では東西面、非君臣期でも南宋皇帝南面であり、臣下の礼を示す皇帝北面は拒否されていた。もちろんこの場合でも、南宋皇帝は南面しながらも起立受書しているので、和議条件そのものは守られているのであるが、金使は周辺諸勢力からの使者同様に、北面しながら跪いて外交文書を進上しているので、南宋皇帝の起立受書という点をのぞけば、逆に南宋上位の儀礼ともみなすことができる。この点は、和議の内容には含まれていない事項を活用することで、南宋が金の国際秩序を相対化したと考えることができるのではないか。

複数の国際秩序の併存

以上、個別の事例を列挙したため煩雑ではあるが、第二次南北朝時代の「周辺」諸勢力の外交儀礼を提示してきた。これらの外交儀礼のなかでもっとも重要な点は、当該期の外交関係の中核となる、契丹・金―北宋・南宋―高麗―西夏の四者関係では、君臣関係の原則である、面位（天使南面・蕃国王北面）、拝礼（天使不拝・蕃国王拝礼）、立座（蕃国王起立）の作法のうち、必ずどこかが守られていないということである。言い換えれば、第二次南北朝時代では、上位勢力が設定した国際秩序は、下位勢力の外交儀礼では何らかのかたちで相対化され、完全には貫徹していないことが多いといえる。

このような現象が発生するのは、第二次南北朝時代の国際関係の中心に位置する契丹・金も、全盛期の唐や後のモンゴルのような突出した大勢力ではないことが主たる原因なのであるが、対等関係を基軸としていた契丹―北宋併存期はともかく、一時的とはいえ一元的な君臣関係を実現した金代においても、金が設定した国際秩序が高麗でも西夏でも南宋でも貫徹していないということは、重く受け止めなければならない。つまり、中国王朝を中心とする国際秩序が貫徹するためには、中国王朝が金を上回る相当規模の大勢力となることが必要であり、そのような条件を満たす時期は、従来考えられてきたよりもはるかに短期間にとどまると考えなければならないであろう。

このことは逆に、周辺諸勢力に視点を移してみると、中国王朝が相当規模の大勢力となる限られた時期をのぞけば、何らかの手段で中国王朝の国際秩序を相対化することや、自らの国際秩序を表現することが可能ということになる。例えば、第二次南北朝時代の西夏では、契丹から公主の降嫁を受けていたことを利用して、契丹の外交文書を座礼で受け取り、契丹と金の使者に拝礼までさせているように、国内では西夏王＝皇帝という自らの国際秩序に基づいた儀礼が展開されていた。同様の事例は、九五八年から九六一年までの短期間ではあるが、十国の一つである南唐が、君臣関係にある中原王朝の後周・北宋の使者を皇帝としての作法で迎えたことなど、中国内地の諸王朝（五代十国）間の関係でも存在している。そのため、周辺諸勢力が有する国際秩序は、これまで想定されていた以上に強い影響力を持つと考えなければならないのだが、このような「複数の国際秩序の併存」とでもいうべき状況は、第二次南北朝時代の国際関係の実態としてはもっとも重要な特徴であり、中国王朝の国際秩序のみを重視してきた従来の考え方とは、根本的に異なるものであるとしなければならない。

4　平安期日本と東部ユーラシア

十世紀以降の日本の対外関係

以上、ここまで二節にわたり、外交文書と外交儀礼という視点から第二次南北朝時代の外交関係の実態を分析してきた。本節では、最後に残された問題として、この東部ユーラシアの国際関係のなかに、平安中後期を中心とする日本の歴史がどのように位置づけられるのかを検討する。まずはその前提として、近年特に大きく研究が進展した、十世紀以降の日本の対外関係を概観していきたい。

唐・新羅・渤海があいついで滅亡した十世紀以降、日本の対外関係は大きく変化した。それは、単に従来の外交相手が消滅しただけではなく、新たに成立した五代十国、北宋・南宋、高麗、契丹・金などの諸勢力に対して、日本からは正式な使節を派遣せず、通交を求められた場合も拒絶するなど、公的な交渉を回避したことによる。かつて日宋貿易の研究を体系化した森克己は、八九四年に遣唐使が名実ともに「廃止」されたことや、つづいて日本人の海外渡航を禁止する渡海禁令が制定されたことなどを取り上げて、このような対外政策を「退嬰《たいえい》的風潮」や「鎖国的孤立方針」と評価した。

しかし、遣唐使に関しては、石井正敏の研究により、八九四年には「廃止」はもちろん、派遣の一時停止すら決定されていないことが指摘されており、渡海禁令についても、山内晋次・榎本淳一の研究により、この時期に新たに制定されたものではなく、当初から律（賊盗律謀叛条《ぞくとうりつむほんじょう》）に存在していたことが明らかにされた（衛《え》禁律越度縁辺関塞条《ごんりつおつどえんぺんげんそくじょう》の脱落の有無が、榎本と利《り》光《こう》三津夫のあいだで争われているが、律写本の書写状況を調査すると、利光が想定する条文単位での脱落発生は想定できないので、著者は榎本説を是とする）。これらの研究が発表された一九九〇年前後から、十世紀以降の日本の対外関係に関する新たな研究が積み重ねられた結果、現在では当該期の歴史像は大きく変化している。

その代表的な例が「国風文化」の理解である。かつて国風文化は、遣唐使が廃止され、大陸文物の流入が途絶することで形成されたと考えられてきたが、九世紀以降は海商（民間の商人）が恒常的に日本へ来航するようになり、博多の鴻臚館遺跡から大量の中国製陶磁器が発掘されているなど、大陸文物の流入量は遣唐使時代よりも増加している。また、著名な『源氏物語』や『枕草子』などの文学作品も、唐・白居易の『白氏文集《はくしもんじゅう》』をはじめとする多くの漢籍の素養を前提としていることから、現在では中国文化の受容のうえに「国風文化」が成立したとする理解が一般的である（この点、第五章第四節も参照）。

　また、貿易の形態に関しては、森克己の研究以来、日宋貿易では政府の貿易管理がほとんど機能せず、荘園内での密貿易が盛行したと考えられてきたが、この荘園内密貿易説が山内晋次により否定されて以降は、大宰府を介した貿易管理は十二世紀前半まで機能していたと理解が改められた（一一三三年、鳥羽院領肥前国神崎荘《かんざきのしょう》預所《あずかりどころ》・平忠盛（清盛の父）が、院宣《いんぜん》と号して、来航した貿易船に対する大宰府の関与を排除しようとした事件は、この貿易管理体制の動揺を示している）。さらに、九一一年に制定された年紀制による海商の来航制限についても、従来は帰国から再来航までの間隔が二〜三年と考えられていたが、近年渡邊誠は、海商の日本滞在が七〜八年という長期に及ぶ場合があることに注目して、年紀制の内容は来航から再来航までの間隔が十〜十二年、とする新たな理解を提示した。この理解に従えば、日本に来航する海商の活動形態は、これまでの想定とは大きく異なり、営業の拠点を日本に置いて長期間滞在し、制限年数が近づくと宋に帰国して貿易品を集荷して再来航するという、いわゆる「住蕃貿易《じゅうばんぼうえき》」に近い形態を考えることができる。

入宋僧と朝貢使

一方、森克己の「退嬰的風潮」や「鎖国的孤立方針」という枠組みは、石上英一により政治的関係の視点からも再検討が進められた。それによれば、十世紀前半の日本は、唐帝国崩壊後の東アジアの動乱が国内に波及することを防止するため、後百済・呉越国・高麗などとの公的交渉を拒否するという、中央政府の主体的な情勢判断に基づいた「積極的な孤立主義」を採用していた。ついで十世紀後半には、五代十国の混乱の収束と、北宋という新たな統一王朝の成立に対応して、公使に準ずるかたちで派遣した入宋巡礼僧が北宋皇帝と朝見するという、新たな形式の外交が開始されたとする。

しかし、この見方では唐の滅亡と北宋の成立を過大に評価することになるため、中国中心の歴史像の相対化を意図した東部ユーラシアという枠組みでは、そのままのかたちで受け入れることは不可能である。実態としても、唐の滅亡・北宋の成立・金の成立（契丹と北宋の崩壊）などの外的要因は、外交も含めた日本の歴史展開に対して、さほど大きな影響を及ぼしていないのである。それでは、十世紀以降の日本の外交関係は、東部ユーラシアのなかにどのように位置づければよいのであろうか。この問題を考えるうえで重要になるのが、北宋皇帝と朝見した入宋巡礼僧の存在である。

平安時代には、海商の船に同乗して中国に赴いた僧侶が多数存在しているが、そのうち北宋期に入宋した奝然《ちょうねん》・寂照《じゃくしょう》・成尋《じょうじん》・戒覚《かいかく》らは、皇帝と朝見して紫衣《しえ》や大師号《だいしごう》を賜与されている。通常、皇帝との朝見をおこなうのは正式な朝貢使のみであり、円仁《えんにん》などの遣唐使随行僧、円珍《えんちん》などの入唐僧、重《ちょう》源《げん》・栄西《えいさい》などの入南宋僧は、いずれも皇帝とは朝見していないことから考えても、入北宋僧が皇帝と朝見したことは注目すべき現象である。

この入北宋僧の皇帝との朝見に関しては、石上英一は前述のように巡礼僧を公的な使者に準じて扱う新たな外交形態と評価しているのだが、村井章介・石井正敏・遠藤隆俊は、北宋は日本入宋僧を朝貢使に準じて扱う一方で、日本は北宋と外交関係を結ぶ意識が乏しいことから、巡礼僧は朝貢使として派遣されてはいないとしている。この点については、成尋や戒覚は入宋の勅許を得られないまま密航というかたちで渡海しているので、日本側が巡礼僧を公的な使者に準じて派遣したと考えることは不可能であろう。

さらに、入宋僧成尋の日記『参天台五臺山記《さんてんだいごだいさんき》』に見える、成尋と北宋皇帝・神宗との朝見儀礼などを検討したところ、①神宗との朝見儀礼は正式な朝貢使に対する儀礼ではなく、朝貢使に同行して入宋した僧侶に対する儀礼が適用されており、成尋は朝貢使とは区別されている。②正式な朝貢使は入京時に迎接儀礼を受けるのだが、成尋は迎接儀礼を受けていない。③神宗は後年、再入宋した成尋の従僧・快宗《かいそう》との朝見時に「国人《こくじん》ノ入貢ニ非ザルナリ」と発言しており、入宋僧と朝貢使を区別している、ということが判明した。そのため、成尋の北宋での待遇は、正式な朝貢使とは大きく異なることになるので、北宋側が日本入宋僧を正式な朝貢使に準じて受け入れたと考えることもできない。

北宋の外交方針と入宋僧

それでは、日本入宋僧が日本側からも北宋側からも正式な朝貢使に準じて扱われていないのであれば、北宋皇帝との朝見はどのような資格でおこなわれたのであろうか。この点については、北宋の聴政制度である「対」の制度による、皇帝主導の召見に基づくと考えることができる。皇帝と官人との個別会見を中心とする「対」の制度では、皇帝は必要に応じて任意の人物を召見することが可能であり、その対象には当然、入宋した外国僧も含まれる。実際、入宋僧と皇帝との朝見では、①杭州天竺寺《てんじく じ》に滞在中の高麗僧三人を、皇帝・神宗が開封に呼び寄せ朝見している、②開封に赴いた天竺からの入宋僧が神宗との朝見を経ずに五臺山《ご だいさん》へ巡礼したように、外国僧の全員が皇帝と朝見するわけではない、③神宗は成尋の従僧である快宗と朝見した翌日に、別の日本入宋僧である戒覚一行と朝見している、という事例も存在するのであるが、入宋僧の朝見が皇帝主導の召見に基づくとすれば、①在宋中の僧侶も召見の対象になり、②皇帝が必要と判断しなければ朝見はおこなわれず、③逆に必要であれば、同一地域から入宋した複数の集団と連日朝見しても問題はないなど、皇帝と入宋僧との朝見事例を整合的に解釈することが可能となる。

このように考えるのであれば、北宋の皇帝は唐や南宋の皇帝とは異なり、意図的に日本入宋僧の召見に努めたことになるのだが、その背景としては、経済面や文化面からも朝貢関係の拡大を図る北宋の外交方針を指摘することができる。例えば、高麗との関係に注目すると、燕雲十六州をめぐり契丹と交戦していた九八〇年代や、新法党政権が積極的な外交政策を打ち出した一〇七〇年代以降では、高麗への優遇措置と連動するように、高麗入宋僧を召見して紫衣・大師号や大蔵経《だいぞうきょう》を賜与した事例が存在しており、北宋の外交方針に沿うかたちで高麗僧への厚遇がおこなわれたことが判明する。

また、西域方面との関係にも注目すると、北宋は自らと和戦をくりかえす西夏への対策として、西夏と対立する甘州回鶻や青唐《せいとう》王国（西寧《せいねい》を本拠とするチベット系の政権）を優遇していたのだが、同時に北宋は、甘州回鶻や青唐王国からの入宋僧を召見したうえで紫衣・大師号を賜与して五臺山巡礼の許可を与えるなど、やはり自らの外交方針に基づいて入宋僧を厚遇している。このような一連の入宋僧優遇策は、甘州回鶻僧の五臺山巡礼を許可した際に、皇帝・真宗が「戎羯《じゅうけつ》（西域）ノ人、釈教《しゃくきょう》（仏教）ヲ崇尚《すうしょう》スルハ、亦タ中国ノ利ナリ」と述べているように、北宋の外交政策の一環としておこなわれたことは明白であろう。

北宋からの朝貢要求

ここで注目したいのは、北宋は日中間を往来する海商や帰国する入宋僧を介して、何度も日本に朝貢を求めていたことである。この動きは、太宗朝に入宋して宋版一切経などを賜与され、九八六年に帰国した奝然の段階から存在していたが、積極的な外交政策を採る新法党政権が成立した神宗朝では、折良く日本僧の成尋が入宋したこともあり、成尋の弟子が帰国した一〇七三年以降、北宋はさかんに日本に朝貢を求めていた。この点から考えれば、北宋皇帝が日本入宋僧を召見してさまざまな厚遇を与えたのは、入宋僧を利用して日本との朝貢関係を形成するためと判断してよいであろう。

ただし、日本は北宋からの冊封を受けることはもちろん、朝貢使の派遣や臣下の礼の表明も回避しようとしたので、入宋僧を利用した北宋からの朝貢要求がなされれば、当然ながら僧侶の渡海を制限するようになる。実際、成尋や戒覚の渡海時には勅許は出されておらず、戒覚以降は八十年以上のあいだ入宋僧が断絶した一方で、南宋期に入宋した重源や栄西以降、入宋僧を利用した日本への朝貢要求がなされなくなると、北宋期とは逆に多数の僧侶が入宋するようになり、新たな日宋関係が形成されていくのである。

第二次南北朝時代と周辺諸勢力

以上のように、第二次南北朝時代における日本の対外関係は、経済的・文化的には大陸との関係が密接になる一方で、北宋からの数度にわたる朝貢要求を拒否しているように、中国王朝との政治的な関係は逆に疎遠化したといいえる。

ただし、これは森克己が提示した「退嬰的風潮」や「鎖国的孤立方針」としてではなく、全盛期の唐のような他を圧倒する大勢力が存在しない国際環境を利用して、中国王朝を中心とする国際秩序から離脱するという、平安中後期における日本の外交政策として評価すべきであろう（なお、朝鮮半島との関係については、第五章第四節を参照）。

もちろん、この外交政策の背景としては、日中間を往来する海商を通じて、朝貢貿易に頼ることなく大陸文物の入手が可能であることや、第一次南北朝時代（倭の五王の時代）とは異なり、朝鮮半島への軍事介入はおこなわれていないので、中国王朝に冊封や叙爵を求める必要はないことも指摘できる。しかし、前節で検討したように、この時期の国際関係の中心に位置する北宋・契丹・金の国際秩序が、下位勢力である高麗・西夏・南宋に対して貫徹していないことも考え合わせると、平安中後期の日本が中国王朝を中心とする国際秩序から離脱したことは、第二次南北朝時代における中心―周辺間の上下関係の縮小という流れのなかに位置づけられるのではないか。

このように考えるならば、第二次南北朝時代には日本以外の周辺諸勢力も、中国王朝を中心とする国際秩序から離脱する傾向にあることは注目すべきであろう。例えば、八六〇年代まで中国王朝の実効支配がつづいていたベトナムでは、十世紀以降、現地政権が節度使や王・皇帝を称して自立するようになり、中国王朝には皇帝号を隠して冊封を受ける一方、他の東南アジア諸国からは朝貢を受ける「南の中華帝国」への道を進んでいく。

また、雲南を本拠とする大理国《だいり》は、唐末の南詔《なんしょう》・五代初期の大長和国《だいちょうわこく》と同様に、中国王朝との対等関係を求めていたのだが、北宋は大渡河《だいとが》以南へ直接進出することはなく、南宋は大理国からの朝貢を拒否している（このような朝貢の拒否は、日本—後百済・東丹国《とうたんこく》・高麗関係でも発生しており、興味深い）ので、宋王朝と大理国との公的交渉はほとんどおこなわれることなく、大理国は宋の国際秩序から離脱している。さらに林謙一郎は、宋—大理関係が政治的な位置づけがなされないまま展開した背景に、雲南—四川間の交易に従事していた四川南部の民族集団の存在を指摘しているが、これは、同様に政治的な位置づけがなされないまま展開した日宋関係と、東シナ海の交易に従事していた海商との関係にも通じるものがあり、第二次南北朝時代の東部ユーラシアの陸域と海域の双方において、同様の構造のもとで中国王朝の国際秩序からの離脱が進行したということができる。

ただし、第二次南北朝時代における中心—周辺間の上下関係の縮小と、周辺諸勢力による中国王朝の国際秩序からの離脱傾向は、モンゴルの台頭とともに終焉を迎える。東部ユーラシアという空間を遥かに越える大帝国に成長したモンゴルは、一二五四年に大理国を降伏させると、一二五七年・八四年・八七年にベトナムを、一二七四年・八一年に日本を攻撃している（甲戌・辛巳の役）ように、各勢力はつぎつぎとモンゴルの国際秩序に捉えられていく。このモンゴルの膨張は、以後の世界史全体を大きく変動させることになるので、中心—周辺間の上下関係の相対化をめざす本書での叙述は一旦ここで区切りとして、次章以降では四世紀まで大きく時間を遡り、本章で取り上げた第二次南北朝時代の知見を参照しながら、これまで「冊封体制」論や「東アジア世界」論で説明されてきた歴史像を再構成していきたい。

第三章 倭の五王と第一次南北朝時代

1　五胡十六国時代と倭国の半島進出

歴史学と地理学

歴史学では、時系列に基づいて諸事象を論じると同時に、各時代の歴史像を提示することを目的に、ある一定の空間を意味のあるまとまりとして取り上げている。その空間的なまとまりとして、本書では「東部ユーラシア」という枠組みを採用しているのだが、一定の空間を取り上げるということは、フェルナン・ブローデルの大著『地中海』のように、その空間内部での地理学的な知識も合わせ持つことが必要となる。

しかし、地理学的な知識を持つことは、自身になじみの深い地域であれば可能なのであろうが、そうではない地域では多くの困難を伴う。特に海外となると、どこが重要な拠点なのか、どれが主要な交通路なのかもわからない地域がほとんどであろう。しかし、地理学的な知識を欠いたままでは、その地域の歴史像を明確に理解できないだけではなく、歴史像の根幹に関わる大きな過ちを犯す可能性も出てきてしまう。

この点に関しては、相互に盟約を結び国境を画定することで、各勢力の地理的な枠組みが安定的に推移した第二次南北朝時代よりも、新たな民族や国家により東部ユーラシア全体の勢力図がつねに更新されつづけた五胡十六国時代・第一次南北朝時代の方が、地理学的な知識が持つ重要性は高いといえる。さらに、つづく隋唐期においても、遊牧勢力や中国王朝の膨張にともなう諸勢力の興亡が多く見られるので、東部ユーラシアという空間の地理的な特性を把握することは、第一次南北朝時代の場合と同様に、歴史像を理解するうえで大きな意味を持つはずである。

本章では、五胡十六国時代・第一次南北朝時代における東部ユーラシアの歴史展開を扱うのであるが、まずはその前提として、東部ユーラシアという空間を地理学的に俯瞰しておきたい。これは、五胡十六国時代・第一次南北朝時代だけの問題ではなく、つづく第四章と第五章で取り上げる隋唐期の理解にも大きく関わる要素でもある。

秦嶺—淮河線と中国内地

すでに第一章で論じたように、本書における東部ユーラシアという枠組みは、南の農耕王朝と北の遊牧王朝との対立関係を基軸に構成されている。そのため、東部ユーラシアという空間の地理的な特性も、基本的には中国内地との南北関係を中心として、北から漠北—漠南—華北—江南の四区分で理解しておきたい。

まず、歴史的に日本との関係が密接で、この区分のうちでもっとも南に位置する江南について述べていきたい。自然地理的な区分では、秦嶺《しんれい》と淮河《わいが》を結ぶ線より南、南嶺より北が華中、南嶺より南が華南であるが、東晋南朝（および南宋）の領域はこの両者に及ぶので、以下では華中と華南を合わせた地域を「江南」と称することにする。

この江南の北限である秦嶺—淮河線は、年間降水量八〇〇ミリの線に相当しており、これより北

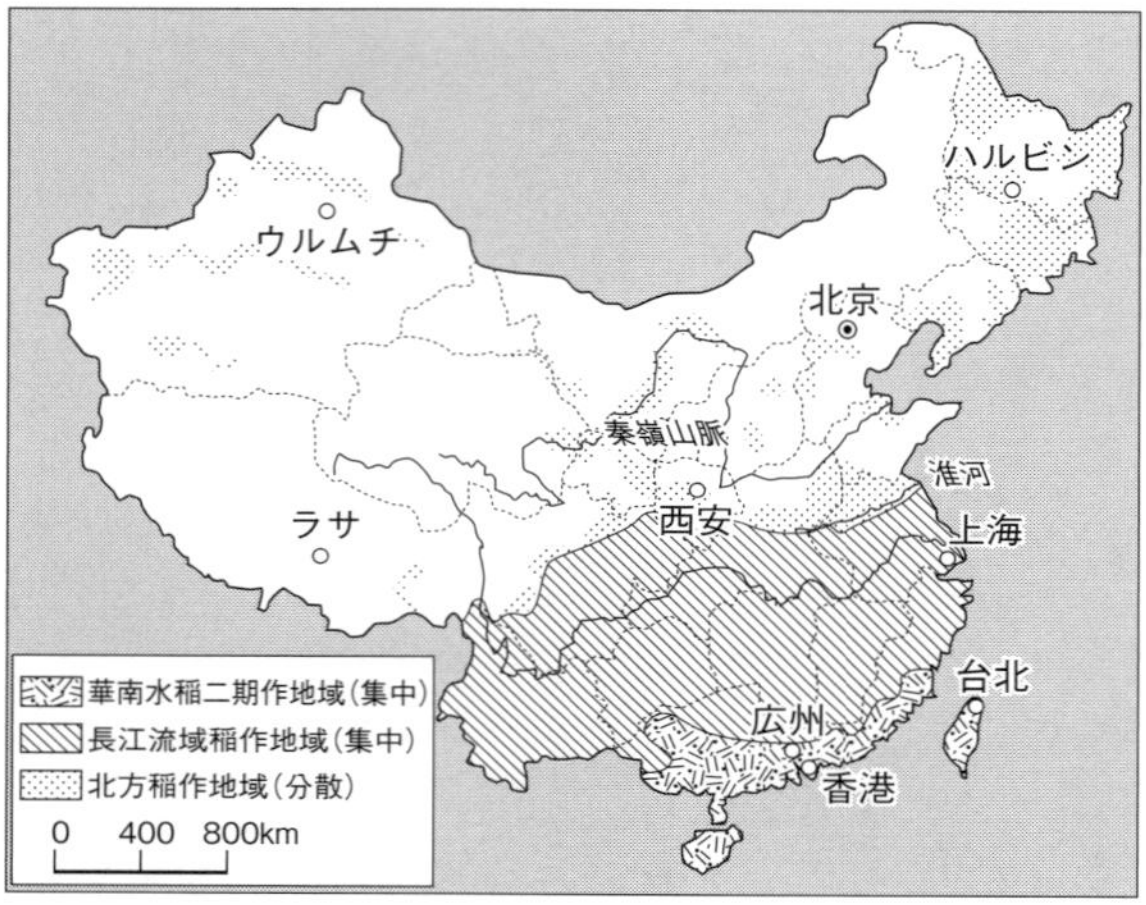

図15　中国の稲作地域の分布　原図：季増民『中国地理概論』（ナカニシヤ出版、2008）83頁

（華北）では降水量が減少し、南では増加する。また、この降水量の多寡に応じて植生も変化するため、秦嶺―淮河線以北の農業は畑作（雑穀）中心、以南では稲作中心である（参考までに、日本令の租は稲〔養老田令一条〕だが、唐令の租は粟〔復元開元賦役令一条〕である）。日本の年間降水量は北海道の一部をのぞいて一〇〇〇ミリを超えており、農業も稲作が中心であるから、江南は気候的には日本に一番近い地域といえる。

さて、面白いのは、江南と華北を分ける秦嶺―淮河線は、自然地理的な境界線にとどまらず、中国内地を二分する歴史的な境界線にも相当することである。

例えば、本章で扱う五胡十六国時代・第一次南北朝時代においては、東晋南朝と五胡北朝との境界はおおよそ淮河の線で推移しており、前章で取り上げた第二次南北朝時代でも、淮河は一一四二年の皇統（紹興）和議で金―南宋間の国境と定められている。このような秦嶺―淮河線の重要性は、中国内地の歴史を理解するうえでは欠かせないと思われる。

モンゴル高原の農業

つづいて、中国内地の政治的な中心であり、五胡十六国時代にはさまざまな勢力が勃興と没落をくりかえした華北について述べていきたい。ただし、華北の地理的な特性を理解するためには、その北に位置する漠北・漠南との対比が必要であるので、漠北と漠南の特性についてもあわせて提示していく。

まず漠北は、モンゴル高原のうちゴビ砂漠の北側に広がる草原地帯であり、現在のモンゴル国の領域とおおむね重なる。冷涼かつ乾燥した気候が植物の生育の妨げとなるので、牧草地を季節的に移動する牧畜、すなわち遊牧が生業の中心である。ただし、遊牧は降水量や気温などの自然条件に左右されやすく、生業としては構造的に不安定であるため、多くの遊牧王朝では遊牧に加え、交易や農耕などの経済活動もあわせて展開している（これは、松田壽男《ひさお》が提唱した「遊牧＋X」理論である）。

ここで注意したいのは、チンギス＝ハンの本拠地「大オルド」の跡と推定される、モンゴル国アウラガ遺跡で、耐寒・耐乾種のコムギ・オオムギ・キビなどの雑穀や、麦作に伴う特有の雑草が出土していることである。これは、モンゴル高原における生業は遊牧だけではなく、一部では農耕もおこなわれたことを意味しており、北の遊牧王朝は遊牧民だけではなく、少数だが農耕民をも内部に抱えていたということができる。

農牧接壌地帯と東部ユーラシア

このような農耕と遊牧の混在状態は、華北と漠南の境界領域においてはより顕在化してくる。前述したように、華北は年間降水量八〇〇ミリの線に相当する秦嶺―淮河線の北側であり、畑作中心の農耕地帯であるのだが、じつは遊牧可能地帯が広範に点在している。また漠南は、ゴビ砂漠の南側に広がる遊牧地帯であるが、これも多数の農耕可能地帯を含んでおり、広範囲での農耕と遊牧の混在状態を想定することができる。

この華北と漠南の境界線は、自然地理的にはフフホト―蘭州《らんしゅう》の南を結ぶ、年間降水量四〇〇ミリの線である。この線より東南側は農耕優勢地帯、西北側は遊牧優勢地帯であり、植生も森林地帯と草原地帯に区分される。そして、秦嶺―淮河線同様に面白いことには、この年間降水量四〇〇ミリの線は、北京の北からオルドスにかけては、万里の長城の線におおむね重なるということである。これは、この年間降水量四〇〇ミリの線＝万里の長城の線が、農耕優勢地帯と遊牧優勢地帯を区分するだけではなく、中国内地と蕃夷の地を区分する、歴史的にも重要な境界線であることを示している。

ただし、万里の長城の線は、農耕民と遊牧民を峻別する境界線ではなく、むしろ両者が混在する中間地帯の線として理解すべきである。近年の研究では、農耕民と遊牧民が混在する中間地帯である「農牧接壌地帯《のうぼくせつじょうちたい》」が、北魏から隋唐に至る「拓跋《たくばつ》王朝」や、後唐から北宋に至る沙陀《さだ》系王朝、さらには安史の乱勢力や契丹・西夏などの諸勢力を生み出した、中国史における重要な地域として注目されている。本書でもこの研究成果に従い、農牧接壌地帯に注目して東部ユーラシアの歴史展開を検討していきたい。

なお、農牧接壌地帯の範囲がどこまでかを明確に定義することは難しいが、自然地理的に華北と漢南を区分する年間降水量四〇〇ミリの線自体が、一千年近い時間軸のなかでは、気候変動により南北に揺れ動くことを考えれば、ある程度幅広い地域とするのがよいであろう。その場合、大まかではあ

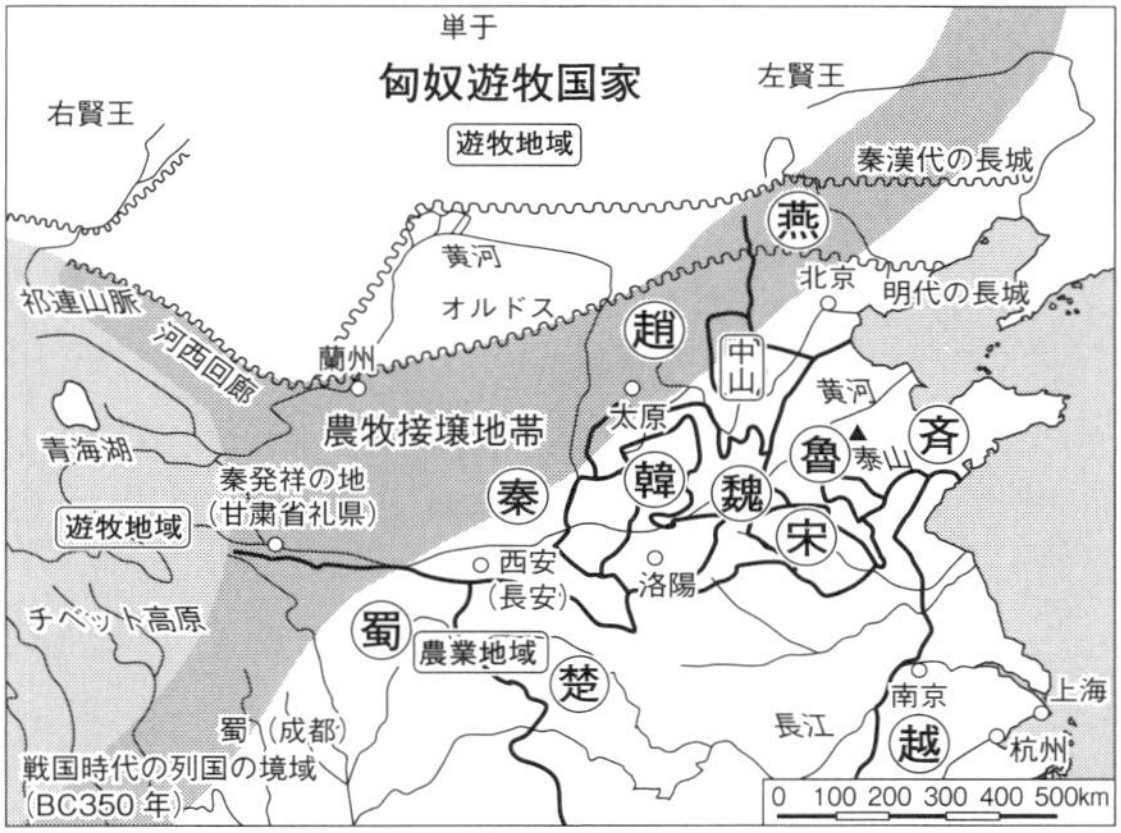

図16　農牧接壌地帯①　原図：馬彪「動物人格化にみる農業文明を征服する秦帝国の原理——龍崗秦簡の動物管理律令を中心として」(『山口大学文学会志』62、2012) 92頁

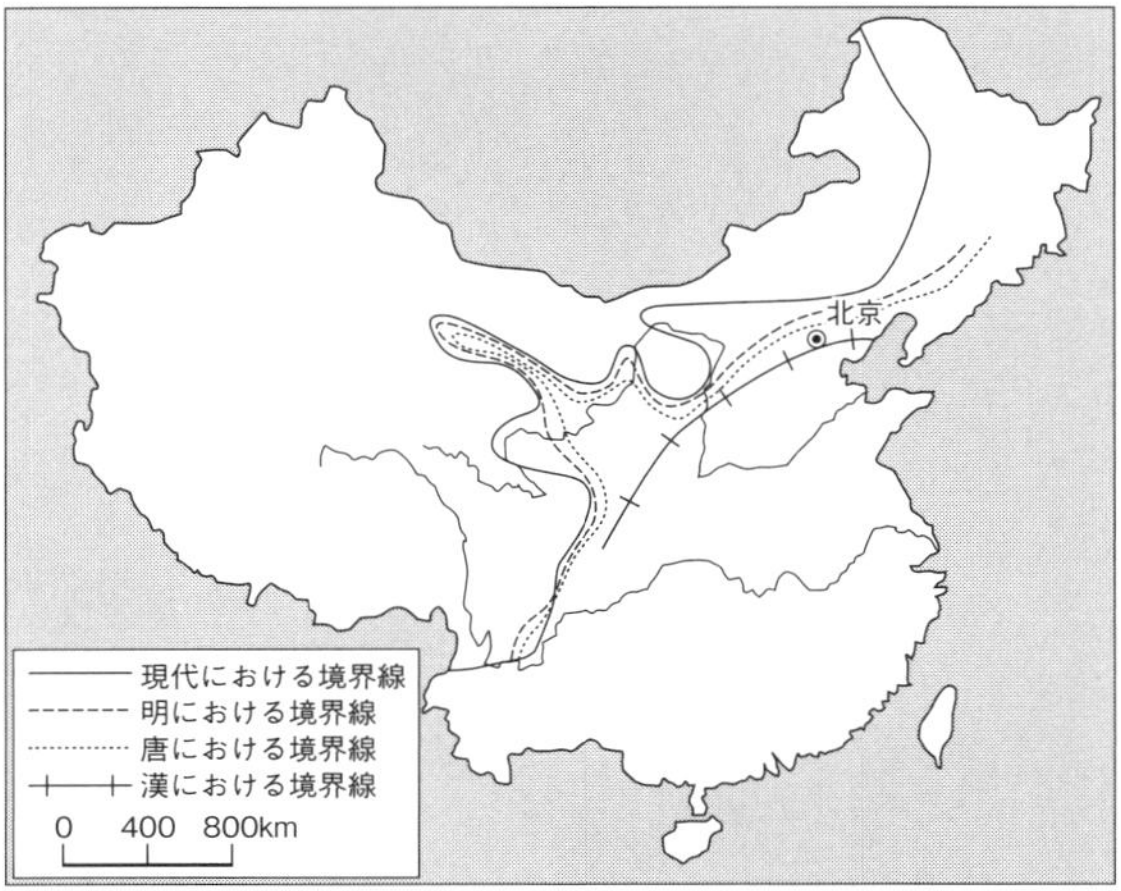

図17　農牧接壌地帯②　農業地域と遊牧地域との境界線の変遷　原図：季増民『中国地理概論』(ナカニシヤ出版、2008) 82頁

るが、東南は営州―幽州―太原―長安の西北を結ぶ線、西北は遼寧省西部―陰山《いんざん》―賀蘭山《がらんさん》を結ぶ線を基本として、河北省・山西省の北部、オルドスを中心とする地域であると考えておきたい。

梁職貢図の世界と倭国

以上、東部ユーラシアという空間における地理的な特性について述べてきた。つづいて以下では、この空間のなかで展開された具体的な歴史事象を提示していくのだが、第一次南北朝時代の東部ユーラシア各地に存在した諸勢力を、倭国も含めて一望できる格好の史料が存在しているので、まずはこの史料の話からはじめていきたい。その史料とは、倭国使の図像が残されていることで有名な「梁《りょう》職貢図《しょくこうず》」である。

「梁職貢図」とは、南朝・梁の王族で荊州刺史を務めた蕭繹《しょうえき》（のち即位して元帝）が作成した、梁に朝貢した諸勢力の使者を描いた図像と、図像の題記（説明文）からなる史料である。成立年は、一般的には蕭繹の父である武帝の即位四十年（五四一年）前後と考えられており、近年新たな題記が発見されたことでも有名である。

この梁職貢図には、現在判明するかぎりでも三十数国の使者が描かれており、当時の世界像が集約されている史料ということができるのだが、各勢力の使者の記載順は写本ごとに必ずしも一致していない。仮に地域ごとに分類して主要な勢力を提示すると、虜（北魏）、芮芮《ぜいぜい》（柔然《じゅうぜん》）、河南（吐《と》谷渾《よくこん》）・高昌《こうしょう》国、滑国（エフタル）、波斯《はし》国（ササン朝ペルシャ）、高句麗・百済・新羅・倭国、扶南《ふなん》・林邑《りんゆう》・婆《ば》利《り》・干陀利《かんだり》・狼牙脩《ランカスカ》、亀茲《クチャ》・于闐《ホータン》・宕昌《とうしょう》国、中天竺・北天竺・師子国（スリランカ）となり、梁は朝

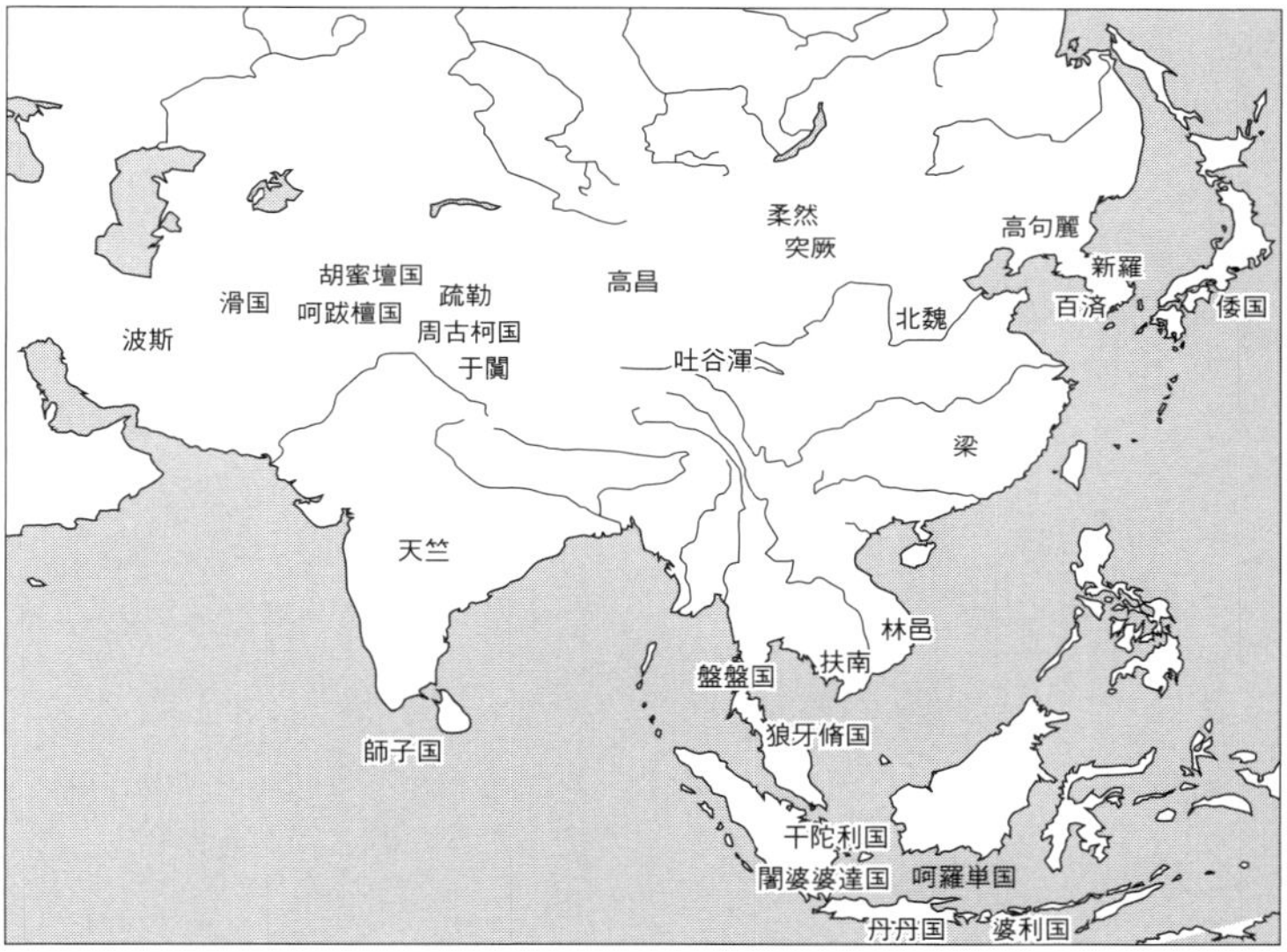

図18　梁職貢図の世界　原図：河上麻由子『古代アジア世界の対外交渉と仏教』（山川出版社、2011）52頁

鮮半島からモンゴル高原、東南アジア、インド、西アジアに及ぶ広い範囲から使者を受け入れていたといえる。

　もちろん、これらの諸勢力のすべてを梁の朝貢国と考えることはできない。梁職貢図が梁皇帝の徳を讃える目的で作成されている以上、梁に派遣された使者は性格の如何を問わず、すべて朝貢使として扱われたと考えるべきである。実際、北朝である北魏、モンゴル高原を本拠とする柔然、アフガニスタンからインドや中央アジアに進出したエフタル、イランのササン朝ペルシャなどは、梁の朝貢国であるはずもない大勢力である。

　ところで、ここで取り上げた柔然・エフタルなど、梁とは陸上の境界を接していない勢力は、どのようにして南

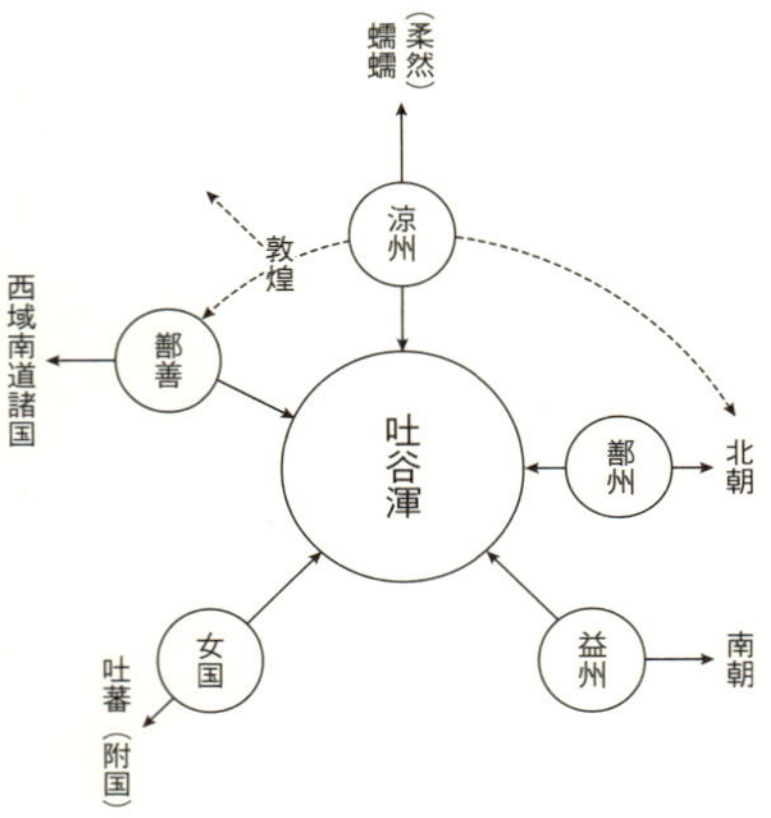

図19　吐谷渾経由の交通路　原図：『松田壽男著作集』4（六興出版、1987）122頁

朝の梁へ使者を派遣したのだろうか。これは『梁書』巻三〇・裴子野伝の記載から、岷山《びんざん》道《どう》（河南路）という交通路が使用されていたことが判明しているのだが、この岷山道は、西域から河西回廊を通らずに、鄯善《ぜんぜん》（楼蘭）—吐谷渾—岷江《びんこう》—益州—荊州（刺史は蕭繹）と経由して建康に至ると推定されている。さらに吐魯番《トルファン》文書からは、吐谷渾から高昌を経由して柔然に至る交通路も判明しており、実際に四七四年には、南朝から北朝を迂回してモンゴル高原へ使者が派遣されている。このような交通路の存在は、第一次南北朝時代や梁職貢図の世界を考えるうえではきわめて重要であろう。

以上のように、梁職貢図から第一次南北朝時代の東部ユーラシアを概観した場合、本書の問題関心から注目すべき点は、この梁職貢図の世界のなかに倭国が存在していることである。なぜなら、倭国は三世紀（邪馬台国）と五世紀（倭の五王）には中国に使者を派遣しているのだが、四世紀と六世紀には使者を派遣しておらず、梁職貢図に見える倭国の「遣梁使」なるものは存在していないからである。では、なぜ倭国は五世紀にのみ中国に使者を派遣したのであろうか。また、なぜ使者の派遣が途絶した六世紀にも東部ユーラシアの一員として位置づけられているのであろうか。これらの問いに答えるためには、まず五胡十六国時代の開始時点である三〇四年に遡り、第一次南北朝時代に至る東部ユーラシアの歴史変遷を概観したうえで、四世紀以降に展開された、朝鮮半島問題を中心とする倭国の外交関係を検討していく必要がある。以下ではまず、五胡十六国時代の歴史展開を確認していきたい。

五胡十六国時代の見方

魏・呉・蜀が鼎立する三国時代は、二八〇年の西晋による中国内地の統一で終焉する。しかしその西晋王朝は、二九一年にはじまる八王の乱、特に三〇〇年三月の廃太子司馬遹《しばいつ》の殺害を契機とする混乱で大きく動揺して、つづく三一一年の永嘉の乱で洛陽は陥落し、西晋は事実上崩壊する。三一八年に琅邪《ろうや》王司馬睿《しばえい》が建康で即位したことで晋王朝自体は存続する（東晋）のだが、八王の乱以降、成都王司馬穎《しばえい》が五部南匈奴の劉淵（のち前趙を建国）の軍事力を利用したように、華北と漠南の政局は農牧接壌地帯に居住していた遊牧勢力の動向を中心に動くようになる。そして、前述の劉淵が漢王を、巴族《はぞく》出身の李雄が成都王を自称した三〇四年が、五胡十六国時代開始の画期と考えられている。

ただし注意したいのは、一般には「五胡十六国時代」と言われるのだが、そのなかに含まれる「五」や「十六」という数字には、具体的な意味はないということである。この点に関しては、前章で取り上げた「五代十国」という時代も同様であり、五代のうち後梁だけが沙陀系王朝ではないこと、十国の一つである北漢が後周と正統性を分有していたこと、十国以外の有力政権として節度使の岐・定州・ベトナム呉朝なども存在したことを指摘できるのだが、五胡十六国時代においても、五胡が匈奴・鮮卑《せんぴ》・羌《きょう》・氐《てい》・羯《けつ》であると認識されるのは十三世紀以降であり、十六国相当の政権は実際には二十数種類存在しており、さらに高句麗・吐谷渾などの周辺諸勢力と、通常は「中国」とされる十六国相当の政権とを区分する明確な基準もない（例えば、北燕の建国者慕容雲《ぼようん》は高句麗人の後裔であり、即位後高氏を称した）のである。この時代の理解については、三﨑良章による「漢族・「五胡」を問わ

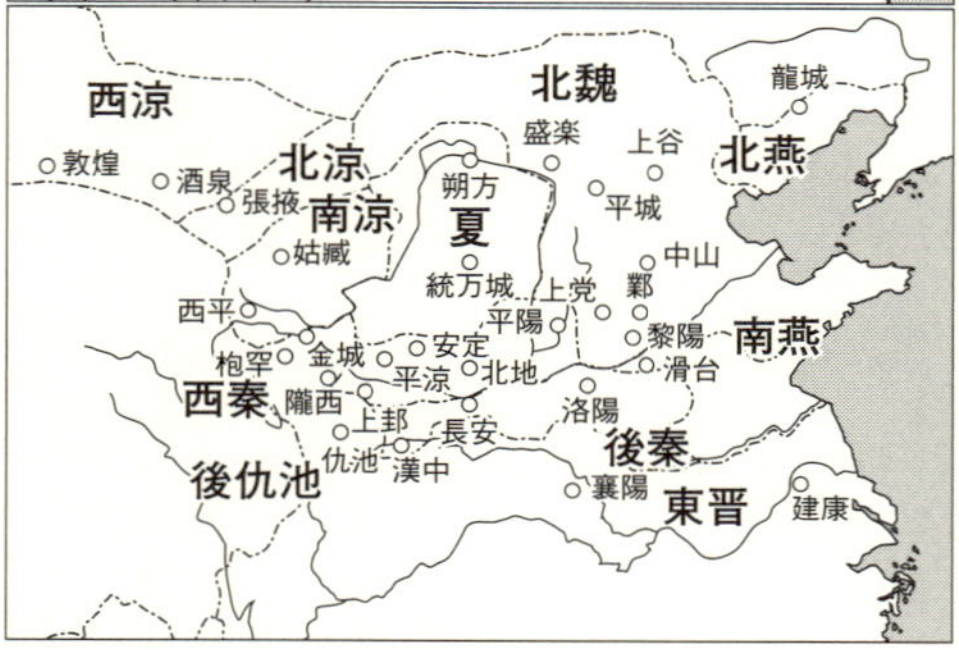

図20　五胡十六国時代前期　原図：三﨑良章『五胡十六国』（東方書店、新訂版、2012）55頁
図21　同中期　原図：三﨑良章・同書89頁
図22　同後期　原図：三﨑良章・同書101頁

ず、諸勢力がその意欲や条件によっては自立し得た時代」（著書一三九頁）という指摘が、もっとも実態に近いと思われる。

五胡十六国時代の歴史展開については、多数の勢力の変遷を扱うことになり、過剰な事実の羅列となる恐れがあるので、概略のみ提示したい。五胡十六国時代とは、華北と漠南で多くの勢力が興亡をくりかえし、江南には一貫して東晋が存続した時代であるが、華北における重要拠点は、長安を中心とする関中と、鄴《ぎょう》・襄国《じょうこく》・中山を中心とする関東であるため、華北の政局を考える際には、この二大拠点を同一の勢力が押さえている場合と、別々の勢力が押さえている場合（東西並立）を想定すればよいであろう。

五胡十六国時代にこの二大拠点をともに支配下に置いた勢力としては、前趙（三一六〜三一九）・後趙（三二九〜三五〇）・前秦（三七〇〜三八四）・北魏（四三〇〜）を挙げることができる。このうち、前趙と後趙は政権中枢の内部分裂により弱体化・滅亡しており、前秦の段階ではじめて華北統一に成功しているのだが、前秦は三八三年の淝水《ひすい》の戦いで東晋に敗れた後、ほどなく分裂・滅亡したため、華北を統一した安定的な政権の成立は北魏まで下る。そして、この北魏政権の登場以降が第一次南北朝時代ということになる。

倭国の朝鮮半島進出と七支刀

さて、五胡十六国時代の歴史展開を日本史の視点から眺めていくと、三七〇年前後に一つの画期があることを指摘できる。この時期の華北では、関東を支配する前燕の内部分裂に乗じて、関中を支配する前秦が洛陽と鄴を陥落させ、前燕の領域を合わせた大勢力を築き上げたのだが、同時期には倭国が朝鮮半島に建国された百済と友好関係を結び、朝鮮進出の足がかりを固めている。それを象徴するのが、石上《いそのかみ》神宮所蔵の七支刀銘文である。

銘文によると、七支刀は三六九年（泰和〔太和〕四年）に、百済王世子（近肖古王《きんしょうこおう》の太子。近仇首王《きんきゅうしゅおう》）が倭王のために作製したものであり、対応する記事が『日本書紀』神功皇后五十二年（二五二。干支二巡繰り下げて三七二）条にも見えている。紀年上は三年の差が生じてはいるが、この時期の紀年の信憑性は十全ではないので、許容範囲であろう。

七支刀の製作・倭国への将来の背景には、当時の朝鮮半島における高句麗と百済の対立関係が存在している。三四二年に前燕に大敗した高句麗はその後南進政策を採るが、それは当然百済との対立を引き起こし、七支刀が製作された三六九年には高句麗の攻撃を百済が撃退、逆に三七一年には百済が高句麗の平壌を攻め、高句麗の故国原王が流れ矢に当たり戦死している。同年百済は漢城（現：ソウル南部）に遷都して、翌三七二年には東晋に朝貢しているが、これは、同時期の七支刀の倭国将来と同様に、継続する高句麗の南進政策への対応と考えなければならない。

このように、百済は高句麗との対立関係を背景に、東晋と倭国の両者に対する外交関係を開始するのであるが、高句麗も同様に、華北の覇権を手にした前秦との外交をはじめていた。まず三七〇年には、前秦に滅ぼされた前燕の太傅《たいふ》・慕容評が高句麗に亡命してきたので、これを前秦に引き渡し、三七二年には前秦から仏像・経典が送られてきたので、返礼の使者を派遣している。これはもちろん、百済との対立関係を前提として、前燕に代わり遼東に勢力を及ぼしてきた前秦とのあいだに友好関係を築くことが目的であろう。

ただし注意したいのは、視点を前秦に置いてしまうと、この事象は「前燕を破り華北の覇権勢力へと成長したので、高句麗が朝貢してきた」という、従来の中国王朝中心の歴史像のなかに埋没してしまうということである。当時の前秦が強大な勢力に成長したことは事実なのだが、同時期に高句麗と百済の対立関係が発生していたからこそ、百済と東晋、高句麗と前秦の外交関係が展開されたと考えるべきではないだろうか。

広開土王碑と倭国の東晋通交

七支刀につづいて倭国の朝鮮半島進出の状況を示すのが、中国・集安の高句麗・広開土王碑である。この碑文に関しては、一八八四年に陸軍参謀本部の酒匂《さこう》景信が墨水廓塡本《ぼくすいかくてんぼん》（拓本を手本にした墨本）を将来して、参謀本部で碑文の解読が進められたことから、碑文改竄説（石灰塗布作戦説）が唱えられたこともあるが、石灰塗布以前の原石拓本が発見されたことにより、現在では改竄説は否定されている。

この広開土王碑文の一節には、以下のような文章が見えている。

百残（＝百済）・新羅、旧《もと》ヨリ是《こ》レ属民《ぞくみん》ニシテ、由来《ゆらい》朝貢ス。而《しか》ルニ倭、辛卯年（三九一）ヨリコノカタ、海ヲ渡リテ百残ヲ破リ、新羅ヲ□□シテ、以テ臣民ト為ス。六年丙申（三九六）ヲ以テ、王、躬《みずか》ラ水軍ヲ率《ひき》ヰテ、残国（＝百済）ヲ討伐ス。

図23　広開土王碑文紀年記事関連図　原図：木村誠「朝鮮三国の興亡」（荒野泰典他編『日本の対外関係』1（吉川弘文館、2010）225頁

広開土王碑は、高句麗・広開土王の功績を讃えるために作製されたものである。そのため、例えば「属民」や「朝貢」など、高句麗に都合のいい解釈が含まれていることは否めず、この文章のすべてを真実とすることはできない。

しかし、碑文全体を見渡すと、倭という勢力は、百残・新羅の背後に位置し、時にこの両者を「臣民」として、高句麗とは終始対立する強大な勢力として描かれており、逆にこの強大な勢力を打倒した広開土王の偉大さを引き立てるための存在でもある。碑文によれば、高句麗と倭国との抗争は加耶諸国をも巻き込んで四〇四年までつづき、倭国の水軍は一時「帯方界」まで侵入したとあるので、当時の倭国が半島に大きな影響力を有したことは否定できない。

このように、高句麗と倭国は百済・新羅・加耶諸国を間に挟みながら、おおむね高句麗―新羅連合と、倭国―加耶諸国―百済連合が対峙するという構図がつづいてきたのだが、四一三年に至り、高句麗と倭国が東晋に使者を派遣したことが、『晋書』巻一〇・安帝本紀に見えている。この史料に関しては、かつては高句麗との共同入朝説や、高句麗が倭人捕虜を倭国使に仕立てたという説が提示されていたが、近年石井正敏は、共同入朝説や倭人捕虜説が論拠とする『太平御覧《たいへいぎょらん》』所引「義熙《ぎき》起居注」の倭国記事を高句麗記事の誤りとみなし、四一三年の記事は高句麗と倭国がそれぞれ独自に東晋に使者を派遣したと解釈している。これは従うべき見解であり、三九一年から朝鮮半島で抗争をつづけてきた高句麗と倭国は、相互の対立関係を優位に進めるべく、高句麗は約七十年ぶりに南朝へ遣使し、倭国は約百五十年ぶりに中国王朝へ遣使したことになる。

なおこの場合、四一三年の倭国の東晋遣使は、四二一年の倭王讃による劉宋（劉裕創業の宋。趙宋〔北宋・南宋〕と区別する）遣使に先行しており、倭の五王の劉宋遣使を考えるうえでは欠かせない要素であるのだが、石井正敏が指摘するように、四一三年に東晋に遣使したのは、讃に先立つ「六人目の倭の五王」という可能性がある。この点を念頭に置きながら、時間軸を第一次南北朝時代へと進めていきたい。

2　第一次南北朝時代と倭の五王

第一次南北朝時代の国際関係

五胡十六国時代の終焉、すなわち第一次南北朝時代の開始は、華北における安定的な統一政権である、鮮卑《せんぴ》族拓跋《たくばつ》部が建国した北魏の登場を画期とする。一般的には、北魏の華北統一は四三九年のこととされるのだが、完全な華北統一は後仇池《こうきゅうち》を滅ぼした四四二年であり、華北の覇権を手中にしたのは関中を最終的に確保した四三〇年である。そのため、第一次南北朝時代の開始時点については見解が分かれるであろうが、四二〇年の劉宋の成立や、四二九年の北魏の漠北遠征も考慮して、おおよそ四三〇年ごろと考えておきたい。

第一次南北朝時代の東部ユーラシアの国際関係は、南北関係を基軸にして提示すると、漠北の遊牧勢力である柔然、漠南と華北を本拠地とする北朝の北魏→東魏・西魏、江南と四川を支配する南朝の劉宋→南斉→梁という、三者の対立構造となる。このなかでもっとも優勢なのは漠北の柔然ではなく、農牧接壌地帯を押さえている北魏であり、劉宋は北魏に対抗するため、吐谷渾や高昌国を介して柔然と連携し、高句麗や百済とも通交していた。

このように、劉宋が一種の「北魏包囲網」を構築したのは、もちろん北魏の軍事力に対抗するためであるが、江南の東晋が正統王朝と認められており、五胡十六国時代に一時的に華北を統一した前秦

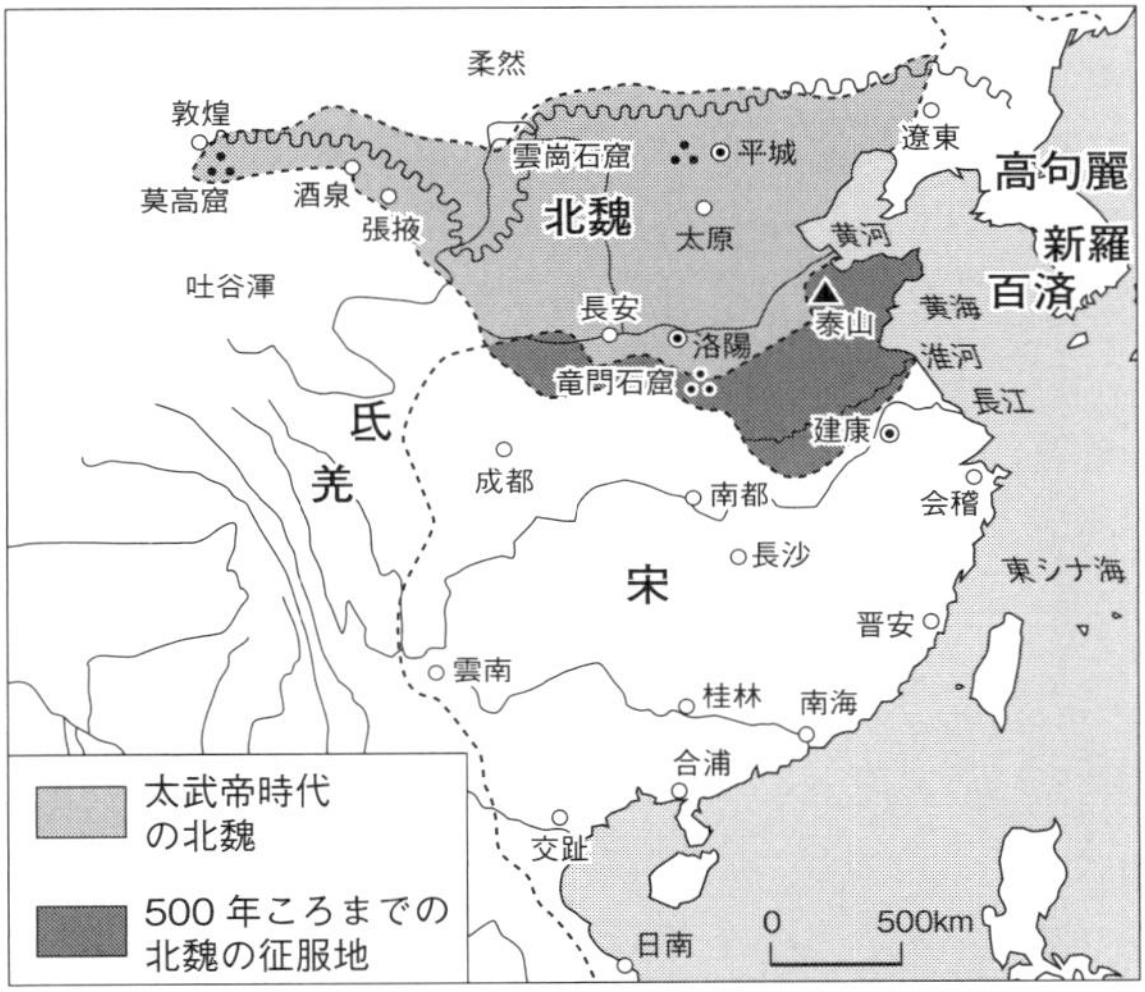

図24　第一次南北朝時代図　原図：『最新世界史図説　タペストリー』十一訂版（帝国書院、2013）98頁

の苻堅《ふけん》ですら、皇帝より一段下の「天王」という称号であることとくらべて、華北政権の正当性（正統性）が強化されたことも、劉宋が外交攻勢に力を入れた一因であろう。例えば、北朝からする南朝の蔑称として「島夷《とうい》」の語が使用されていること（なお、南朝からする北朝の蔑称は「索虜《さくりょ》」である）や、堀内淳一が指摘したように、北魏が南朝から柑橘の「貢納」を受けることで自らの正統性を示していたことも、第一次「南北朝時代」に対応する、華北政権の正当性（正統性）強化と考えられる。

ただし、第一次南北朝時代の国際関係は、南朝と北朝とのあいだだけで完結していたわけではない。漠北に本拠を置く柔然も、前述のように吐谷渾や高昌国を介して南朝とのあいだに使者を交換しているので、当該期の重要な勢力として位置づける必要がある。この柔然に関しては、一般にはあまり知られていないことではあるが、独自の年号が四六四年から五二〇年まで使用されており、また『高僧伝』巻八・釈法瑗伝からは、柔然の国師として三千戸の俸給を得た僧も確認できるなど、仏教も篤く信仰されていたことがうかがえる。この点から考えるならば、第一次「南北朝時代」という時代名称はむしろ不適当であり、中国内地の内部での南北関係だけではなく、漠北―漠南・華北―江南という対抗関係を想定した方が、この時代の国際関係を明確に理解できるのではないだろうか。

第一次南北朝時代の外交文書

それでは、第一次南北朝時代を漠北―漠南・華北―江南という対抗関係で理解するならば、この時代の歴史像はどのように描けるのであろうか。その際の切り口としては、前章で取り上げた第二次南北朝時代と同様に、外交文書と外交儀礼が有効である。ただし当然ながら、時代が遡る分だけ史料が少なくなるので、前章で取り上げた第二次南北朝時代のものも含めて、適宜類例を参照しながら検討していきたい。

第一次南北朝時代の外交文書のうち、文面がほぼ完全に残存しているのは、第一次南北朝時代の国際関係が変質して以降のものではあるが、五七三年に陳から北周に送られた外交文書を挙げることができる。この外交文書は、末尾が「陳某頓首」で結ばれている（陳皇帝の姓は「陳」である）のだが、五八二年に隋から陳に送られた敵国の礼（対等関係）の外交文書も「姓名頓首」で結ばれたと伝えられているので、この外交文書も対等関係を示すと思われる。この点は、広義の致書文書を基本とする第二次南北朝時代の外交文書と同様の傾向であり、南北朝の関係は対等関係と、ひとまずは考えることができる。

しかし、第一次南北朝時代の南北朝間関係では、第二次南北朝時代のように相互に盟約を結び、外交文書や外交儀礼の礼式を細かく定めて、合意事項としているわけではない。そのため、第一次南北朝時代の外交文書は、対等関係を示しているもののみとはかぎらず、自らを上位に置く外交文書もいくつか存在している。

その代表的な例が、東魏と梁とのあいだで交わされた外交文書である。北魏は五三四年に東西に分裂して、東魏と西魏が成立したのだが、五三七年には東魏は南朝の梁と講和して、使者の往来が開始されていた。そのなかで、東魏は梁に「想《おも》フニ彼ノ境内寧静《きょうないねいせい》ナラン。此ノ率土《そつど》安和ナリ」という外交文書を送り、梁も「彼ノ」という部分のみをのぞいたほぼ同文の外交文書を返していた。その後、五三九年に東魏の魏収が梁に派遣された際に、文面を相互に「想《おも》フニ境内静晏《きょうないせいあん》ナラン。今万国（里）安和ナリ」とすることで落着したという。

この事件を理解するには、『詩経』小雅・谷風之什・北山の、「普天《ふてん》ノ下《もと》、王土ニ非ザルモノ莫《な》ク、率土《そつど》ノ浜《ひん》、王臣ニ非ザルモノ莫《な》シ」という一節を想起しなければならない。この一節は、もともとは王者の支配領域の広大さを讃える句なのであるが、皇帝制度の開始以降では、皇帝の支配領域が（理念的には）全地上に及ぶことを示している。前掲の外交文書に見える「率土《そつど》」も同様に、皇帝である自らの支配領域が無限であることを明示しているのだが、一方で相手方の支配領域は「境内《きょうない》」と表現して、一定の範囲内にとどまる（＝皇帝ではない）ことを強調している。これは、東魏・梁の双方とも、自らを唯一の皇帝として、相手方をその下位に置く態度を明確にしたものということができる。

このような外交関係は、外交当事者の双方が表明する名分関係が食い違うという、きわめて奇妙な関係である。現代に生きる我々は、第二次南北朝時代でおこなわれていたように、当事者間で合意を形成するかたちでの外交を基準として考える傾向が強いのであるが、この東魏―梁関係のように、両者がともに自らを中心とする国際秩序を保持したまま外交関係を継続することも、条件次第では可能であることにも注意しなければならない。

第一次南北朝時代の外交儀礼

つづいて、第一次南北朝時代の外交儀礼について述べていきたい。第一次南北朝時代では外交文書同様、外交儀礼に関する史料もそれほど多いわけではなく、第二次南北朝時代や隋唐期とは異なり、外交儀礼の全体像は残念ながら不明である。しかし、外交文書と信物の提出儀礼に注目すると、南北朝間の外交儀礼では、後代と比較してもきわめて特殊な対応がなされていることが確認できる。

その特殊な対応とは、客館（迎賓館）で外交文書と信物の受け渡しをおこなうというものである。この事例は、蕭撝《しょうき》（五三七、東魏→梁）、温子昇（五四〇以前、東魏→梁）、李徳林（五六五〜七〇、陳→北斉）の三例が確認できるのだが、隋唐期以降の外交儀礼では、前章で言及した第二次南北朝時代も含めて、外交文書と信物を相手側に提出する儀礼は宮内で皇帝が出御して挙行されており、客館ではおこなわれていないのである。

このような対応がなされた理由としては、すでに述べたように、儀礼の場で提出される外交文書が、自らを唯一の皇帝として相手をその下位に置くという、受け取る側からすればきわめて無礼なものであるためと思われる。例えば、前章で言及した『大唐開元礼』の儀礼体系では、蕃国王からの

「表」が中書侍郎を介して皇帝に提出されることで、皇帝と蕃国王との上下関係が確認されているのだが、その儀礼の場に上下関係を逆転させた外交文書が持ち込まれると、皇帝と蕃国王との上下関係を確認することは不可能となり、さらに名分関係をめぐる深刻な対立が発生する可能性もある（隋の煬帝が倭国の「日出ヅル処ノ天子」外交文書に激怒したことも想起してほしい）。そのため、外交文書と信物は、皇帝が出御しない空間である、客館で受け渡しがなされたと考えられる。

以上のような、客館で外交文書と信物の受け渡しをおこなう事例は、じつは第二次南北朝時代の金―南宋関係でも存在している。一一七三年に南宋に派遣された金使完顔《ワンヤン》璋は、皇帝の起立受書を回避したい南宋側からさまざまな働きかけを受け、太子による代理受書の提案は拒否したのだが、最終的には客館での外交文書の授受をおこない、宴会にも出席して多額の礼物を受けたため、帰国後処罰されたことが見えている。この場合は、一一六五年の和議により南宋皇帝の起立受書が明文化されていたので、完顔璋は厳しく処罰されたのだが、仮に明文化されていないとすれば、客館での外交文書の授受は、両者の独善的な国際秩序を保持したまま外交を継続させるための便法として機能した可能性が高いと思われる。

南北朝以外との外交文書と外交儀礼

以上、南北朝間の外交文書と外交儀礼を概観してきたのだが、第二次南北朝時代とは異なり、盟約による合意は図られていないので、南北朝双方の独善的な国際秩序がそのまま維持された様相が見て取れる。このような傾向は、柔然・高句麗・吐谷渾など、南北朝以外との外交関係でも同様であり、柔然から南斉に送られた外交文書のなかで、南斉皇帝の敬称が「陛下」や「殿下」よりも敬意の低い「足下《そくか》」とされた例や、北魏から高句麗に派遣された使者が高句麗王の不拝を容認したため左遷された例、柔然（ないし吐谷渾）に派遣された南斉の使者が拝礼を要求され、拒否したため殺害された例、さらに高車《こうしや》に派遣された北魏の使者が高車王への拝礼を拒否して抑留された例が存在している。

これらの事例は、南北朝間の外交関係と同様、柔然・高句麗・吐谷渾などの独善的な国際秩序が、具体的な外交の場面で表面化したものと考えられるのだが、逆に言えば、この時代の外交関係では、特定の一勢力が設定した国際秩序が貫徹しているわけではなく、第二次南北朝時代のように、複数の国際秩序が併存していた状況を想定することができる。

複数の種類の国際秩序の併存

ところで、この「複数の国際秩序の併存」に関しては、いわゆる「仏教的外交」の問題に言及しておかなければならない。第一次南北朝時代では、東南アジアの諸勢力を中心にして、中国南朝に仏教色の濃い外交文書が送られていたことが見えるのであるが、近年河上麻由子は、これら仏教色の濃い外交文書を使用した諸勢力は、劉宋の一例をのぞいて南朝からの冊封を受けていないことや、同様の外交文書が西域からも送られていたことに注目して、南海諸勢力による仏教的朝貢をより広い視野から見直すべきことを提示した。

仏教的外交の問題に関しては、従来は主として中国王朝に対する君臣関係の回避に関連して議論されてきたのであるが、河上の指摘により、中国王朝を上位に置く仏教的外交が広汎に展開されていた、という視点が新たに提示された。実際、五一一年には柔然が北魏に使者として僧侶を派遣していることからも、仏教と外交との結びつきは南海諸勢力にかぎられるものではない。また、西域の胡蜜《こみつ》檀《だん》国からの外交文書に、「揚州ノ天子、曰（日ヵ）出ヅル処ノ大国ノ聖主」という文言が含まれていたことが、近年発見された梁職貢図の題記に明記されており、仏教的朝貢の重要性は改めて注目されている。

ただし、仏教的朝貢という概念は、現段階では融通無碍な面を完全には払拭できていないので、過大な評価をすることはできないのだが、著者が注目するのは、これらの仏教的な外交文書のなかに、インドの礼法である五体投地を示す表現が多数存在していることである。この五体投地は、一般には仏教において仏や高僧に最高の敬意を示す礼法として知られているが、もともとはインド社会一般に見られる礼法である。つまり、河上が指摘した中国王朝を上位に置く仏教的外交は、中国王朝の国際秩序とは異なる、五体投地に代表されるインド社会の秩序編成を背景にしたという想定が可能である。

このような状況は、複数の国際秩序の併存ではなく、複数の「種類の」国際秩序の併存として理解する必要がある。言い換えれば、東部ユーラシアに存在する複数の国際秩序のなかには、中国王朝の国際秩序を模倣したものだけではなく、それぞれの勢力内部の秩序編成方式に規定された、まったく別個の種類の国際秩序も存在したということができる。

倭王の冊封と朝鮮半島問題

以上のように、東部ユーラシアには複数の種類の国際秩序が存在していたと考えるのならば、倭の五王の劉宋遣使と冊封、およびそれに伴う倭国国内の臣下の除正（官職への正式な任命）については、新たな問題が生じてくる。なぜなら、倭の五王（讃・珍・済・興・武）のなかで、即位直後に劉宋に遣使をおこない、冊封を受けたことが確認できるのは、興一人だからである。

一般的に、中国王朝の「冊封体制」下にある周辺諸勢力では、前の君長が死去して新たな君長が即位すると、通常はすぐに中国王朝に使者を派遣して、前の君長の死去と新たな君長の即位を告げ、新たな君長への冊封を要請すると考えられている。それは、周辺諸勢力君長の地位が、中国王朝の冊封により権威づけられているからであり、特に第一次南北朝時代のように、周辺諸勢力の君長が国内の諸豪族とくらべて卓越した地位を保持していない時期では、その傾向がより強まると想定されてきた。

しかし、倭の五王に関する史料を詳細に検討すると、四六二年に「倭国王ノ世子ノ興ヲ以テ、安東将軍ト為ス」とあるので、興のみは前王（済）死去直後に劉宋へ遣使したことが判明するのだが、武の場合では、埼玉県の稲荷山古墳出土鉄剣銘により、獲加多支鹵《ワカタケル》大王＝雄略＝倭王武が辛亥年＝四七一年に在位していたことが見える一方、武は四七七年に劉宋に使者を派遣して、四七八年にはじめて安東大将軍・倭王に冊封されている。興に比定されている安康の在位年数が足かけ四年であることから考えれば、武＝雄略は即位後十年以上のあいだ、劉宋に使者を派遣しておらず、冊封も受けていないことになる。これは、一般的な「冊封体制」下の周辺諸勢力としては、特異なあり方としなければならない。

これに対して、倭の五王の劉宋遣使と冊封が、同時期の朝鮮半島問題と関係していると考えるならば、この倭国のあり方を理解することが可能となる。前述したように、倭の五王の劉宋遣使に先立つ四一三年の東晋への使者派遣は、朝鮮半島における高句麗との対立を背景とするのだが、高句麗―新羅連合と倭国―加耶諸国―百済連合が対峙するという構図は、広開土王碑の時代からこの時期まで継続していた。実際、四七五年に百済王都・漢城が高句麗に攻め落とされた際には、倭国は百済の復興に関与しており、四七七年には劉宋に遣使して高句麗の討伐を訴えた。著名な倭王武の上表文はこの時のものである。つまり、四一三年も含めて、倭国が中国王朝に遣使した時期は、倭国が反高句麗連合の盟主として朝鮮半島に影響力を保持していた時期と重なるのであり、倭王が将軍号を自称して劉宋の冊封を受けたのは、これまで考えられていたような国内統治上の要因（中国王朝の権威を背景とした国内支配の強化）ではなく、外交上の要因（半島における高句麗との対立を優位に進めるため）によるものと考えられる。

臣下が受けた将軍号と府官制

このように理解すると、倭国内における倭王の権力は中国王朝に対して自立的であり、国内の諸豪族とくらべても、これまで想定していた以上に卓越した地位を占めていたといえるのだが、これは従来の解釈とは大きく異なる。そのため、以下では臣下が受けた将軍号と府官制という二つの視点から、劉宋による冊封の意義を補足していきたい。

まず、臣下が受けた将軍号に関して。従来は、倭の王族とみられる倭隋らが、劉宋から平西将軍（倭王の官である安東将軍と同じ三品の官）などを除正されていることから、倭国内での倭王の権力基盤は比較的弱いと想定されてきたのだが、冊封の主目的が朝鮮半島問題であるならば、高位の将軍号を除正された臣下が多数存在することは、半島における倭国の軍事的な優越性を示すという、これまでとは逆の肯定的な評価を与えることができる。

また、葛城氏の滅亡に代表されるように、武の段階では倭王の権力が強化された結果、中国王朝の権威を背景とした臣下への除正がおこなわれなくなり、ついで冊封体制から離脱したと論じられることもあるが、倭王武の上表文でも臣下への除正は求められているので、この点から倭王の権力強化を想定することはできない。逆に、高句麗討伐と百済復興を目指した武が臣下への除正を求めたことは、倭国が朝鮮半島に軍事的介入をおこなう際には、高位の将軍号を除正された臣下(軍事指揮官)の存在が重要であることを示すと思われる。

つづいて、府官制に関して。府官制とは、三公・将軍が任命されるとそのもとに公府・軍府が開設され、三公・将軍が府の幕僚である府官を任命するという制度であるが、この制度に従えば、安東将軍に冊封された倭王など、中国王朝から将軍号を授与された周辺諸勢力の君長も、将軍府の幕僚である府官(長史・司馬・参軍)の任命権を得ることになる。実際、宋書倭国伝では、倭国の府官とみられる司馬曹達(司馬は姓ではなく官名)が見えるなど、高句麗・百済・倭国の三国で府官制の存在を確認することができる。

この府官制は、各勢力の国内支配においても機能したとする考えが一般的であり、特に倭国に関しては、五世紀の金石文に見える人制《ひとせい》(江田船山古墳出土大刀銘の「典曹人《てんそうじん》」など)との関係が、鈴木靖民などにより議論されてきた。しかし、史料に見える府官は、高句麗・百済の事例も含めて渡来系の人物であり、しかも外交の場面に限定されるので、かつて坂元義種が提示したように、府官は原則として外交使節の名目的な虚号と理解するべきであろう。つまり、中国との外交では府官制が機能して、倭国国内の支配では人制が機能するというように、府官制と人制は機能する場が異なるのではないだろうか。

対中国外交の終焉と朝鮮半島情勢

それでは、なぜ倭国は武以降、中国王朝との外交関係を断絶したのであろうか。この点に関しては、四一三年の東晋への使者派遣も含めて、倭の五王の劉宋遣使と冊封の背景に朝鮮半島問題が存在していることを考えるならば、外交関係の断絶に関しても、同時期の半島問題を基軸に理解するべきであろう。

そこで注目したいのが、四七五年に高句麗が百済王都・漢城を陥落させ、百済が一時滅亡したことと、その後熊津《ゆうしん》で復興した百済に対して、倭国が滞在中の百済王子（のち即位して東城王）に軍士を附して送還したことである。これは、当該期の朝鮮半島情勢における最大の事件であり、前述のように、倭王武の上表文とも密接な関係があるのだが、これ以降の朝鮮半島に対する倭国の影響力の大小は、慎重に検討しなければならない。

なぜなら、一旦滅亡した百済に対して、倭国が滞在中の王子に軍士を附して送還して、その王子が即位して百済王となる、という流れは、七世紀の百済王子豊璋の場合と同じであるのだが、今回の事件では七世紀とは異なり、百済の復興が成し遂げられているので、倭国の朝鮮半島への影響力は拡大していなければならない。しかし、復興した百済が倭国の影響下にあるような事例は確認できず、後述する任那《みまな》四県割譲事件などから判明するように、倭国の半島への影響力はむしろ低下しているのが実情である。

その原因としては、雄略死去後から継体の即位に至る、倭国内の王位をめぐる混乱も挙げられるのだが、より大きな問題としては、羅済同盟《らせいどうめい》の成立により朝鮮半島における国際関係が大きく変動したことを指摘しなければならない。羅済同盟、すなわち百済と新羅の同盟関係については、近年韓国で研究が進んでおり、日本でも熊谷公男が詳細に論じている。これらの研究成果を参照すれば、高句麗からの自立を志向する新羅と、熊津で復興した百済は、四八〇〜四九〇年代に婚姻も含めた強固な同盟関係を結んで高句麗に対抗しており、同時期の倭国と百済との関係は、東城王が倭国から帰国して即位したにもかかわらず、むしろ疎遠化していることが確認できる。

つまり、羅済同盟の成立により、広開土王碑の時代からつづいた、高句麗―新羅連合と倭国―加耶諸国―百済連合が対峙するという構図は崩壊して、高句麗と百済―新羅連合が対峙するという構図に転換したのである。この新たな構図では、倭国はもはや反高句麗連合の盟主ではありえないのだが、前述のように、倭国の対中国外交の背景には朝鮮半島における高句麗との対立が存在していたので、羅済同盟の成立により高句麗との直接的な対立関係が解消すると、倭国の対中国外交も途絶することになると思われる。

ただし、倭国の対中国外交が途絶した後も、南斉と梁の成立時に、倭王武は安東大将軍から鎮東大将軍、征東〔大〕将軍へと進号しており、さらに前述のように、五四一年前後に成立した梁職貢図においても、梁に一度も使者を派遣していない倭国の記載が存在している。これは、四一三年からの六十五年間に十回という、後の遣唐使を上回る頻度で遣使を重ねた結果、高句麗や百済と並ぶ、東方政局の構成員としての認識を定着させたためと考えられる。本書の理解では、著名な倭王武の上表文は、四世紀末以来つづいた、反高句麗連合の盟主としての倭王の最後の輝きということになるのだが、同時に、中国王朝における倭国像の形成に大きな役割を果したことも、見逃してはならない要素である。

加耶諸国との関係の終焉

羅済同盟の成立による朝鮮半島における倭国の影響力の低下は、反高句麗連合の盟主の座の喪失という点に加え、加耶諸国との関係の終焉というかたちでも現れている。加耶諸国とは、韓国・慶尚南道を中心に存在した小国群のことであり、四世紀以来、倭国は加耶諸国との交渉を通じて、陶質土器（須恵器の祖型）や馬具・鉄製品などの先進技術を獲得していたのだが、六世紀に入ると、百済・新羅両国は南下政策を推し進め、半島南部に位置する小国群を併合していく。その結果、倭国と朝鮮諸国との関係は大きく変質した。

まず五一二年、百済は倭国に使者を派遣して、全羅南道一帯と推定される「任那国」の上哆唎《おこしたり》・下《あろし》哆唎《たり》・娑陀《さだ》・牟婁《むろ》四県の「割譲」を認められる（任那四県割譲事件）と、翌五一三年には見返りとして五経博士の段楊爾《だんように》を派遣した。また同時に、百済は大加耶の盟主である伴跛《はへ》（慶尚北道高霊《コリョン》）に「略《かす》ミ奪《うば》」われた己汶《こもん》（全羅北道南原《ナムオン》・長水《チャンス》）を「本属《もとつくに》ニ還」すことを求めており、後に百済と伴跛が

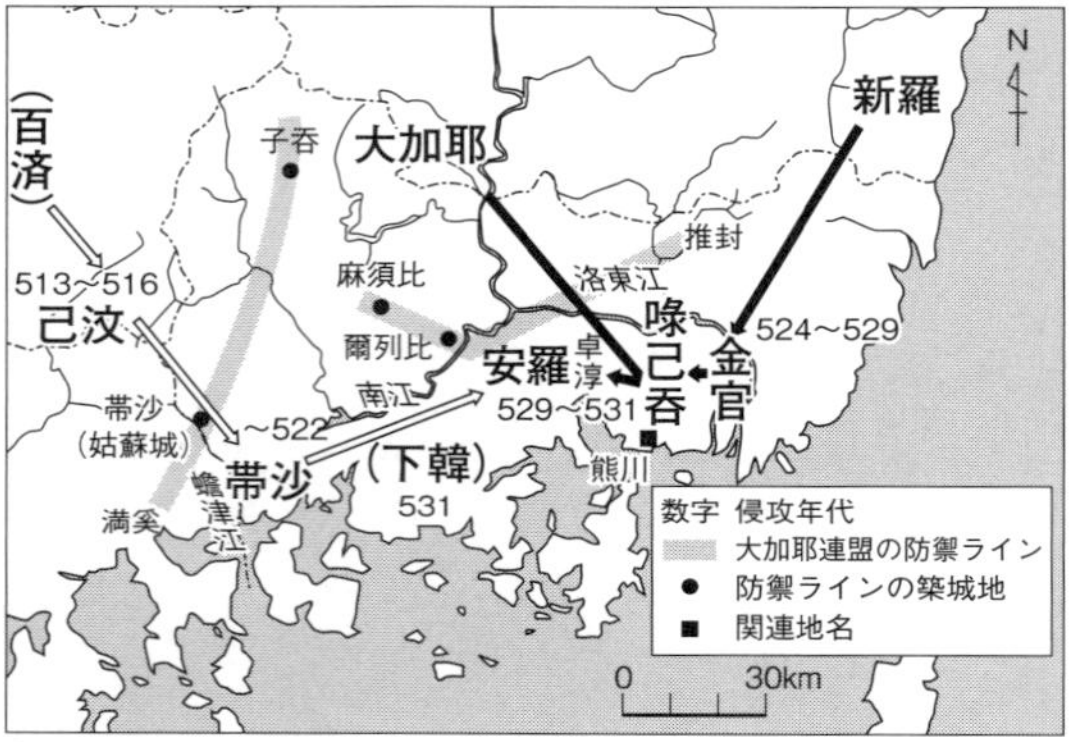

①ー百済・加耶侵攻図

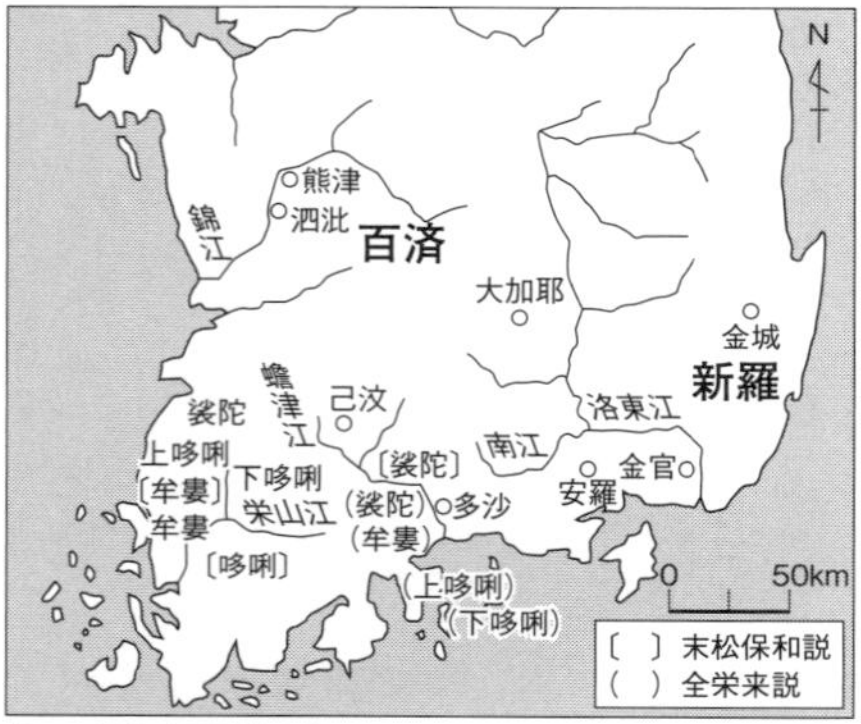

②ー四県比定諸説位置図

図25　加耶諸国の滅亡過程　原図：田中俊明『古代の日本と加耶』（山川出版社、2009）78頁

軍事衝突した際には、倭国は百済を支援して伴跛と戦い、百済が己汶を併合した後には、新たに五経博士の漢高安茂《あやのこうあんも》の派遣を受けている。このように、倭国は百済から先進技術の供与を受ける見返りとして、百済の南下政策を支持しているのだが、これは、倭国の半島における提携先が加耶諸国から百

済へと変化したことを示すとともに、倭国が半島南部の小国群を見捨てることをも意味していた。

一方、五二四年には、新羅王が「南境ニ出巡シテ地ヲ拓《ひら》ク」とあるように、新羅が加耶南部の金官国（慶尚南道金海《キメ》）への圧力を強めたので、卓淳《とくじゅん》（同昌原《チャンウオン》）・安羅（同咸安《ハマン》）などの周辺諸国は倭国に救援を要請した。しかし五二七年の筑紫国造磐井の反乱もあり、倭国は加耶諸国の救援に失敗したので、五三二年に金官国王以下が新羅に投降し、金官国は滅亡した。この金官国は、いわゆる「任那」の中心勢力であることから、倭国はこれ以降何度か「任那復興」を試みているのだが、五四一年・五四四年に開催された「任那復興会議」の主催者は、ここではじめて史料に登場する「任那日本府」などではなく、加耶諸国に対する新羅の影響力の排除をめざした百済王であるように、すでに倭国の朝鮮半島への影響力は大きく低下していたことがうかがえる。そして、この「任那復興会議」が不調に終わると、ほどなく安羅も新羅に併合されたと考えられるので、四世紀からつづく倭国と加耶諸国との関係は、五六二年の大加耶連盟の滅亡以前に終焉を迎えていたと思われる。

第一次南北朝時代の国際関係の変質

ところで、倭国が朝鮮半島に対する影響力を喪失していく四八〇年代以降では、東部ユーラシアの各地において、第一次南北朝時代の国際関係に変質を迫る事件が発生して、つづく隋唐期に向けた動きがあいついで展開している。例えば四八七年には、漠北の柔然に服属していた遊牧勢力の高車が、阿伏至羅《あふくしら》を王として反乱を起こし自立した。高車は最終的には五一六年に柔然に滅ぼされるが、五二〇年には柔然で内乱が発生して、前可汗の弟の阿那瓌《あなかい》が北魏に亡命し、北魏の助力を得て復権しているが、阿那瓌以降では独自の元号を建てていないように、柔然の漠北支配には動揺が見えはじめている。

また、漠南と華北の農牧接壌地帯を有する北魏は、柔然への対策として、陰山山脈の線に沃野《よくや》鎮・武川《ぶせん》鎮などの軍鎮を設け、強力な軍閥を配置していたのだが、四九三年に漢化政策の一環として平城（大同）から洛陽への遷都がおこなわれると、各軍鎮に対する優遇政策は転換されていき、五二三年には六鎮の乱と呼ばれる大規模な反乱に発展した。この反乱の結果、北魏は鄴を都とする東魏と、長安を都とする西魏に分裂することになるのだが、一連の過程で、各軍鎮の軍事力の中核である、農牧接壌地帯に居住していた遊牧系の氏族が多数中国内地に移住している。そのなかには、隋・文帝の父である普六茹《ふろくじょ》忠（楊忠）や、唐・高祖の祖父である大野《たいや》虎（李虎）も見えているように、東部ユーラシア規模の広がりを持つ隋唐期の歴史は、これらの北魏（鮮卑族拓跋部による建国）から連続する勢力を中心に展開する。そのため、隋唐は「拓跋王朝」とも呼ばれているのである。

第四章

唐の全盛期と日本律令制の成立

1 隋—突厥関係と倭国

五四八年からはじめる

古代日本におけるもっとも重要な画期といえば、誰もが律令制の成立を想起するであろう。日本の古代国家を「律令国家」と呼び習わしているように、律令制に基づく国家統治機構の成立が、当該期の日本を大きく変革させたことはいうまでもないのだが、一方では律令国家以来の太政官制が、内閣制度が成立した一八八五年まで存続しているように、律令制が以後の日本の歴史を規定したという側面も、決して見逃してはならないであろう。

ただし、律令制の導入に関するこれまでの議論、特に「国際的契機」の重要性についてはいくつかの疑問があり、そのままでは従うことができない部分も存在する。そのため本書では、従来の見方とは異なり、隋が成立した五八一年・南北朝が統一された五八九年・推古朝が成立した五九二年など、六世紀末の諸時点を起点とするのではなく、六世紀中盤に遡り、五五〇年前後を起点として古代日本への律令制の導入を説明していきたい。

前章で述べたように、第一次南北朝時代の国際関係では、漠北の遊牧勢力である柔然、漠南と華北を本拠地とする北朝の北魏→東魏・西魏、江南と四川を支配する南朝の劉宋→南斉→梁という、三者が対立していた。この国際関係は、前章で確認したように、すでに四八〇年以降では動揺が発生しているのだが、最終的にこの国際関係が崩壊したのは、侯景《こうけい》の乱・突厥《とっけつ》の登場・新羅の台頭を経た、五五〇年前後のことである。

このうち、五四八年に発生した侯景の乱は、約五十年つづいた南朝・梁の武帝政権を崩壊させ、江南を分裂に導いたことで有名である（なお、侯景は五五〇年に「宇宙大将軍」を自称している）。しかし、より広い視点から見た場合、侯景の乱は梁の滅亡だけではなく、南朝全体の没落につながる大きな事件と考えることができる。なぜなら、江南の分裂に乗じるかたちで、五五三年に西魏が蜀の成都を占領した結果、それまで保たれてきた南北朝間の勢力均衡が崩壊してしまい、梁の後を受けて成立した南朝最後の王朝・陳は、蜀や江陵などの要地を欠く地方政権に転落するからである。

蜀（四川）の地は、三国時代の蜀漢（劉備・劉禅政権）の本拠地として有名であるが、他にも五胡十六国時代の成漢や五代十国時代の前蜀・後蜀など、いくつかの独立政権が成立した、戦略的にも重要な地域である。南朝から蜀を奪取した西魏政権は、ほどなく北周→隋へと継承されていくが、華北の再統一や中国内地の再統一を達成したのはこれらの政権であるので、蜀の確保は南北朝統一への重要な足がかりということができる。

突厥の登場――「世界帝国」の成立

侯景の乱が中国内地の歴史における画期なのに対して、東部ユーラシアの歴史における画期としては、漠北における突厥の登場を挙げることができる。第一次南北朝時代、漠北には遊牧勢力の柔然が君臨していたが、鉄勒諸部を降した突厥・土門《ブミン》（伊利可汗《イリグ》）は、五五〇年に柔然との婚姻関係を求

図26　突厥第一帝国の最大領域　原図：森安孝夫『シルクロードと唐帝国』（講談社、2007）146頁

め、柔然可汗の阿那瓌《あなかい》が拒否すると、五五二年には柔然を破り、阿那瓌を自殺に追い込んだ。この結果、柔然可汗国は崩壊して、漠北には新たに突厥可汗国（突厥第一帝国）が出現することになる。

この突厥第一帝国は、それまでの柔然可汗国とは大きく異なる、画期的な帝国である。領域図を見ていただければ一目瞭然であるが、突厥第一帝国の最盛期には、漠北と漠南を押さえただけではなく、中央アジアに勢力を及ぼしていたエフタルをササン朝ペルシャと協力して滅ぼすなど、イランにまで至る広大な領域を支配していた。これは「世界帝国」の名にふさわしい広がりであり、実際、伊利可汗の弟であり、天山山脈のユルドゥズ峡谷を根拠地とした室点蜜《イステミ》可汗は、東ローマ帝国の歴史家メナンドロスの記録のなかに、東ローマ帝国の使者ゼマルコスを謁見した王、ディザブロス（Dizaboulos）として見えている。第一章で紹介したように、松本新八郎はアレクサンドロス帝国・ローマ帝国・隋唐帝国・モンゴル帝国のみを「世界帝国」として規定したのだが、東ローマ帝国とも関係を持つ突厥第一帝国は、明らかに「世界帝国」の資質を備えた勢力と考えなければならない。

一方で、突厥第一帝国は中国王朝とも通交していたのだが、柔然時代に南の北魏優位で進められた南北関係は、突厥の強大化に伴い逆転して、北の突厥優位で進められた。特にこの時期では、北朝が北斉と北周とに分裂していたため、両国は絹製品を中心とする多くの品々を贈り、突厥の軍事的な助力を求めていた。五七二年のこととして、突厥・他鉢《タトバル》可汗が「但ダ使シ我ガ南ニ在ル両箇児（北斉・北周）ヲシテ孝順ナラシメバ、何ゾ物無キヲ憂ヘンヤ」と豪語したことが伝えられているが、これは北斉・北周の対立関係を利用して、突厥が両者の上位を占めていたことを如実に示している。このような突厥優位の南北関係、あるいは「世界帝国」としての突厥第一帝国は、可汗国が成立した五五二年から東西に分裂する五八三年まで、約三十年にわたり継続していた。

新羅の台頭——朝鮮半島の勢力図の変化

また、同じく五五〇年前後に発生して、日本史の展開にも大きな影響を与えた変化としては、朝鮮半島における新羅の台頭を挙げることができる。前章の最後でも言及したように、新羅は四八〇～四九〇年代には百済と同盟（羅済同盟《らせいどうめい》）を結び、高句麗からの自立をめざしていたのだが、六世紀に入ると、南は加耶諸国を併合し、北は高句麗領を奪取するなど対外発展を果たし、同時に君主号の改訂

（麻立干《まりつかん》→王）や年号の制定、上大等《じょうだいとう》や兵部令などの官制の整備をおこなうなど、新羅は高句麗をしのぐ強国に成長した。

　そのうち、特に注目すべき点は、五五二年に新羅が高句麗と百済を制して旧百済王都・漢城を占領し、翌五五三年にその一帯に新州を設置したことである。これは、単なる領土拡張ではなく、朝鮮半島東海岸（慶州《キョンジュ》）に本拠を置く新羅が、半島の西海岸地域を確保することで、中国王朝との直接交渉を開始したという意義が重視されてきた。

　しかし、新羅の漢城占領の重要性はこれだけにとどまらない。突厥の場合と同様に、領域図を見て

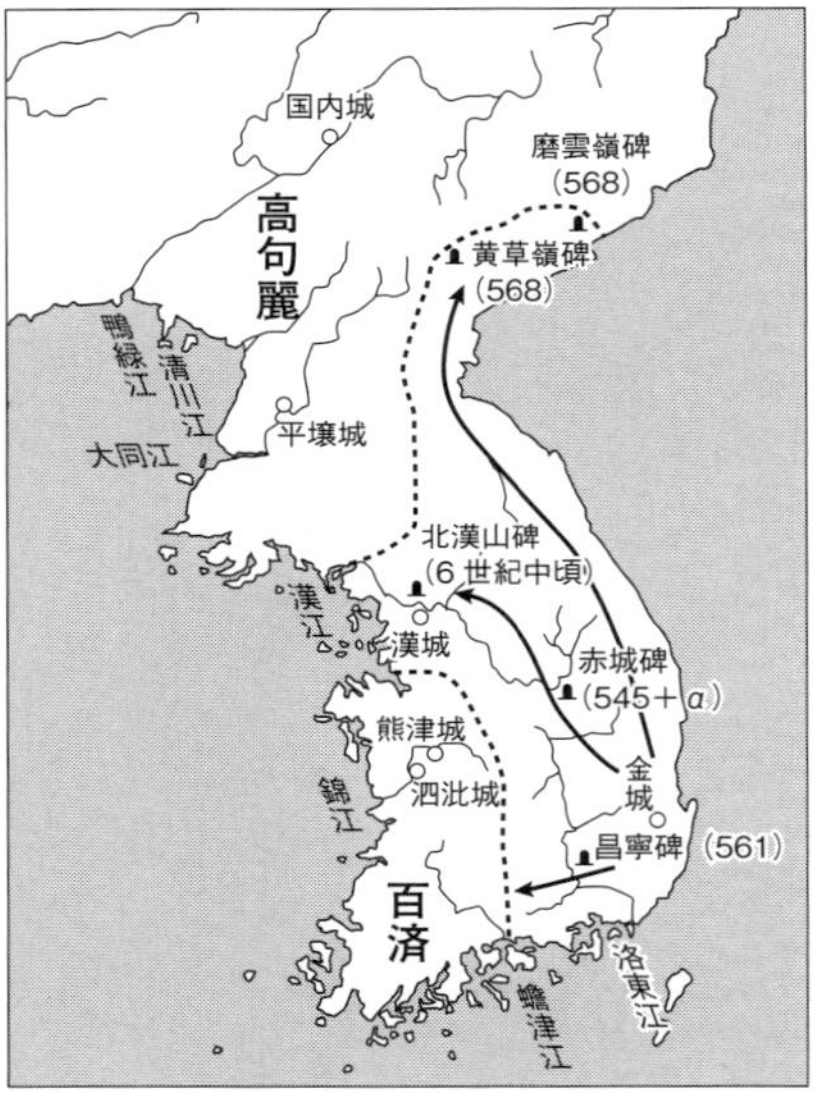

図27　新羅の領土拡大　原図：木村誠「朝鮮三国の興亡」（荒野泰典他編『日本の対外関係』1、吉川弘文館、2010）230頁

いただければ一目瞭然であるが、新羅の勢力が漢城近辺に及んだことにより、高句麗と百済の勢力圏が、新羅の勢力圏により分断されたことになる。この状況では、高句麗—新羅間、百済—新羅間の軍事衝突は発生しえるが、高句麗—百済間の軍事衝突は通常は起こりえない。実際に『三国史記』を通覧しても、これ以降の高句麗—百済間の軍事衝突は、隋の高句麗遠征が関係する五九八年と六〇七年の二回しか見えないのである。

このことは、これ以降の朝鮮半島の歴史が、高句麗—新羅、百済—新羅間の対立構造を軸に展開することを意味しているのだが、この構造のもとでは、新羅の背後に位置する倭国の重要性は相対的に高まることになる。実際、漢城喪失前からのことではあるが、五四七年以降の百済は、任那《みまな》復興会議の時点（五四一・五四四）とは大きく異なり、高位の使者を倭国へくりかえし派遣して援軍を要請しており、五七〇年には高句麗の遣倭国使が越国《こしのくに》に漂着するなど、かつては敵対していた倭国—高句麗間の交渉も開始されている。一方、新羅も孤立を避けるため、五七五年には倭国に対して、かつて併合した旧金官国四邑の貢納品、すなわち「任那の調」（「調《みつき》」は倭国国内における服属儀礼の貢進物。詳細は第五章第一節参照）を貢上することで、倭国を形式的に上位とする関係を結んでいた。倭国が百済・新羅から「大国」として敬仰されたと『隋書』に伝えられた背景には、以上のような朝鮮半島の状況が大きく関係しているのであろう。

なお一点注意しておきたい。新羅の漢城占領以降の朝鮮半島の歴史が、高句麗—新羅、百済—新羅間の対立構造を軸に展開したということは、新羅の孤立化や高句麗と百済の連携が容易に発生しえることを意味している。そして、新羅の背後に位置する日本列島の勢力が高句麗・百済側の、高句麗の背後に位置する中国大陸の勢力が新羅側の立場から介入した結果こそが、他ならぬ白村江の戦いなのではないだろうか。

隋—突厥関係の展開

ただし、中国王朝による朝鮮半島への軍事介入は、この段階ではおこなわれておらず、五九八年に高句麗が遼西に侵攻したことへの報復である、隋の第一次高句麗遠征を初見とする。その後はよく知られているように、隋・煬帝が六一二・六一三・六一四年の三度、唐・太宗も六四四・六四七・六四八年の三度の高句麗遠征をおこない、いずれも失敗しただけではなく、煬帝の遠征失敗は隋自体の滅亡を招いている。この過程は、従来は「冊封体制」論で説明されてきたのであるが、本書では隋の北方に位置した突厥との関係に注目しながら、中国王朝と朝鮮諸国との関係を再構成していきたい。

前述のように、中国王朝と突厥との関係は、突厥の強大化・北朝の分裂を背景として、突厥優位のもとで進められていたのだが、五八一年の隋の成立と前後して、この南北関係は完全に逆転する。まず五七七年には北周が北斉を滅ぼし、翌五七八年には突厥・北斉亡命政権連合軍に勝利するなど、北周は突厥の介入を排して華北を統一した。つづいて隋代に入ると、突厥への内部離間策が成功して、五八三年には突厥は東西に分裂した。ただしこの段階では、突厥・沙鉢略《イシュバラ》可汗から隋・文帝に対する外交文書に、「辰年（五八四）ノ九月十日、天ヨリ生レタル大突厥天下賢聖天子・伊利《イル》倶盧《キュル》設《シャド》莫何《バガ》始波羅《イシュバラ》可汗、書ヲ大隋皇帝ニ致ス」という、「天子」の語を含んだ致書《ちしょ》文書が使用されているように、隋と東突厥との関係はまだ対等関係であるが、五八五年には「臣摂図（沙鉢略可汗）言《もう》ス」という文言を含んだ表が文帝に奉られており、東突厥は隋に臣下の礼を示したことが確認できる。

その後東突厥は、大可汗以外にも複数の小可汗が並び立つ分裂状態に陥るが、隋は五八九年に南朝の陳を降して中国内地を統一したので、南北関係は大きく隋の優位に傾いた。隋はさらに、小可汗の一人である突利可汗に安義公主を降嫁して漠南に移住させ、つづいて五九九年には突利可汗を啓民可汗に冊立して、死去した安義公主の後を受けて義城公主を降嫁するなど、東突厥に対する工作をつづけていた。最終的には六〇三年に、隋の支援を受けた啓民可汗が東突厥の大可汗となることで、隋優位の南北関係が確立して、六一五年に啓民の子の始畢《しひつ》可汗が煬帝に反旗を翻すまで、東突厥は隋に臣属することになる。

図28　隋代の周辺諸勢力　原図：金子修一『隋唐の国際秩序と東アジア』（名著刊行会、2001）105頁

隋―突厥関係と高句麗遠征

以上のように、六〇四年に煬帝が即位した段階では、隋は東突厥を従えることで、東部ユーラシア全体に影響力を及ぼす大帝国に成長していた。そのことを示すのが、隋使と西突厥可汗との争礼事件である。六〇八年に西突厥の処羅《しょら》可汗は、煬帝が派遣した使者を座礼で迎え

たのだが、隋使は「(啓民可汗は) 天子 (煬帝) ニ卑事シテ以テ漢兵ヲ借リ、二ツノ大国 (隋・東突厥) ヲ連ネテ、可汗ヲ滅ボサント欲スルノミ」と、隋・東突厥連合軍による西突厥攻撃の可能性を示唆することで、処羅可汗を起立させ、煬帝の詔を拝受させている。これは、東部ユーラシアでも有数の大勢力である西突厥に対して、隋が設定した国際秩序を貫徹させたことになり、上位勢力が設定した国際秩序が何らかのかたちで相対化されていた第一次・第二次南北朝時代の国際関係とは、まったく異なる状況が展開されている。

しかし、唐の全盛期と比較すると、華北と江南を押さえる隋は、単独では東部ユーラシア全体に影響力を及ぼす「世界帝国」となることはできず、漠北と漠南を領有する東突厥を臣属させる必要があるという大きな弱点を抱えている。そのため、隋の国際秩序の過大評価は慎まなければならない。そもそも東突厥が隋に臣属しているのは、啓民可汗が大可汗に即位する際に隋の支援を受けたことによるのだが、啓民可汗の治世下で東突厥の分裂状況が収束すると、東突厥はふたたび勢力を強めていき、隋とのあいだに潜在的な対立関係が生じてくる。実際、隋は六〇七年には万里の長城を修復して東突厥に備えており、六〇九年に始畢可汗が即位すると、東突厥に対する分裂工作として弟の叱吉設《シャド》への公主降嫁を模索するなど、煬帝期を通じて東突厥対策は重要な政治課題と認識されていた。そして、六一五年に始畢可汗が煬帝に反旗を翻すと、隋国内では反乱があいつぎ分裂状態となり、最終的には六一八年の隋の崩壊に至るのである。

このような視点からすれば、隋の高句麗遠征も「冊封体制」論とは異なる解釈が可能である。六〇七年に啓民可汗の天幕に行幸した煬帝は、高句麗が東突厥に使者を派遣していたことを知ると、その使者に対して「明年、当ニ涿郡《たくぐん》（北京）ニ往《ゆ》カントス。……如シ或ヒハ朝サザレバ、必ズヤ啓民ヲ将ヰテ彼ノ土ニ巡行セン」と恫喝して、高句麗王の入朝を要求した。これは、隋の高句麗遠征に直結する重要な事件であるが、西突厥の場合（「二ツノ大国ヲ連ネテ」）と同様に、隋を上位とする隋―東突厥同盟に基づいて（「啓民ヲ将ヰテ」）高句麗に臣下の礼を要求したことに注目したい。東突厥の臣属を前提とする隋の国際秩序は、東部ユーラシアの全域に及んだことになるのだが、実際の歴史経過が示すように、もし東突厥が離反すれば、隋そのものの存立も危うくなることに注意する必要がある。

この状況下で高句麗が東突厥に使者を派遣したということは、高句麗は東突厥との結びつきを強め、東突厥の隋への臣属を不安定化させることで隋に対抗し、逆に隋は、自らの国際秩序を維持するため、東突厥の臣属を不安定化させた要因である高句麗に対して執拗に遠征をくりかえしたのだと思われる。隋の高句麗遠征は、隋に対して臣下の礼を欠く高句麗との二国間問題などではなく、東突厥の臣属を前提とする隋の国際秩序全体の問題と考えなければならないであろう。

倭国の遣隋使派遣と新羅

ところで、隋の高句麗遠征は、同時期に展開された倭国と隋との外交関係とも関連して論じられてきた。例えば、倭国が約百二十年ぶりに中国王朝へ派遣した六〇〇年の遣隋使は、五九八年の隋と高句麗の軍事衝突が背景にあると説明されており、著名な「日出ヅル処ノ天子、書ヲ日没スル処ノ天子ニ致ス。恙無《つつがな》キヤ」との致書文書が煬帝を激怒させたにもかかわらず、翌六〇八年に裴世清《はいせいせい》が倭国に派遣されたのは、高句麗遠征を準備していた隋が、高句麗の背後に位置していた倭国を重視したためと考えられてきた。

しかし、隋が高句麗遠征をおこなう際に重視した勢力は、前掲の「二ツノ大国ヲ連ネテ」や「啓民ヲ将ヰテ」という言が明確に示す通り、東突厥である。当時の倭国は、たしかに百済や新羅から「大国」として敬仰されてはいたが、前述した通り、それは朝鮮半島の分裂状況を利用した相対的な優位に基づいており、倭国が高句麗に直接的な影響力を及ぼしていたとは考えられない。これまでの理解では、倭国の位置づけが実態以上に強調されていることは明らかであろう。

それでは、倭国─隋関係が隋の高句麗遠征とは必ずしも関連しておらず、隋─高句麗─倭国の三国関係では倭国の遣隋使派遣を説明することができないとすれば、当該期の外交関係はどのように考えたらよいのであろうか。ここで注目したいのは、五九〇年代以降の倭国は任那復興を名目として、数度にわたり新羅への遠征軍を編成・派遣していたことである。五七五年に新羅は「任那の調」を貢上しているが、五八〇年（ないし五八二年）には倭国は新羅の調の受け取りを拒否しており、五九一〜五九五年・六〇二〜六〇三年の両度、新羅征討軍が筑紫まで赴いている。特に六〇二〜六〇三年の場合は、厩戸王（聖徳太子）の弟の来目《くめ》王・当麻《たいま》王を征討将軍に任じており、結果的には来目王の死去などで征討は実行されていないものの、この時期の倭国の外交が対新羅関係を軸に展開されていたことは明白である。六〇〇年に倭国が新たに中国王朝へ使者を派遣したことも、以上のような対新羅関係の展開と結びつけて考えるべきではないだろうか。

このように、倭国の遣隋使派遣を隋─高句麗─倭国の三国関係から説明することを放棄するのであれば、朝鮮半島北部を舞台に展開された隋─東突厥─高句麗の外交世界と、朝鮮半島南部を舞台に展開された倭国—百済—新羅の外交世界は、この段階ではまだ一体としては動いていないことになる。また、倭王武以降低下していた朝鮮半島への軍事介入能力は、この時期にはすでに回復していたことになるのだが、朝鮮半島における画期（新羅の台頭）よりも三十年程度遅れており、両者は連動していないことも確認しておきたい。

「絶域」としての倭国

つづいて、六〇七年の倭国遣隋使と、翌六〇八年の隋遣倭国使について検討したい。これまでにもっとも注目されてきたのは、倭国が「日出ヅル処ノ天子」云々という致書文書で隋との対等関係を提示して、煬帝を激怒させたことであり、隋は裴世清の派遣時に「皇帝、倭皇（王ヵ）ニ問フ」という慰労詔書を倭国に送り、倭国を臣下扱いしてはいるのだが、高句麗遠征に際して隋が倭国を重視することがないのであれば、一度は「無礼」として外交文書を退けた相手に対して煬帝が使者を派遣した理由は、別途考える必要がある。

そこで注意したいのが、煬帝期の隋がいわゆる「絶域《ぜついき》」への積極外交を展開していたことである。例えば、隋の北方・西方計略を進めた裴矩《はいく》は、張掖《ちょうえき》を拠点に西域十余国を入朝させるなど遠方勢力の懐柔を進めており、倭国遣隋使が派遣された六〇七年には、隋は流求《りゅうきゅう》国（台湾との説が有力）や赤土《せきど》国（マレー半島）に対して、それぞれ羽騎尉《うきい》の朱寛・屯田主事《とんでんしゅじ》の常駿を派遣している。これら「絶域」に派遣された使者は、いずれも八～九品という低位の送使であり、朝鮮三国などに派遣された五品の専使とは区別されるべき存在であるが、倭国に派遣された裴世清は、名門の出身ではあるものの、従八品ないし従九品上の文林郎・正九品と想定される鴻臚寺掌《こうろじしょうきゃく》客に任じられており、朱寛や常駿と同格の存在である。そのため、裴世清の倭国派遣は、小野妹子らを送る送使に加えて、煬帝の意を受け「絶域」に遣わされる使者としての意義も有していたと思われる。

なお、誤解のないように付言しておきたい。中国王朝の天下理念としては、一定の地理的範囲を蕃《ばん》域《いき》とみなし、その外部を絶域とする、中華―蕃域―絶域の三区分がなされていたと考えられてきたが、この説は近年石見清裕により否定されている。そのため、ここでいう「絶域」は、かつて議論されていた、中国王朝からの冊封を受けず歳貢も課されないという意味の絶域ではなく、単純に「政治的利害関係に乏しい遠方」を指している。この「絶域」に相当する各勢力が、中国王朝とどのような名分関係を結んでいたかということは、個別に検討しなければならない問題であろう。

裴世清を迎えた外交儀礼

「絶域」という問題と関連して言及しなければならないのは、いずれも『日本書紀』の推古十六年（六〇八）条に掲載されている、裴世清を迎えた倭国の外交儀礼と、いわゆる「東天皇」外交文書の問題である。まず、倭国の外交儀礼について述べていきたい。裴世清を迎えた倭国の外交儀礼は、以下の手順でおこなわれている。

① 難波で飾船《かざりぶね》三十艘による迎接を行い、隋使を館に安置。
② 海石榴市《つばきち》の術《ちまた》で飾馬七十五匹による迎接をおこない、隋使入京。

③ 朝庭にて使旨を伝達。隋の信物を庭中に置く。裴世清は外交文書を持ち、両度再拝して使旨を言上。阿倍鳥臣《あへのとりのおみ》が外交文書を受け取り、大伴囓連《くひのむらじ》が大門の前の机の上に置いて使旨を奏上。皇子・諸王・諸臣参加。

④ 朝庭にて宴会。

この手順は、第二章で述べた『大唐開元礼《だいとうかいげんれい》』の儀礼手順にほぼ一致している（ただし、倭王・推古は隋使の前に姿を見せていないし、厩戸王も特別な役割を果たしていないことに注意）のだが、本来は拝礼をしないはずの隋使裴世清が両度再拝（＝倭国国内の礼である四拝）しているように、倭国は隋に対して臣下の礼を示していない。じつはこの点は、先に登場した「絶域」の赤土国が隋使を迎えた外交儀礼でもまったく同様である。赤土国の隋使に対する外交儀礼は、以下の手順でおこなわれている。

A 国境で船三十艘による迎接をおこなう。
B 入京後、隋使のもとに王子を派遣して対面を請う。
C 王宮にて外交文書の伝達。大使は昇殿し、国王以下は座礼。
D 王宮にて宴会。大使は昇殿し、その他は「地席」。

この手順は、倭国と同様に『大唐開元礼』の儀礼手順にほぼ一致している（倭国と同様に、遣隋使の見聞や隋使から得た知見によると思われる）のだが、ここでは国王以下が座礼で外交文書を受けているように、隋に対する臣下の礼は明確に拒否されている。もちろん、通常ならば赤土国王は、西突厥可汗のように外交文書を起立拝受させられるはずであるが、倭国に対しても赤土国に対しても、隋使は臣下の礼を要求していないのである。逆に、六三二年に来倭した唐使高表仁は、倭国側と礼を争い使旨を伝達せず帰国したため、「綏遠《すいえん》（辺境を安定させる）ノ才無」しと非難されている。

このように、倭国や赤土国など遠方の勢力に派遣された中国王朝の使者には、自らの国際秩序を相手勢力に強制することよりも、朝貢関係を安定的に継続させることが期待されていた。もちろん、倭国の「日出ヅル処ノ天子」のような無礼な外交文書は、隋国内で問題となるため容認されていないのだが、裴世清の両度再拝や赤土国王の座礼に象徴されるように、天使南面不拝・蕃国王北面起立拝礼という中国王朝の国際秩序が、倭国や赤土国内では貫徹していないことは、西突厥や高句麗との外交関係とは大きく異なる点である。

「東天皇」外交文書の真偽

つづいて、いわゆる「東天皇」外交文書の問題について述べていきたい。倭国での儀礼が終了した裴世清が隋に帰国する時に、小野妹子がふたたび遣隋使として同道しているのだが、その際の『日本書紀』の記事には「東天皇敬白西皇帝……謹白不具」という外交文書が掲載されている。この外交文書は、慰労詔書や表ではなく、致書文書とも一致しないため、これまでは『日本書紀』の編纂時における造作（潤色）という説が出される一方、文中の「敬白《けいびゃく》」という語句は仏教関係文書に特徴的な文言であることから、仏教的な論理に基づき隋との君臣関係を相対化して、臣下の礼を回避したと解釈されてきた。

しかし、隋唐期の致書文書のなかには、末尾に「敬白」という語句を含むものが存在している。例えば、唐・白居易『白氏長慶集』には、「大唐ノ四鎮北庭行軍……丹陽郡王ノ朱忠亮、書ヲ大蕃（吐蕃）ノ東道節度使ノ論公……ニ致ス。……不具。忠亮敬白《けいはく》」とする文書が収録されている（この文書は『全唐文』では末尾が「謹白」と誤写されているため、これまでの議論では見逃されてきた）のだが、この文書は唐の節度使から吐蕃の節度使に送られているので、内容はきわめて軍事色が強く、仏教色は皆無である。そのため、文中の「敬白《けいはく》」（≠「敬白《けいびゃく》」）という語句から「東天皇」外交文書の性格を判断することは不可能といえる。

むしろ注目すべきなのは、前掲の『白氏長慶集』所収文書が致書文書という点である。この文書は、当時（八〇八年）の唐―吐蕃関係に基づき、節度使間の対等関係を示しているのだが、実は「東天皇」外交文書に含まれる他の語句に注目しても、多少の変動はあるものの、やはり対等関係が提示されている。そのため、この「東天皇」外交文書は、前年の「日出ヅル処ノ天子」外交文書につづいて、再度隋との対等関係を表明したものといえる。

ただし、もし「東天皇」外交文書が隋に送られたならば、「日出ヅル処ノ天子」外交文書同様に隋国内で問題となるはずだが、そのような史料は存在しておらず、逆に『隋書』には、裴世清の派遣により倭王が隋皇帝の偉大さに感服したと記されている。このような認識は、倭国が隋との君臣関係を容認して、隋に表を提出しなければ生じえないことから、対等関係を表明した「東天皇」外交文書は『日本書紀』の造作によるものであり、倭国は裴世清の帰国時にはすでに、隋との対等関係の設定を放棄していたと考えられる。

以上のように、これまでの倭国―隋関係の議論では、相互の名分関係の問題が重視されてきたのだが、実際には倭国も隋も、両国間に特段の政治問題が存在していないことも手伝い、名分関係を過度には重視していないのではないかと思われる。むしろ、隋を中心とする外交世界と倭国を中心とする外交世界が未だ一体としては動いていないなかで、倭国から隋に留学生・留学僧が派遣され、彼らが学んだ大陸の国家制度や統治機構などが、その後の日本の歴史展開に大きな影響を及ぼしたことの方が、遣隋使の画期性として重要なことではないだろうか(なお、第五章第四節も参照)。

2 大唐帝国と白村江の戦い

大唐帝国の誕生

隋代における東部ユーラシアの国際関係では、隋の国際秩序が東突厥の臣属を前提としていたため、高句麗遠征の失敗、東突厥の離反を経て、最終的には六一八年に隋そのものが崩壊してしまう一方、隋を中心とする国際秩序と、倭国を中心とする国際秩序は、相互に独立性を保ちながら展開していた。この状況が大きく変化するのが「唐の全盛期」である。第一章でも言及したように、突厥第一帝国が滅亡した六三〇年から、突厥が第二帝国として復興する六八二年までのあいだは、南の農耕王朝と北の遊牧王朝（滅亡した突厥）が一体化した「大唐帝国」の時代であり、東部ユーラシアのほぼ全域にわたる広大な支配領域を作り上げている。まずは、この大唐帝国の誕生過程からみていきたい。

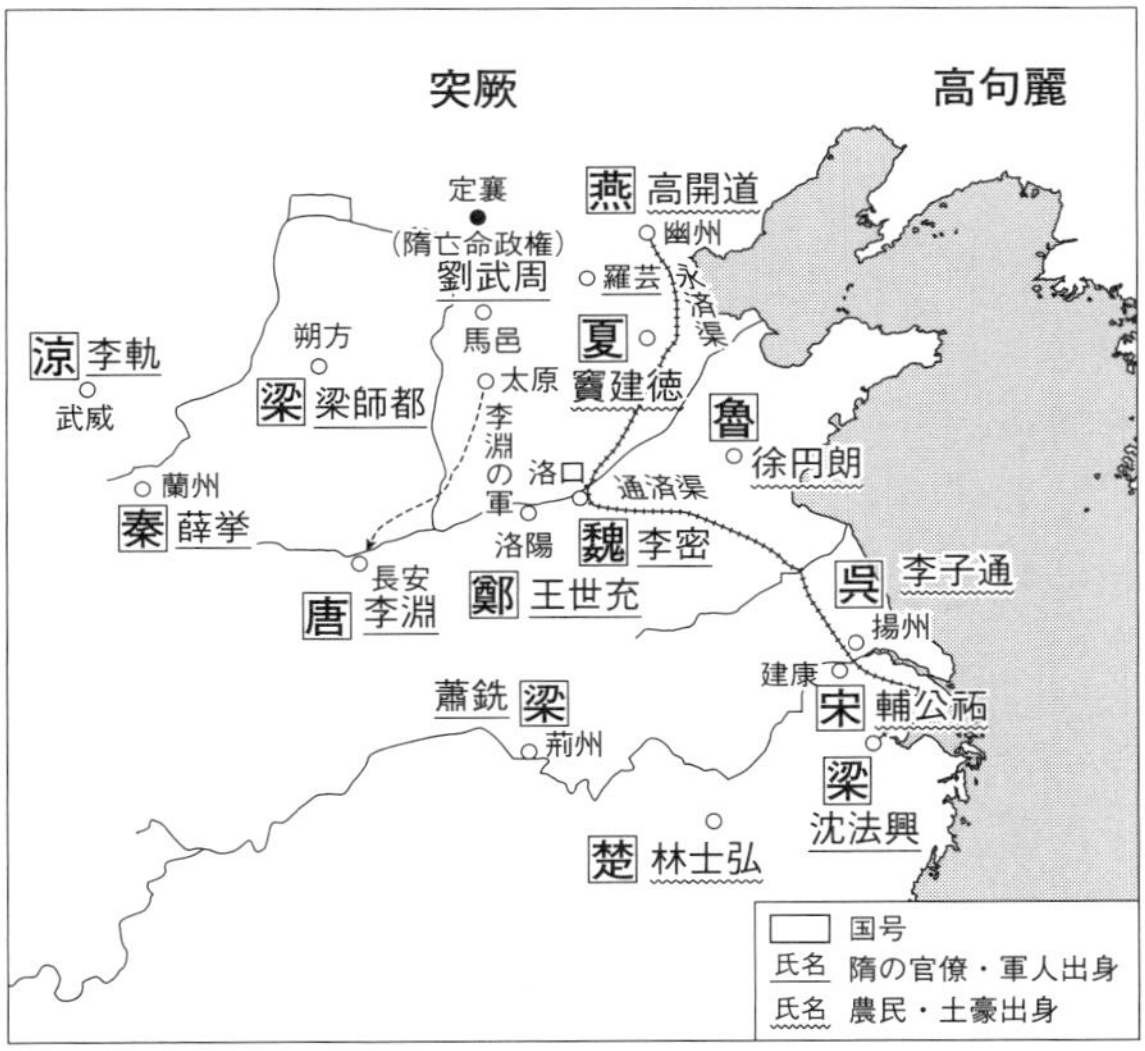

図29　隋末唐初の群雄割拠図　原図：石見清裕『唐代の国際関係』（山川出版社、2009）15頁

六一五年、東突厥の始畢可汗が煬帝に反旗を翻すと、中国内地では反乱があいつぎ、唐の高祖・李淵を始めとする十数人の群雄が皇帝号を僭称する分裂状態に陥るが、始畢可汗はこれらの群雄に対して小可汗号を授与することで、東突厥優位の南北関係を作り上げた。太原で挙兵した李淵も東突厥からの援軍を受けているので、現存史料には見えないが、他の群雄と同様に東突厥に臣属し、小可汗号を受けていた可能性は高いと思われる。

太原から長安に入城した李淵の勢力は、各地の群雄をつぎつぎに平定して中国内地の統一を進めていたが、東突厥が煬帝の孫の楊正道を迎え、漠南の定襄《ていじょう》（現在の内モンゴル自治区のフフホトとホリンゴルの間）に隋の亡命政権を樹立したこともあり、唐と東突厥との関係は全面対立へと移行する。そのようななか、六二六年には唐で玄武門の変が発生して、李淵の次男・李世民が、長男で皇太子の李建成、四男の李元吉を殺害して実権を握り、二ヵ月後には太宗として即位する。これは、兄弟間の皇位継承争いであるとともに、唐国内での対東突厥政策の対立を反映した事件でもある。

即位した太宗は、このころまでに定襄に本拠を移した東突厥・頡利《けつり》可汗への離間工作を進めていたが、六二九年に漠北で鉄勒《てつろく》諸部が東突厥への反乱を起こすと、太宗は薛延陀《せつえんだ》の夷男《いなん》を真珠毗伽《ビルゲ》可汗として冊立して、東突厥を南北から挟撃する態勢を整えた。そのころ漠南では大雪による飢饉が発生したことで、頡利可汗の支配体制は動揺していたのだが、先に太宗と義兄弟の契りを結んでいた小可汗の突利《とつり》可汗が頡利可汗に反旗を翻すと、太宗は東突厥への全面攻撃を開始した。そして、翌六三〇年正月には唐軍が定襄を制圧して、東突厥と隋亡命政権はともに崩壊することになる。

大唐帝国の膨張

六三〇年の段階で、唐は中国内地のすべての群雄と隋亡命政権、さらに創業時に臣属した東突厥の打倒に成功したことになり、華北・江南に加えて漠南を支配領域に加えている。これ以後の唐は、支配領域を東部ユーラシアの全体に広げていくのであるが、その原動力は、遊牧民であり優秀な騎兵でもある、滅亡した突厥第一帝国の遺民である。唐は当初、突厥遺民をオルドスの農牧接壌地帯へ移住させ、ついで漠南の定襄に本拠を置かせたうえで、当該地域に羈縻州《きびしゅう》という間接統治の州を設置した。突厥遺民は唐から居住を許された地域で遊牧生活を送り、その首長は将軍などの武官職を与えられ長安で暮らしているが、一旦緩急あれば自らの部族民を率いて遠征に従事した。『日本書紀』の天智即位前紀（六六一年）に、「蘇将軍（蘇定方）、突厥王子（実際には鉄勒契苾部の出身）ノ契苾加力《けいひつかりき》等ト、水陸二路ヨリ、高麗《こま》（高句麗）ノ城下ニ至ル」とあるのは、その象徴的な例であろう。

唐は突厥遺民の処置が一段落すると、まず西域方面に進出して、六三五年には河西回廊の南にある吐谷渾《とよくこん》を制圧して唐の傀儡政権を樹立した。つづいて六四〇年には、東トルキスタンの漢人（麴氏）オアシス国家である高昌国《こうしょう》を滅ぼして、安西都護府を設置している。六四八～六四九年には、焉耆《カラシャール》・亀茲《クチャ》・疏勒《カシュガル》・于闐《ホータン》に派兵して安西四鎮を設置し、西突厥を臣属させることで天山南道（オアシスの道）を手中に収めたが、六五一年の西突厥の反乱により、唐の西域支配は一旦瓦解する。しかし、六五七年に唐が西突厥を打倒して、つづいて六五九年に蘇定方が西突厥の反乱を鎮圧すると、西域支配は安定化した。

一方、北方の漠北に対しては、六四六年に唐が薛延陀を打倒すると、翌六四七年にオルドスの豊州近辺に設置された燕然《えんぜん》都護府を介して、臣属した漠北の鉄勒諸部に対する羈縻支配を開始した。鉄勒諸部は六六〇年から六六二年にかけて大規模な反乱を起こしたが、前掲の契苾加力の活躍もあり鎮圧されると、唐は六六三年に燕然都護府を瀚海《かんかい》都護府と改称して、漠北のオルホン地方（回鶻《ウイグル》の本拠地）に移転させる。ただし、六八二年に突厥第二帝国が成立すると、唐の漠北支配も崩壊してしまい、瀚海都護府も六八五年には河西《かせい》のエチナ地方に移転することになる。

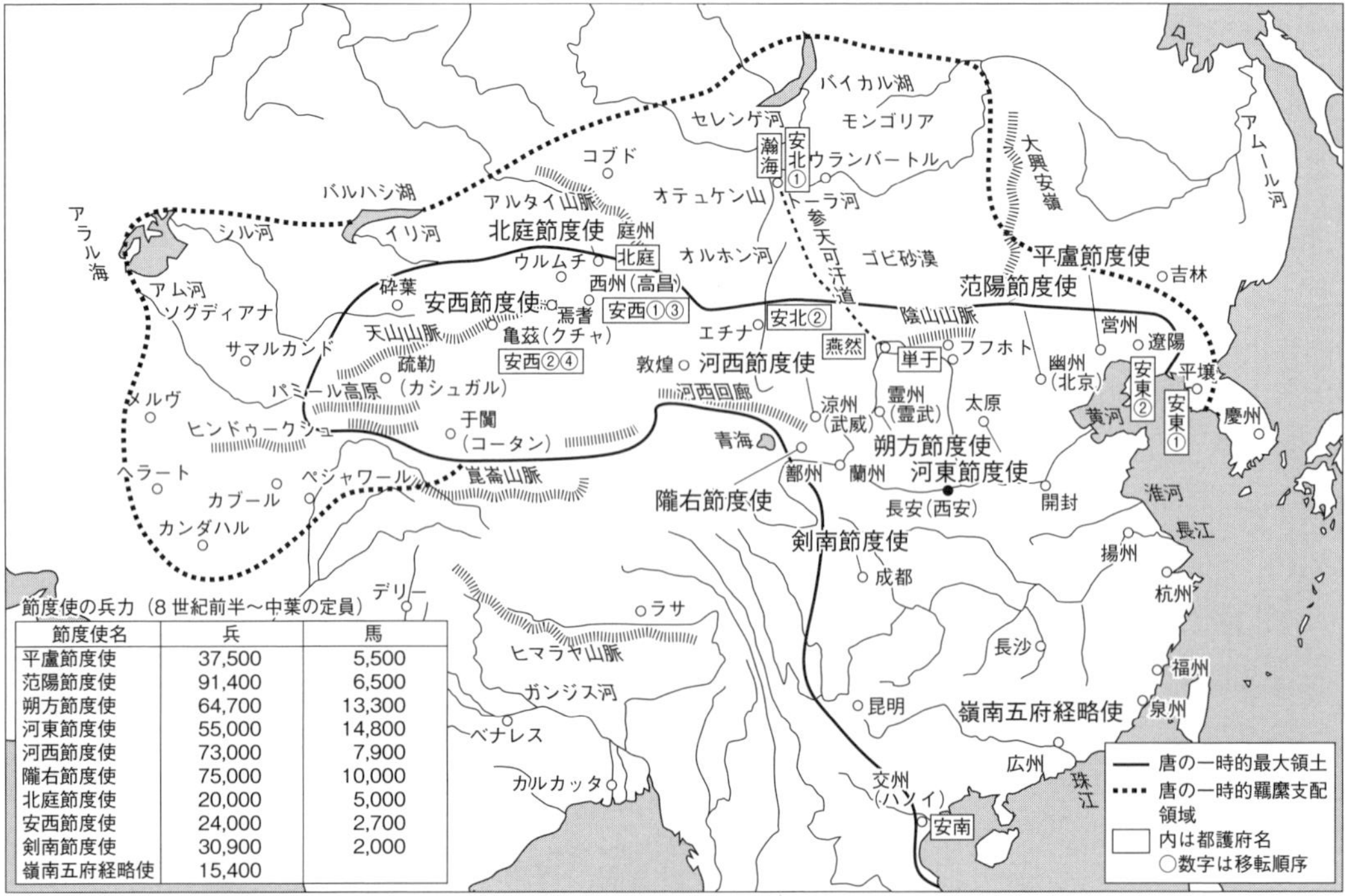

節度使の兵力（8世紀前半〜中葉の定員）

節度使名	兵	馬
平盧節度使	37,500	5,500
范陽節度使	91,400	6,500
朔方節度使	64,700	13,300
河東節度使	55,000	14,800
河西節度使	73,000	7,900
隴右節度使	75,000	10,000
北庭節度使	20,000	5,000
安西節度使	24,000	2,700
剣南節度使	30,900	2,000
嶺南五府経略使	15,400	

図30　大唐帝国図　原図：森安孝夫『シルクロードと唐帝国』（講談社、2007）174〜175頁

さらに、唐は東方にも進出する。大唐帝国の東方進出は、六四四年の高句麗遠征にはじまり、倭国にも大きな影響を与えたのであるが、隋・唐が高句麗を征討したのは、隋の第一回遠征をのぞけば、突厥を臣属させている時期（隋代）か、羈縻支配している時期（唐代）に限られることは、過去の議論との差異として確認しておきたい事実である。

動きはじめた時間

さて、大唐帝国の東方進出は、倭国以外にも、高句麗・百済・新羅に対しても大きな影響を及ぼした。唐が東方へも関心を向けはじめた六四〇年代には、倭国を含めた四国では、短期間のうちに以下のような政変が発生している。

① 六四一年に即位した百済の義慈《ぎじ》王は、即位後すぐに国王への権力集中をおこなうと、翌六四二年の七月から八月にかけて、新羅から旧加耶地域を奪取した。また、倭国へは王子の豊璋（翹岐）を質として派遣した。

② 六四二年十月、高句麗で泉蓋蘇文《せんがいそぶん》によるクーデターが発生し、栄留王が殺害され反唐政権が誕生した。この事件は、六四四年の唐の高句麗征討を引き起こした。

③ 六四三年十一月、倭国の有力王族である上宮王家《じょうぐうおうけ》（厩戸王の子、山背大兄王の一族）が滅ぼされた。つづいて六四五年六月には、蘇我本宗家（蘇我蝦夷・入鹿）が滅ぼされ、ほどなく後ろ盾を喪失した古人大兄も失脚した。

④　六四七年正月、新羅では唐との関係をめぐり、上大等の毗曇《ひどん》が反乱を起こすが、金春秋（のち即位して武烈王）・金庾信《ゆしん》らに鎮圧される。六四八年には金春秋が自ら入唐して、新羅は唐との関係を深めていく。

このように、ほぼ同時期に四国ともに政変が発生した背景には、朝鮮半島における影響力を強めていた大唐帝国の存在があるとされてきたが、①に関しては少し注意が必要である。じつは、当該期の『日本書紀』の記事には、泉蓋蘇文のクーデターを六四二年ではなく六四一年のことと記すように、紀年に混乱があり、それに関連して豊璋の来倭（筑紫着）も、六四二年正月ではなく六四三年四月と考えられてきた。しかし、関連記事を再検討した結果、豊璋の来倭は『日本書紀』皇極紀の記載通り、六四二年正月で問題ないことが判明した。この検討結果に基づいて、①の関連事項を時系列順に提示すると、

A　六四一年、百済・義慈王即位。倭国に王子豊璋を派遣する。
B　六四二年正月、豊璋来倭。ついで畿内に安置される。
C　六四二年七月～八月、百済が新羅から旧加耶諸国を奪取する。

のようになり、義慈王は新羅との全面戦争に先立ち、王子豊璋を倭国に派遣したことになる（しかも、豊璋はミツバチを将来しているので、長期滞在が前提であることも判明する。なお余談だが、ミツバチ

の巣の移動は冬期におこなわれるので、この点から考えても豊璋の来倭は、六四三年四月ではなく六四二年正月が正しい）。これは、義慈王即位当初の政治課題の中心が対新羅問題であり、義慈王による「権力集中」も、対新羅戦争を目的におこなわれた可能性を強く示唆しているので、百済の政変と大唐帝国の東方進出を直接関連させて考えることは難しいと思われる。

乙巳の変と「任那の調」

さらに、①と③に関しては、見逃せない問題が存在する。それは、百済が旧加耶地域を占領したことにより、これまで新羅に貢納させていた、いわゆる「任那の調」の貢納主体が変化したことである。この点に関しては、まず前掲のA～Cのつづきとなる、倭国—百済関係の推移を提示しておきたい。

D　六四三年七月、百済使来倭するも、本国の調を欠いて難詰される。
E　六四三年七月以降、倭国、高句麗・百済・新羅・「任那」へ一斉遣使。
F　六四四年、倭国使三輪栗隈君東人《みわのくりくまのきみあずまひと》が「任那」を監察。
G　六四五年六月、倭国で「三韓進調之日」に乙巳《いつし》の変が発生。蘇我本宗家滅亡。
H　六四五年七月、倭国、百済が貢納した「任那の調」を不足により返却する。

この経緯から判明するように、六四三年時点では百済は本国の調のみを持参して、「任那の調」を貢納していないのだが、六四四年に派遣された三輪栗隈君東人が「任那」を監察して、百済の旧加耶地域領有が倭国により承認されたことが関係しているためか、六四五年時点では百済が「任那の調」を貢納している。これはもちろん、倭国―百済―新羅関係を大きく変動させる事件でもあるのだが、Gに注目してほしい。Gは「三韓進調之日」のことであるから、百済がはじめて「任那の調」を提出した場面と考えられるのであるが、なんとその場では、乙巳の変が発生して、蘇我入鹿が殺害されているのである。

乙巳の変の舞台――大王への使旨奏上儀礼

「任那の調」の提出時点で乙巳の変が発生した理由を述べる前に、Gの場面の位置づけについて述べておきたい。倭国が朝鮮諸国からの使者を迎えた外交儀礼は、六一〇年の新羅・「任那」使（新羅が「任那」を擬制的に遣使の主体とした使者）に対する事例などから、以下のように復元できる。

a　難波などで飾船による迎船をおこなう。
b　難波などの客館で調物の検査をおこない、具備していなければ返却する。
c　入京時に飾馬による迎労をおこなう。
d―1　朝庭で使旨の伝達。使者は導者に従い朝庭に入場する。
d―2　四人の大夫が庭中に登場。使者は四人の大夫に使旨を伝達する。
d―3　四人の大夫は庁の前に進み、大臣に使旨を伝達する。

d－4　使者に禄を賜う。
e　朝庭で饗宴をおこない、あわせて使者への叙位をおこなう。

ただし、この復元では儀礼に大王は出御しておらず、使旨は使者から四人の大夫を経て大臣（推古朝ならば蘇我馬子）に伝達されるにとどまるので、大臣から大王への伝達は別の儀礼でおこなわれると考えられてきた。このことを念頭に置きながら、Gに見える乙巳の変の経過を確認していきたい。

1　六四五年六月十二日、大王皇極が「大極殿」に出御。古人大兄・蘇我入鹿参加。
2　中大兄、殿門を封鎖して、槍を持ち殿中に隠れる。中臣鎌足も従う。
3　蘇我倉山田石川麻呂、三韓の「表文」を読み上げる。
4　中大兄ら、蘇我入鹿を殺害。
5　古人大兄、私宮に戻り、「韓人《からひと》、鞍作臣（入鹿）ヲ殺ス」と称し、門を封鎖して閉じこもる。
6　中大兄、法興寺に入り軍勢を集める。翌十三日、蘇我蝦夷自害。

『日本書紀』によれば、乙巳の変は1～6の経過で進行しているが、ここでは蘇我入鹿が殺害されたクーデターとしてではなく、本来挙行されたはずの儀礼に注目してみたい。この儀礼は、儀式空間として設定された殿舎でおこなわれており、参加者として確認できるのは大王皇極・古人大兄・蘇我入鹿・蘇我倉山田石川麻呂のみで、中大兄・中臣鎌足ですら正式な参加者ではない（だから、参列せずに殿中に隠れることができるのである）ことから考えると、大王の居住空間の近くで少数の人間のみでおこなわれる儀礼といえる。また、3では蘇我倉山田石川麻呂が三韓の「表文」を読み上げているが、この「表文」は『日本書紀』による潤色と判断できるので、実際には石川麻呂から大王皇極へ口頭での奏上がなされたと思われる。このように考えれば、乙巳の変が発生した舞台は、朝庭でおこなわれた使旨伝達の儀礼（d－1～4）の後に、伝達された使旨を大王に奏上する重要な儀礼と判断できる。石川麻呂は蝦夷の弟の倉麻呂の子、入鹿の従兄弟であり、変後は右大臣となる重要人物であるので、朝庭における儀式で石川麻呂が使旨を受けたことは十分に想定可能である。

なお、この儀礼参加者は、大王への奏上役の石川麻呂をのぞけば、大王皇極・有力王族の古人大兄・有力豪族の蘇我入鹿という構成となるのだが、これは、大王推古・有力王族の厩戸王・有力豪族の蘇我馬子という、推古朝の構成とまったく同じなのである。さらなる検討が必要ではあるが、この儀礼は倭国の重要政務が大王により最終的に決裁される場との推定が可能であるので、近年その存否をめぐり議論のある厩戸王（聖徳太子）の地位についても、大王推古の「皇太子」や「摂政」ではないにせよ、この儀礼に参加することができる重要な人物であり、重要事項を中心とした諸事の奏宣を担当していたと考えれば、これまでに提示された多くの問題点は解消するのではないだろうか。

倭国の外交方針の変化

それでは、百済がはじめて「任那の調」を提出した時点、特に調《みつき》の貢納の旨が大王に奏上される儀礼において、乙巳の変が発生したのはなぜであろうか。もちろん、蘇我入鹿の確実な参加が見込まれることに加え、参加人数が少ない儀礼なのでクーデターが実行しやすいという利点は考えられるのだが、前掲の乙巳の変の経過の5において、古人大兄が「韓人《からひと》、鞍作臣（入鹿）ヲ殺ス」と発言したことに注目したい。じつは『日本書紀』の当該部分には、細字で「韓政《からひとのまつりごと》ニ因リテ誅セラルルヲ謂フ」との注が附されており、この注自体は書紀編纂時のものであろうが、鬼頭清明も指摘しているように、乙巳の変の背景の一つに、朝鮮半島に対する外交問題が存在していたことを示唆している。

この点に関連して、乙巳の変以降に倭国の外交方針が変化していることに注目したい。それは、六四八年に倭国が新羅遣唐使に表を附して唐に起居を通じたことと、六五四年の倭国遣唐使が「新羅道」を取り入唐したことである。よく知られているように、倭国と中国王朝の交渉を媒介したのは、倭の五王時代から一貫して百済であり、小野妹子の入隋や六五九年の遣唐使も百済経由であることが確認できる。ところが、孝徳朝のこの二例では明らかに新羅経由で唐と交渉している。孝徳朝の対新羅関係自体は安定的ではない（六五一年の新羅遣倭国使は、唐服を着用したため追い返された）のだが、新羅経由での唐との交渉の開始は、この前後の外交方針とは大きく異なる画期的な出来事であろう。

さらに重要な点としては、六四六年に「任那の調」を廃止したことが挙げられる。この『日本書紀』の記事は、遣新羅使の派遣につづいて記されているので、新羅の「任那の調」貢納義務のみを免除した（以後は百済が貢納するため）とも考えられるのだが、これ以降「任那の調」の貢納記事は存在していないため、百済も含めて「任那の調」の貢納義務を免除したと解釈せざるを得ない。前述のように、六四五年に百済が「任那の調」を貢納したのは、百済の旧加耶地域の領有を倭国が承認したためと想定できるので、この「任那の調」の廃止は、百済の旧加耶地域の領有承認の撤回をも意味すると思われる。

以上のように、六四二年の百済による旧加耶地域の占領が、それまでの倭国―百済―新羅の勢力関係を転換させたことに対して、倭国は当初、蘇我本宗家主導で百済重視の態度を示していたのが、乙巳の変後は、新羅との連携を試みながらも百済とは一定の距離を置いている。これは、旧加耶諸国からの調＝「ミツキ」貢上の廃止（五世紀以来の「天下」概念の変質）も含めて、倭国の外交方針の大きな変化と考えなければならない。

倭国の対朝鮮外交の原則

ところで、このように考えていくと、一つの大きな疑問が浮上してくる。それは、乙巳の変後の倭国が百済重視の外交方針を転換したならば、なぜ倭国は六六〇年の百済滅亡以降、百済復興軍側に立ち参戦したのか、ということである。この場合、倭国が再度外交方針を転換したのは明白なのであるが、親百済外交（蘇我方式）と親新羅外交（太子方式）の対立から乙巳の変前後の倭国の外交関係を分析した石母田正以来、この点に対する明確な説明は与えられておらず、逆に倭国の外交の無原則性が指摘されてきた。

しかし、篠川賢が指摘するように、乙巳の変後の倭国の政治は、中大兄や中臣鎌足ではなく、大王孝徳に主導されていたのであるから、倭国が再度百済を重視するのは、六五三年の飛鳥遷都により孝徳が事実上失脚して以降と思われる。孝徳朝の政治過程は、乙巳の変を実行して、変後に「皇太子」に就任した中大兄が主導したという見方が通説であるが、六四五年当時数え年で二〇歳の中大兄が、どれほど政治を主導できたかは疑問である。時代は遡るが、同じく数え年二〇歳で大王推古の「皇太子」かつ「摂政」とされた厩戸王（聖徳太子）も、独自の政治的活動は、六〇一年（二八歳）の斑鳩《いかるがの》宮《みや》造営まで確認できない。孝徳朝の中大兄は、大王への奏上儀礼の場には参加可能であり、孝徳の次の大王候補にはなりえたとしても、自ら倭国の政治を主導していたわけではなく、それゆえ飛鳥遷都の際（二八歳）に中心的な役割を果たすことができたのではないか。

それでは、倭国がふたたび百済重視の外交方針に切り替え、最終的に白村江の敗戦に至るのはなぜであろうか。この点に関しては、倭国段階の対朝鮮外交では、半島南部の分裂状況を前提とする倭国上位の外交関係が設定されつづけてきたことに注目したい。東部ユーラシアにおける農耕王朝と遊牧王朝の南北関係でも、統一王朝が分裂王朝の上位を占める例が多く存在しているので、朝鮮半島南部の分裂状況を継続させることは、倭国上位の外交関係を維持するうえでは欠かせない要素であると思われる。

このように考えれば、百済が旧加耶地域を占領した際には、百済の勢力の拡大を警戒して百済重視の外交方針を転換し、逆に百済が滅亡した際には、王子豊璋の送還や遠征軍の派遣などで百済の復興を援助したという倭国の外交は、決して無原則と評価すべきではなく、半島南部の分裂状況の維持・再生という、一貫した目的を有していたと思われる。かつて倭国が執拗に「任那復興」を試みていたことに関しても、半島南部の分裂状況の再生という視点からすれば、新たな意義が認められるのではないだろうか。

百済の滅亡と復興戦争

さて、変動する国際環境への対応を模索していたのは、もちろん倭国だけではない。もっとも大胆な対応を見せたのは、上大等毗曇《じょうだいとうひどん》の反乱を平定した新羅である。六四八年に入唐した「国相」金春秋は唐・太宗に拝謁して、新羅―唐連合の基盤を固めた。以後新羅は、宰相制度の整備（中侍《ちゅうじ》の設置と兵部令の増員）をおこない権力機構を整えるとともに、独自の年号と官服の廃止、宿衛王子制度（金春秋の子・文王にはじまる）の創始に加え、春秋の長男・法敏（のち即位して文武王）を遣唐使として派遣するなど、唐に従属する態度を鮮明にした。六五一年の新羅遣倭国使が唐服を着用していたことや、六五四年の倭国遣唐使が唐・高宗から「兵ヲ出シテ新羅ヲ援《たす》ケシム」との外交文書を受けたことは、新羅―唐連合の成立を如実に示す出来事といえる。

この新羅―唐連合は、第一義的には高句麗を対象とするものだが、すでに六四三年の段階で、唐軍が渡海して百済を攻撃する策が新羅に提示されているように、対百済連合としての意義も有していた。その意味で、新羅―唐連合の成立は、朝鮮半島北部における唐―高句麗関係と、南部の倭国―百済―新羅関係を一体化させた画期であり、これ以降の朝鮮半島情勢は、新羅―唐連合と、高句麗・百済・倭国との対立を軸に展開することになる。唐は六五九年に百済経由で派遣された倭国の遣唐使を抑留して、百済攻撃にかかる情報の漏洩を防ぐ一方で、前年に西突厥の反乱を平定して、六六〇年正月に洛陽に帰還したばかりの蘇定方を、三月には百済攻撃のために朝鮮半島に派遣する。同年七月には唐・新羅連合軍が百済王都・泗沘《しひ》を陥落させ、ほどなく義慈王が降伏して百済は滅亡した。

しかし、唐の大軍が半島南部に長期駐屯することは不可能であり、唐軍の主力は義慈王以下の百済王族・貴族を率いて唐に帰還したのだが、その前後から百済遺民による百済復興運動が激化した。要害の周留《しゅうりゅう》城に本拠を置き、百済復興軍を組織した鬼《き》室福信《しつふくしん》は、倭国に百済王子・豊璋の帰還と援軍の派遣を要請したが、倭国は大王斉明以下が筑紫に遷り、豊璋に倭国の冠位を授けるとともに、翌六六一年には百七十艘の援軍とともに百済に帰還させた。これにより百済復興軍は勢いづいたのである

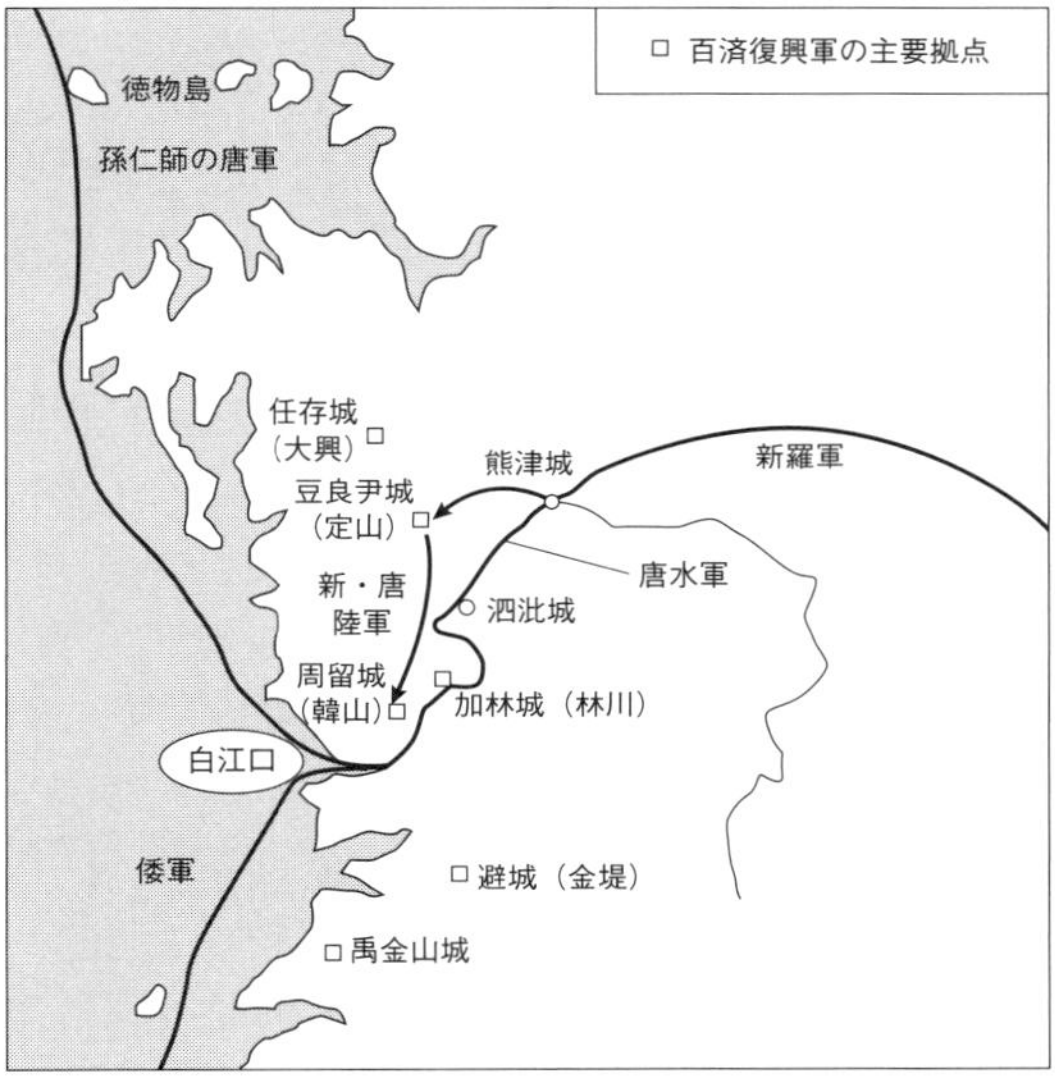

図31　周留城攻略戦と白村江の戦い　原図：盧泰敦『古代朝鮮　三国統一戦争史』（岩波書店、2012）153頁

が、豊璋と福信の対立が顕在化した結果、六六三年六月に福信は誅殺されてしまう。一方、唐本国からの増援を得た唐・新羅連合軍は、同年八月十七日に百済復興軍の本拠・周留城を包囲して、さらに白村江（錦江河口と推定される）を封鎖することで倭国水軍による救援を遮断する。倭国の百済派遣軍は二十七・二十八の両日、白村江の封鎖線突破を図るが失敗、壊滅する。白村江の敗戦直後の九月七日には周留城も陥落して、豊璋は高句麗に亡命した。

白村江の敗戦以降の百済復興運動

韓国の盧泰敦《ノテドン》は、近年日本語に翻訳された著書『古代朝鮮　三国統一戦争史』のなかで、白村江の戦いを当時の東アジア情勢を決定づける会戦とする見方に対して、百済復興運動における主戦場は周留城の攻略戦であることを主張した。著者もこの見方に賛成である。なぜなら、日本史の視点から百済復興運動を解釈すると、倭国の朝鮮半島に対する軍事介入という側面にどうしても注目が集まり、百済遺民の動向は捨象される可能性が高いからである。しかし実際には、倭国の軍事介入自体が鬼室福信ら百済復興軍の成果のうえに基づいているように、百済復興運動の主役はあくまでも百済遺民なのである。

この点に関連しては、これまでの研究ではあまり注目されていない『三国史記』巻六・新羅本紀・文武王四年（六六四）三月条を提示したい。

百済ノ残衆、泗沘山城ニ拠リテ叛ス。熊津《ゆうしん》都督兵ヲ発シ、攻メ破ル。

ここに見える「泗沘山城」は、旧百済王都・泗沘北方にある山城である。ほどなく鎮圧されたとはいえ、白村江の敗戦や周留城の陥落以降でも旧都泗沘を拠点とした百済復興運動が発生しているということは、熊津都督府による唐の旧百済領支配は不安定といえる。

このことは、近年発見された「百済人禰軍《でいぐん》墓誌」でもうかがうことができる。この史料は、唐に帰順した百済の佐平（大臣）である禰軍の墓誌であり、国号「日本」の成立に関して注目されてきたのであるが、以下の部分をもう一度解釈してみたい。

公、海左《かいさ》（海の東）ニ格謨《かくぼ》（名士）、瀛東《えいとう》（東方）ニ亀鏡《ききょう》（模範）タルヲ以テ、特ニ帝ニ簡《えら》（＝選）バルルコト在リ、往《ゆ》（＝行）キテ招慰《しょうい》（懐柔）ヲ尸《しめ》（＝示）ス。

この部分は、これまでは『日本書紀』に見えるように、墓主禰軍が六六四・六六五の両年に唐の使者として来倭したことを指すと考えられてきた。しかし、墓誌の後段には、禰軍の「招慰」により「大首望数十人」が唐に帰服して皇帝と謁見したことが見えている。この「大首望数十人」は、六六五年十二月に派遣された倭国遣唐使という可能性も残されてはいるが、東野治之が指摘するように、墓誌の「日本」が国号ではなく、日の出るところ＝東方を意味する語で、具体的には滅亡した百済を指すのであれば、禰軍が「招慰」した「大首望」も、唐に敵対をつづけていた百済遺民の有力者と解釈すべきであろう。前述の通り、墓主禰軍は百済の佐平という経歴の持ち主なのだが、その禰軍が倭国を「招慰」したと考えるよりは、唐の熊津都督府の支配を安定させるため、自らの名望を生かして百済遺民を「招慰」したと考える方が、はるかに自然な解釈ではないだろうか。

3　大唐帝国の崩壊と日本律令制の導入

吐蕃の台頭――大唐帝国の動揺

百済を滅ぼし、百済遺民の復興運動と倭国の軍事介入を退けた唐は、六六四年に百済・義慈王の王子扶余《ふよ》隆を熊津都督に任命し、都督府の官吏に百済人を多く登用することで、対高句麗戦に向けた旧百済領の復興を進めた。また、新羅の影響力が旧百済領に広がるのを警戒して、六六五年には前都督・劉仁軌と勅使・劉仁願の主導のもと、扶余隆と新羅・文武王が対等な立場で会盟をおこない、百済―新羅間の境界が定められている。

一方、六六六年に泉蓋蘇文が死去すると、高句麗では泉蓋蘇文の息子たちのあいだで権力闘争が発生し、泉蓋蘇文の長男・男生《だんせい》が国内城に拠り唐に降伏してしまう。唐はこの機を逃さず、新羅との共同作戦で六六八年に高句麗を滅ぼした。これにより、朝鮮半島の北部・南部西岸からモンゴル高原、ソグディアナに至る広大な領域を羈縻支配する、世界史の資料集には必ず掲載される「大唐帝国」の領域が確立した。

ところが、このような「大唐帝国」の姿は、早くも六七〇年には大きく動揺する。その主たる要因は、チベット高原に本拠を置く吐蕃《とばん》の台頭である。吐蕃はチベット史上唯一の統一王朝であり、唐に臣属して六四一年に文成公主の降嫁を受けていたのだが、唐が東方進出を本格化させる六六〇年代から対外膨張を開始して、六六三年には吐谷渾の唐の傀儡政権を滅ぼしている。これはもちろん、唐との全面対決を引き起こすことになり、六七〇年に吐蕃が亀茲《クチャ》の安西都護府を陥落させると、唐は高句麗遠征で活躍した薛仁貴《せつじんき》・郭待封《かくたいふう》らを投入して吐蕃を征討するが、同年八月までに烏海《うかい》〜大非川《だいひがわ》間の戦いに敗れたことで、吐谷渾の地は完全に吐蕃に併合されてしまう。さらに、安西都護府も亀茲から西州への後退を余儀なくされ、唐の西域支配は頓挫した。

その後、六七三年から六七五年にかけて唐は安西四鎮を回復するが、六七六年に吐蕃は唐への攻撃を再開し、翌六七七年には再度安西都護府を攻撃した。唐は東方から李謹行・劉仁軌らを派遣して、六七八年七月には一旦吐蕃軍を撃破したが、九月には唐軍は青海の上《ほとり》で吐蕃に敗れてしまう。翌六七九年には、裴行倹《はいこうけん》が西突厥の阿史那《あしな》都支を捕縛して四鎮を回復したのだが、吐蕃は六八〇年に安戎城を陥落させ、雲南方面の諸勢力を臣属させるなど、広大な支配地域を有する大帝国へと成長した。

突厥の復興――大唐帝国の崩壊

吐蕃が唐と肩を並べる大帝国に成長したのと前後して、六三〇年に一度唐に滅ぼされ、羈縻支配を受け唐の遠征に動員されていた突厥遺民が唐に反旗を翻した。まず六七九年には、かつて突厥第一帝

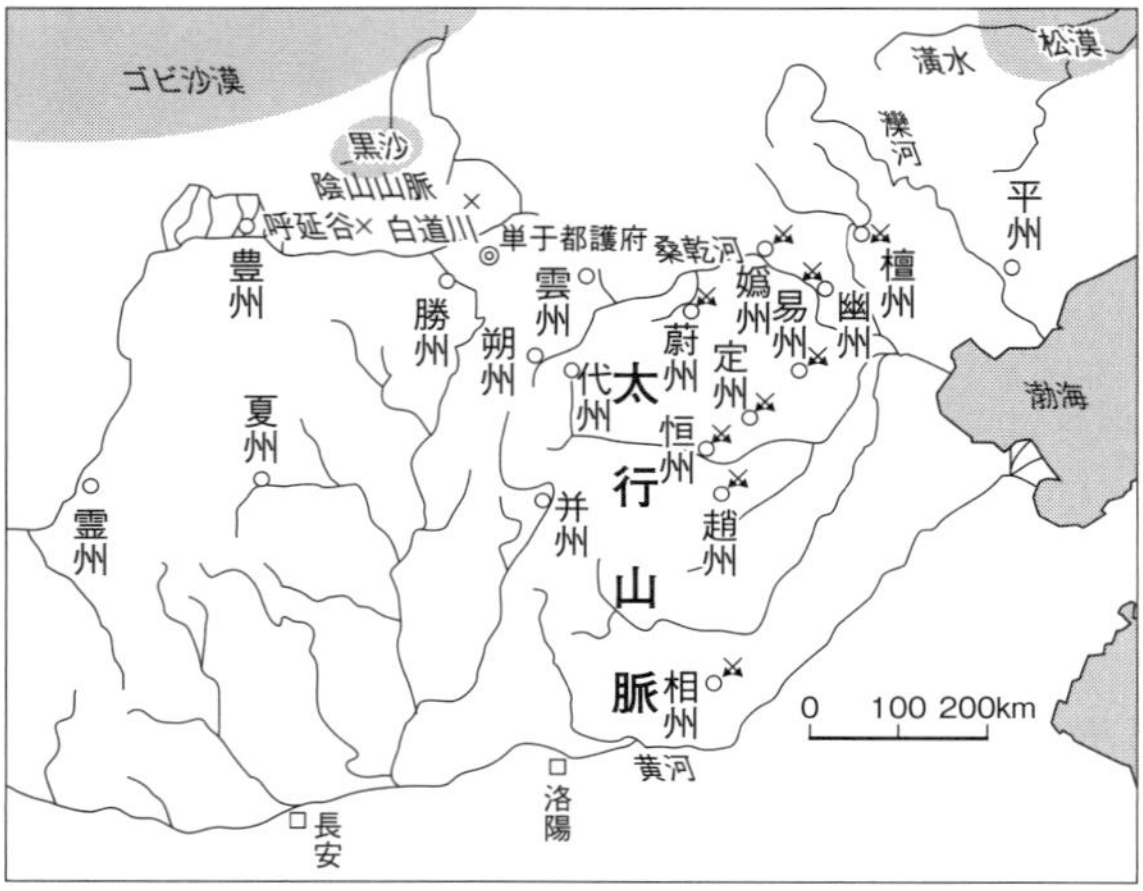

図32　698年の突厥の侵攻　原図：鈴木宏節「唐代漢南における突厥可汗国の復興と展開」（『東洋史研究』70－1、2011）47頁「⚔」は突厥の攻撃を受けた州

国・頡利《けつり》可汗の本拠が置かれていた定襄《ていじょう》都督府の地で、旧王族の阿史那泥孰匐《でいじゅくふく》を擁立した反乱が発生して、一時は唐を圧倒する勢いを見せるが、唐は西突厥遠征から帰還した裴行倹に三十万の大軍を授けることで、翌年ようやく鎮圧に成功する。ところがその直後（六八〇～六八一年）には、頡利可汗の近親の阿史那伏念を擁立してふたたび反乱が発生しており、この反乱も唐に鎮圧されるのだが、六八二年には阿史那骨咄禄《クトゥルグ》が阿史徳《あしとく》元珍（三代の可汗に仕えた武人宰相、暾欲谷《トニュクク》）の援助を得て、ついに突厥帝国（突厥第二帝国）の復興に成功し、翌六八三年には唐の単于《ぜんう》都護府を陥落させた。

復興した突厥帝国は、漠南の陰山山脈北側にあり、突厥碑文に「黒い沙漠《カラ＝クム》」とある「黒沙」を本拠としていたが、六八六～六八七年には故地の漠北を回復して、オルホン河からオテュケン山（ハンガイ山脈あるいはその一部と推定される、テュルク諸族の聖なる山）地方に拠点を移し、骨咄禄ははじめて頡跌利施《エルテリシュ》可汗（国民《エル》を集めたる可汗）と称した。

六九一年に頡跌利施可汗が死去すると、弟の黙啜可汗《カプガン》が即位する。前述のように、突厥は回復した漠北の故地に本拠を移していたが、黙啜可汗時代には黒沙《カラ＝クム》に南の牙庭を置いていたことが確認できるように、突厥第二帝国は、農牧接壌地帯である漠南の拠点もひきつづき維持・経営していた。黙啜可汗はこの漠南支配を背景に、武周革命で国号を周と改めて即位した則天武后に対して攻勢に出る。まず六九七年には、契丹討伐の見返りとして周から突厥遺民四千戸を返還させ、あわせて大量の種子と農具を得ることで、漠南の生産力向上を図り、つづいて翌六九八年には、則天武后が黙啜可汗の娘と唐皇室李氏の皇子との婚姻を拒否したことに反発して、漢人の閻知微《えんちび》を「南面可汗」に冊立し、華北平原の奥深く、黄河近くの相州まで大挙侵入している。

このような「漠南に誕生して漠北に勢力を拡大し、漠南と漠北を併せて領有した」突厥第二帝国の存在は、南の農耕王朝と北の遊牧王朝が一体化して誕生した「大唐帝国」の時代を、完全に崩壊させたといえる。特に、六三〇年以降の唐の膨張が、華北から漠南に広がる農牧接壌地帯の一元的支配と、羈縻支配下にある遊牧諸族の軍事力により達成されたことからすれば、突厥第二帝国が少なくとも黙啜可汗時代まで漠南を維持しつづけたことは、約五十年間つづいた「大唐帝国」の崩壊を象徴する重要な事実であろう。

唐羅戦争の開始時点と倭国

以上に提示した「大唐帝国」の崩壊過程は、唐の北方・西方との関係を根本的に変動させた契機なのであるが、同時に東方の朝鮮半島・日本列島との関係も、六六八年の高句麗の滅亡を画期として大きく変化したことに注意しなければならない。特に、日本史の視点からは、この「大唐帝国」の崩壊過程が、そのまま倭国＝日本の律令制導入期に相当していることは見逃せない事実である。そのため、七〇一年の大宝令を画期とする律令国家日本や、石母田正により「東夷の小帝国」と規定された同時期の新羅との外交関係が、どのような経緯で確立していくのかということは、重要な問題点となると思われる。

その際に、まず念頭に置かなければならないのは、この「大唐帝国」の崩壊過程は、同時に統一新羅の成立期にも相当していることである。高句麗の滅亡後、新羅は唐の勢力を駆逐して朝鮮半島の中南部を統一し、倭国にもさかんに使者を派遣していたのだが、同時期の倭国＝日本は約三十年間遣唐使を派遣していない一方で、律令制下日本の文物・制度のなかには朝鮮半島の影響を見て取ることができる。そのため、倭国＝日本と統一新羅との関係は、改めて確認すべき論点であろう。

以上の点に関しては、唐羅戦争（新羅の半島中南部統一戦争）を中心に古畑徹・盧泰敦の優れた研究が存在しているので、両者の研究を参照しながら、高句麗滅亡後の倭国—新羅関係を概観していきたい。

『日本書紀』によれば、新羅は六六八年九月に級飡《きゅうさん》（十七階中九位）の金東厳を倭国に派遣している。これは、六五六年以来十二年ぶりの新羅遣倭国使であると同時に、以後の三十二年間に二十回（送使を除く）もの新羅からの使者が派遣されているように、倭国＝日本と新羅との関係が大きく改善する転換点である。

この使者の倭国派遣に関して注目しなければならないのは、高句麗王都・平壌の陥落が同じく六六八年九月であり、金東厳一行は高句麗滅亡以前に倭国に派遣されているということと、翌六六九年五月に、新羅は唐に「謝罪使」として角干《かくかん》(十七階中一位)の金欽純と波珍飡《はちんさん》(同四位)の金良図を派遣していることである。唐羅戦争がいつ開始されたのかということは、これまでも議論されてきたのだが、近年では韓昇・盧泰敦・拝根興らの研究により、新羅による旧百済領への侵攻は六六九年五月以前のことであり、これに関係して新羅の「謝罪使」が派遣されたと想定されている。これは妥当な想定といえる。新羅は高句麗の滅亡前から旧百済領への侵攻を計画していたので、それまで対立関係にある倭国に使者を派遣して、後方の安全を確認したうえで侵攻を実施したのであろう。

唐羅戦争の展開過程と吐蕃

六六九年に開始された唐羅戦争は、六七〇年に入ると本格化して、旧高句麗領でも唐軍と新羅・高句麗復興連合軍との戦闘がおこなわれた。旧高句麗領での戦いは最終的には唐軍の勝利に終わり、六七二年七月には高侃《こうかん》・李謹行率いる唐軍が平壌に進駐しているのだが、旧百済領での戦いは新羅軍が優勢を維持していた。これに対して、唐は烏海~大非川間の戦いの敗将・薛仁貴を再登用して鶏林道《けいりんどう》行軍総管とし、熊津都督府を救援させたのだが、六七一年六月に石城で新羅軍に大敗した。七月には薛仁貴は文武王に書簡(致書文書)を送り、さらに十一月には倭国に郭務悰《かくむそう》を派遣して事態の打開を図るが、新羅は翌六七二年に所夫里郡(旧百済王都・泗沘か)に総管を置き、旧百済領の本格統治を開始している。

しかし、六七三年に入ると唐軍が旧高句麗領から南下して攻勢を強め、六七四年正月には唐は文武王の官爵を削り、在唐していた王弟金仁問を新たに新羅王に冊立して、劉仁軌を鶏林道大総管とする遠征軍を派遣した。これにより新羅は苦境に立たされたのだが、遠征軍は大きな戦果を挙げることができず、六七五年に文武王が高宗に上表・謝罪したことで、唐は文武王を再冊封して、唐羅間の戦闘は事実上終結した。

ところが、唐は文武王の再冊封の際、官爵を下げて再冊封しており、また六七六年に安東都護府を遼東に移転した際にも、同時に移転した熊津都督府の都督に旧百済太子・扶余隆を任命するなど、唐は新羅の旧百済領領有を認めてはいない。実際、六七八年には唐・高宗が「未ダ即チ順《したが》ハザル」新羅への征討を計画するが、張文瓘《ちょうぶんかん》の諫言により中止されたことが見えており、唐は新羅遠征も断念したわけではないのである。また、六七五年から七〇〇年までのあいだに見える新羅遣唐使がわずか三度であることから考えても、古畑徹が指摘するように、唐―新羅関係は潜在的な対立関係として推移したと思われる。

なお、唐が新羅に新たな遠征軍を派遣していないのは、対吐蕃・突厥関係を中心とする国際情勢の悪化が原因であることはまちがいない。再度の新羅征討が計画された六七八年の時点では、唐は安西四鎮をめぐり吐蕃に大規模な征討軍を派遣していたが、前述のように同年九月に青海の戦いで吐蕃に敗れたため、唐は対外政策の見直しを迫られていた。さらに、六八二年には突厥第二帝国が復興したため、唐は漠南の農牧接壌地帯を失い、朝鮮半島への軍事介入能力を喪失したことに加え、菅沼愛語・山内晋次が指摘する通り、主要な将軍も北方・西方戦線に回されていた。その意味で、六六八年以降の統一新羅の成立過程は、唐の全盛期の終焉＝「大唐帝国」の崩壊過程と重ね合わせることで、東部ユーラシアの歴史展開のなかに位置づけることが可能といえる。

新羅使の「請政」と耽羅

唐羅戦争の過程を以上のように考えるのであれば、六六八年以降の倭国＝日本―新羅関係が、倭国＝日本を上位として展開してきた理由も容易に説明可能となる。唐羅戦争の終結後も唐―新羅関係が改善しておらず、両者が潜在的な対立関係にあるとすれば、新羅は背後に位置する倭国＝日本に対して低姿勢を取り、相互関係を良好に保ちつづけなければならない。白村江の戦いの勝者である新羅が、敗者であるはずの倭国に「服属」しているのは、このような国際関係が背景に存在していたからであり、この点が「東夷の小帝国」としての倭国＝日本を生み出した、大きな条件の一つということができる。

七世紀末における新羅の「服属」を象徴するのは、新羅王子の倭国への派遣と、新羅使による「請政」である。特に後者は「国政ヲ奏請ス」とも記されているように、新羅政治上の重要案件を伝達したと考えられており、六七六年の沙飡《ささん》（十七階中八位）金清平、六八五年の波珍飡（同四位）金智祥と韓阿飡《かんあさん》（同五位）金健勲、六八七年の王子金霜林、六九五年の王子金良琳と、合計四度にわたりおこなわれた。また、これとは別に六七三年には韓阿飡金承元、六七五年には王子金忠元がそれぞれ派遣されており、韓阿飡以上の官位が一般には新羅王族に対して賜与されることから考えても、これらの使節は当時の新羅が倭国との関係を重視していたことを示すといえる。

では、新羅による「請政」の内容としては、どのような案件が考えられるであろうか。この点に関して古畑徹は、それまで宗主国への国政報告とされてきた「請政」を、形式的に倭国を上位とした対倭外交上の特使と理解したうえで、新羅は唐羅戦争時の自国支持や、小高句麗国（高句麗貴族安勝を王として金馬渚《きんばしょ》〔全羅北道益山市〕に置かれた新羅の傀儡政権）併合の承認などを求めたとしている。この指摘には首肯できる部分もあり、新羅外交の自主性を重視した見解としても重要なのであるが、新羅による小高句麗国の併合は六八三年であり、六八五・六八七両年の「請政」以前の出来事であるうえに、六九五年の「請政」については明確な理由は与えられていない。また新羅の傀儡政権である小高句麗国の併合を、なぜ倭国に承認してもらう必要があるのかという疑問点も残されている。

そこで、新羅による「請政」の主たる内容は、新羅の耽羅《たんら》（済州島）併合に関わる問題と考えてみたい。耽羅はもともと百済に服属していたが、六六〇年の百済滅亡以降は生き残りをかけて倭国に接近しており、倭国からも耽羅に使者が派遣されているように、歴史的にも地理的にも、小高句麗国よりもはるかに倭国の影響力が強い。さらに、新羅は小高句麗国の遣倭国使には送使を附して、小高句麗国の独自外交を制限しているのだが、耽羅の遣倭国使に対しては送使を附しておらず、耽羅の独自外交を制限できていない。当然ながら、新羅が耽羅を併合するためには、倭国の承認を得なければならないはずである。

耽羅問題からみた倭国—新羅関係

七世紀後半の倭国—新羅関係を耽羅問題から概観すれば、以下の五期に細分できる。

（1）六六八～六七二　倭国―新羅関係再開

この期間は、唐羅戦争の勃発期であり、新羅が陸域の旧百済領を接収していく時期に相当する。前述の通り、新羅は唐羅戦争の開始に先立ち倭国に使者を派遣しているのだが、その後「請政」はおこなわず、高位の使者も派遣していない。

（2）六七三～六七九　新羅「請政」その一　耽羅服属

この期間には、新羅が耽羅服属に先立ち倭国の介入を排除するために、倭国に高位の使者を何度も派遣して「請政」をおこない、最終的には六七九年に耽羅に使者を派遣して服属させている。またこの期間には、耽羅も国王自らが来倭するなど、積極的な対倭国外交を展開していたが、倭国は耽羅問題に不介入の方針を採りつづけた。

（3）六八四～六八八　新羅「請政」その二　耽羅問題再燃

この期間では、六八四年に倭国が耽羅に使者を派遣したことにより、耽羅問題が再燃する。六八四年には倭国は新羅・小高句麗にも使者を派遣しているので、耽羅との関係を特に重視したわけではないと思われるのだが、倭国が耽羅を外交相手とみなしたことは、新羅を刺激したはずである。これに対して新羅は、六八五・六八七両年に倭国に「請政」をおこない、再燃した耽羅問題は一旦は解決した。

（4）六九三～六九五　新羅「請政」その三　耽羅問題再々燃

この期間では、六九三年に耽羅が倭国に使者を派遣したことにより、耽羅問題が再々燃する。この時も新羅は、六九五年に倭国に「請政」をおこない、耽羅問題を解決している。

（5）六九七～　耽羅服属の安定化

この期間以降では、新羅が倭国に「請政」をおこなうことはなくなり、倭国―耽羅間に外交関係が結ばれることもなくなる。これは、新羅による耽羅の服属が安定したためであり、新羅が倭国に対して低姿勢で外交をおこなう要因が一つ解消されたともいえる。

なお、新羅による耽羅の服属が安定化したということは、統一新羅が倭国＝日本と同様の、独自の国際秩序を持ち「蕃国」からの「服属」を受ける「小帝国」としての内実を整えたことを意味している。六七〇年に新羅が小高句麗国王・安勝を高句麗王に冊封したことも含めて、東部ユーラシアには倭国＝日本以外にも「小帝国」が複数存在したことを、改めて確認しておきたい。

唐の影響力の後退

さて、以上の倭国―新羅関係の経過と平行して注目すべき点は、唐の影響力が六六八年以前とくらべて大きく後退していることである。この点は、倭国＝日本の律令制導入にも大きく関わる問題なので、やや詳細に述べていきたい。

まず、倭国―唐関係に注目すると、六七一年正月に百済鎮将劉仁願の使者・李守真が来倭（同年七月帰国）し、二月と六月には「百済」使（熊津都督府に帰属した百済遺民か）が来倭、十一月には唐使郭務悰が白村江の戦いの捕虜・筑紫君薩野馬《つくしのきみさちやま》らを従えて来倭（翌年五月帰国）している。前後に例を見ない頻繁な交渉がおこなわれているのだが、その背景には、唐羅戦争における熊津都督府の劣勢があると考えられる。特に、郭務悰が白村江の戦いの捕虜を倭国に返還したのは、唐と倭国との関係を改善することで、唐羅戦争における劣勢の挽回をめざしたのではないかと思われる。実際、この時の外交文書の函題は「大唐皇帝敬《つつし》ミテ倭王ニ問フノ書」であり、君臣関係のなかでも相手を最大限に尊重する「皇帝敬問」の形式が使用されていることは、十分に注意しなければならないであろう。

つづいて、唐の朝鮮半島南部への軍事介入という視点に注目すると、六七二年に新羅が所夫里郡に総管を置き、旧百済領の本格統治を開始して以降は、唐羅戦争の戦場は半島北部に移行している。なお『三国史記』新羅本紀には、六七六年十一月に新羅が薛仁貴率いる唐水軍を錦江河口で撃破したことを記しているが、薛仁貴は上元年間（六七四〜六七六）に象州に流されており、薛仁貴が新羅征討軍の総管に任じられていた六七一年には、唐水軍が旧百済領に来襲していることを考えれば、古畑徹がすでに指摘しているように、六七六年の記事は六七一年の誤りとして差し支えない。

最後に、半島南部の「制海権」という問題に注目すると、田村円澄以来、六七三年から六七八年に派遣された新羅遣倭国使に送使が附されたのは、唐の水軍を警戒したためと考えられてきたのだが、七五二年来日の新羅王子金泰廉《きんたいれん》にも送使が附されているように、本国の使者に送使が附されるのは、日本使（大使である王子など）の威儀を高めるという意味もある。そのため、送使の有無のみから、新羅の制海権確立を六七八年以降と考えることはできない。前述した通り、六七六年と伝えられる錦江河口での海戦が実際には六七一年であること、六七九年には新羅が「海域の旧百済勢力圏」の耽羅を服属させていること、六七一年に来倭した郭務悰一行にも送使が附されていることからすれば、半島南部への唐の水軍の影響力は、錦江河口での海戦ですでに失われているのではないだろうか。

「天武十年の転換」論と倭国の外部環境

吉川真司は、著書『飛鳥の都』で「天武十年の転換」論を提唱した。それは、六八一年（天武十年）における律令改定の勅命と草壁立太子を画期として、それ以前の天智朝と天武朝前半を「近江令の時代」と呼び、臨戦体制のもとで律令体制が姿を現したひとつづきの時代ととらえるとともに、それ以降を、平時体制に移行して律令体制が最終的に確立した時代と考えるものである。吉川の議論は、聖徳太子・大化改新・近江令のすべてを肯定したうえで、考古学の成果も十分に取り入れて展開されており、特に公民制の創出に関しては、門脇禎二が改新否定論の立場から指摘した、蘇我本宗家の財産処分という視点を逆手に取るかたちで、大王孝徳のもとに上宮王家・蘇我本宗家・古人大兄、および押坂《おしさか》王家（中大兄）の部民が集約され、それをもとに公民制が創出されたと指摘している。この指摘は見事な解釈の転換であり、集約された部民が「全人口の何割かを占めた可能性がある」かどうかは検討されなければならないが、傾聴すべき議論であることに変わりはない。

しかし、吉川が「天武十年の転換」論を提唱するにあたり、その前後を「臨戦体制」と「平時体制」に区別したことは問題である。本書のこれまでの記述から明らかなように、朝鮮半島南部に対する唐の影響力は六七二年には大きく後退しており、唐の遠征軍が来襲する危機は早くに消滅している。六七一年に帰国した白村江の戦いの捕虜が唐軍来襲の風聞を伝えた可能性は高いのだが、天武朝では天智朝とは異なり新たな防衛体制の構築はなされていない（ただし、半島中南部の統一政権の誕生により、天智朝の防衛体制は維持されている）ので、倭国の外的環境から判断すれば、これまでの通説と同様に、天智朝と天武朝のあいだに画期を見出す必要がある。東部ユーラシア情勢の変化（六七八年の青海の戦い、六八二年の突厥第二帝国の復興）をもとにして「天武十年の転換」を想定した吉川の歴史像は、外部環境を過度に重視した考えといわなければならない。

それでは、対外的な緊張の緩和が六七二年前後（新羅は六七八年以降）とするならば、倭国による律令制の導入過程はどのように考えるべきであろうか。この問題に関しては、近江令の存在を認めるか認めないかで相異が生じる（美濃国出身の著者は、吉川が重視する乙丑年〔六六五・天智朝〕木簡は、丁丑年〔六七七・天武朝〕の誤記の可能性があることや、中央との関係が深い美濃国での特殊事例と解釈できる余地もあることから、吉川の新説には慎重な態度を取る）のだが、前述したように著者は、天智朝と天武朝とのあいだに画期を見出しているので、少なくとも近江令を重視する立場には賛成しない。倭国における律令制の導入は、対外的な緊張の有無とは必ずしも直結することなく、むしろ唐の影響力が後退するなかで本格的に進められたと考えるべきであり、六八一年の後継者草壁の立太子と、草壁を補佐するべき法典（飛鳥浄御原令《きよみはらりょう》）の編纂開始に関しても、六七九年の「吉野の盟約」で天武の皇子たちの序列が定められたことの延長として位置づけられるのではないだろうか。

日唐比較から日羅・日済比較へ

律令国家日本の成立に関して見逃せない点はもう一つある。それは、統一新羅との共通性である。これまでも、飛鳥浄御原令制下の木簡の年紀記載の方式が、朝鮮半島や中国の南北朝時代の記載方式と一致している（ただし、大宝令制下では唐と共通する記載方法になる）ことや、六八四年に制定された八色《やくさ》の姓《かばね》と、神文王代（六八一〜六九二）に成立した新羅の骨品《こっぴん》制が同時並行的に制定されたことが指摘されてきたのだが、じつは外交儀礼の面からも、日本列島と朝鮮半島との共通性を提示できるのである。

倭国段階の外交儀礼の特徴は、大王が出御していない儀礼空間で、使旨を使者から四人の大夫が受けて大臣（または大臣に相当する人物）に伝達し、別の儀礼でその使旨が大王に伝達されるというものである。これは、推古朝および乙巳の変の史料から確認できるのであるが、六八六年には新羅使に対する迎接のため、川内《かわち》王と大伴安麻呂・藤原大嶋・境部鯯魚《このしろ》・穂積蟲麻呂《むしまろ》の四人を筑紫に派遣したことが見えている。そのため、倭国段階の儀礼体系は、少なくとも六八六年までは維持されていたことになるのだが、律令制下の外交儀礼は、唐と同様に天皇が使者の前に出御して挙行されている（次章参照）ように、倭国段階の外交儀礼とは大きく異なり、唐の外交儀礼との共通点が増加している。

一方、統一新羅の外交儀礼は、六八九年に来倭した新羅の弔使への詔において、前年の遣新羅使（天武の告喪使）に対する「奉勅人」の官位が、翳飡《えいさん》（十七階中二位）から蘇判《そはん》（同三位）に引き下げられたことを非難しているように、倭国同様に王が直接使旨を受けることはなく、翳飡ないし蘇判という臣下（宰相相当）が使旨を受けている。ところが、六九八年には「日本国使至ル。王、崇礼殿《すうれいでん》ニ引見ス」とあるように、倭国＝日本と同様の、王が使者の前に姿を現す儀礼に変化している。

このように、倭国＝日本の外交儀礼の変遷と、統一新羅の外交儀礼の変遷は、時期的にも内容的にも共通しているのであるが、これは単なる外交儀礼の変化にとどまらず、その背景にある政務体系の変化の共通性をも示唆している。その意味で、いささか大胆な提言ではあるが、律令国家日本と統一新羅は、唐の全盛期の終焉過程のなかから生み出された、一連の「小帝国」と考えられるのではないだろうか。統一新羅の諸制度については、日本とは異なり体系的な律令法典を編纂していないため、必ずしも重視されてはいないのであるが、韓国で百済・新羅木簡の発見があいついでいる現状からすれば、日羅・日済比較という研究手法は今後、これまで律令法を中心に進められてきた日唐比較のように、重要性を高めていくと思われる。

第五章　律令国家日本と東部ユーラシア

1　律令国家日本と「帝国」

「帝国」とは何か

歴史学で使用する述語（学術用語）のなかには、一見すると自明のようでありながら、じつは定義が非常に困難なものも存在している。本書のここまでの議論では特に断りなく使用してきた「帝国」も、その一つに数えられる。それでは、歴史上数多く存在したであろう帝国とは、歴史学ではどのように定義できるのであろうか。

著者が大学での講義の際、試みに受講した学生にこの問題を解答させたところ、何も説明を附さない場合には、ほとんどの学生が「皇帝が統治する国家」と解答していた。しかし、この解答は誤りである。なぜなら、イギリスのビクトリア女王はインドの Empress の地位に就いているが、大英帝国 British Empire 自体には「皇帝」は存在していないからである。言い換えれば、ある国家が帝国であるためには、国家元首の称号が皇帝や天皇である必要はなく、王や公、贊普《ツエンポ》（吐蕃の君主号）や可汗《カガン》、大統領や国家主席などでもまったく問題がないといえる。また、国家の統治体制に注目したとしても、吉村忠典が指摘するように、ローマ帝国の支配の主体は共和制の「ローマ国民」なので、国家の統治体制は帝国としての指標にはならないのである。

この問題はもちろん、容易に解答を出すことはできないのであるが、それでもこれまでに何種類かの帝国の定義・規定がなされている。二つほど紹介しよう。

①「そのときどきの時代状況において基礎単位となる複数の共同体・部族……政権・国家などをこえて、その上に立つ統合的な権力、およびそれが中核となってつくられる関係・勢力圏・秩序」

②「歴史的には、エンパイアの特質は――日本の諸辞典における「帝国」の説明とは反対に――支配の主体が「エンペラー」と称するところにあるのではなく、むしろ支配の客体が、主体の外部にある複数の「国ぐに」（さまざまな種類の政治集団）であるところにある」

①はモンゴル史の杉山正明、②はローマ史の吉村忠典による文章である。いずれも帝国の特質として、自らの外部にある複数の集団を支配するところに重きを置き、内部の基礎単位における構成要素は問題としていない。これが、現在の歴史学が導き出した、最大公約数としての帝国の定義であろう。

すべての国家は帝国たりえる

一方で、前掲①や②のような定義や規定には、注意しなければならない点が存在する。それは、時代・地域を問わず、歴史上存在した帝国を幅広く対象としているためか、相当数の国家や勢力が、この帝国の定義や規定に合致してしまうことである。言い換えれば、歴史上存在した国家や勢力は、その多くが帝国ということになるのだが、このような理解は、通常想定されるような歴史像とは異なるので、即座に受け入れるには困難があるかもしれない。そこで、まずはつぎの文章に注目したい。

国民国家の形成をめざす王朝などというものはない……。すべての王朝は、無限の拡張を目指す……。王朝は栄えれば栄えるほど、ひとつのネーションではなく、雑多な要素をますます多く抱え込んだ帝国となってしまう……。

これは、山下範久『世界システム論で読む日本』六四頁に引用されている、ヨーロッパ近世の絶対王制国家について述べたV・G・キアナンの文章（原文は英語。翻訳は山下）である。キアナンの議論は、山下が「帝国は、領土的実体によって定義されるものではなく、その行動のパターン、ふるまいによって定義される」（傍点は原文）と指摘しているように、帝国たるにふさわしい領土的広がりを有していなくとも、帝国として行動している国家や勢力であれば、帝国としてとらえるべきというものである。

じつは、同様の考え方は、石母田正の「古代の帝国主義」という概念のなかにも含まれている。石母田は、松本新八郎が提唱した「世界帝国」という概念では、未だ「世界帝国」たるにふさわしい領土的広がりを有していない、ポエニ戦争期のローマやカルタゴなどの帝国主義戦争が除外されてしまうとして、新たに「古代の帝国主義」という概念を提唱することで、倭国＝日本による朝鮮半島への出兵も帝国主義戦争と位置づけている。

もちろん石母田の議論では、一九六二年に自らが提唱した「東夷の小帝国」論との関連もあり、帝国の特質としては、外部にある複数の集団を実体的に支配していたことが重視されている。しかし、石母田は「すべての古代国家は……一定の歴史的条件のもとでは帝国主義に転化する可能性を内包している」とも述べており、キアナンと同様に、帝国への志向（他民族の抑圧）を国家の基本的な性格として認めている。言い換えれば、すべての国家は帝国たりえるというのである。歴史上存在した国家や勢力の多くが帝国であるという前掲①や②のような理解は、このキアナンや石母田の指摘を媒介にすれば、受け入れやすくなるのではないだろうか。

ミツキの貢納を求める帝国

以上のように、多くの国家が帝国たることを志向しており、相応の領土的広がりを欠くにもかかわらず帝国として行動していたと考えることは、倭国＝日本や新羅・渤海などの周辺諸勢力が有する「帝国性」に注目することを意味している。これは、中心―周辺関係の相対化をめざす東部ユーラシアという枠組みにも合致することではあるが、帝国として行動していた周辺諸勢力の支配構造や国際秩序を支える原理は、中心（の一つ）に位置している中国王朝のものとは、必ずしも一致しないことに注意しなければならない。

具体例を挙げてみよう。中国王朝の国際秩序は、中国皇帝と周辺諸勢力君長との君臣関係を基本に構成されており、その君臣関係は、中国皇帝が周辺君長に対して、中国国内の臣下に対するものと同様の詔勅（慰労詔書《いろうしょうしょ》・論事勅書《ろんじちょくしょ》）を発給する一方で、周辺君長は中国皇帝に対して、中国国内の臣下が皇帝に奉るものと同様の「表」を奉るというかたちで表現されていた。この国際秩序は、中国皇帝が周辺君長に中国の官爵を授ける「冊封《さくほう》」という行為が象徴的に示すように、中国王朝国内における皇帝と臣下との君臣関係を外部にも適用したものであり、周辺君長は中国国内の臣下と同様の存在として扱われている。

しかし、倭国の国際秩序は、中国王朝のものとはまったく異なる構造である。倭国の国際秩序は、君臣関係を基本とするのではなく、倭国国内における服属儀礼の貢進物「ミツキ」の貢納により表現されている。例えば、倭国国内の首長（国造など）からの貢進物は「東国之調《みつき》」などと呼ばれているのだが、加耶諸国や百済・新羅の王から倭王へと贈られた進物も「調《みつき》」と表現されており、倭国国内の上下関係が適用されている。そして、貢納されたミツキに欠少などの問題が生じた場合は、倭王への服属の義務が果たされていないことになるので、倭国は使者の入京前に難波などの客館であらかじめ調物《みつぎもの》の検査をおこない、もし具備していなければ返却して再提出を命じていた（前章第二節参照）。

このような構造を前提とすれば、加耶諸国の滅亡以降、倭国が加耶諸国を滅ぼした新羅に対して執拗に「任那の調」を求めていた（前章第一節参照）ことも、容易に理解できるであろう。この「任那の調」とは、かつての加耶諸国、特に旧金官国四邑からの貢納品であり、倭王への服属の証としての「ミツキ」に相当するので、半島の諸勢力を「服属」させる「帝国」としての倭国には不可欠の要素である。そして、律令国家日本の成立後も、ミツキの貢納は「帝国」の一要件でありつづけており、新羅使が「調」を「土毛」（その土地の産物）と改めた際には、日本側は新羅使を入京させず大宰府から放還している。

八世紀日本の国際秩序

このように、倭国が中国王朝とは異なる国際秩序を設定していたことに関しては、これまでの議論では、倭国の「帝国」の「矮小性」を示すものととらえられてきた。それは、従来の「東アジア」という枠組みにおいては、強大な勢力を有していたとされる中国王朝の秩序のみを帝国の基準としてきたからなのであるが、複数の国際秩序の併存を想定する「東部ユーラシア」という枠組みでは、このような理解は成立しない。倭国独自の国際秩序の存在は、それが倭国国内の支配秩序の延長として設定されているかぎり、中国王朝が設定した国際秩序と本質的には同等であり、倭国自体も（ふさわしい領土的広がりを持つかどうかは別として）十全たる帝国として考えなければならない。

ただし、倭国独自の国際秩序は、律令制を導入して以降の日本の国際秩序とまったく同一ではない、ということには注意する必要がある。国内の支配秩序の延長として国際秩序が設定されているのであれば、国内の支配秩序に律令制導入というかたちでの変化が生じた後は、国際秩序にも何らかの影響が生じているはずであり、実際これまでの議論では、八世紀以降の日本が中国的な国際秩序を本格的に受け入れたことが指摘されている。そこで、以下では八世紀日本の国際秩序を、外交文書と外交儀礼の双方から分析することで、倭国段階や中国王朝の国際秩序との差異を提示していきたい。

まず、外交文書に関しては議論はわりあい単純である。なぜなら、倭国段階では外交文書は原則として使用されておらず、朝鮮諸国とのあいだの政治的な意思伝達は口頭でおこなわれていたのだが、律令制の導入以降は、中国王朝と同様に原則として外交文書（慰労詔書）が使用されているからであ

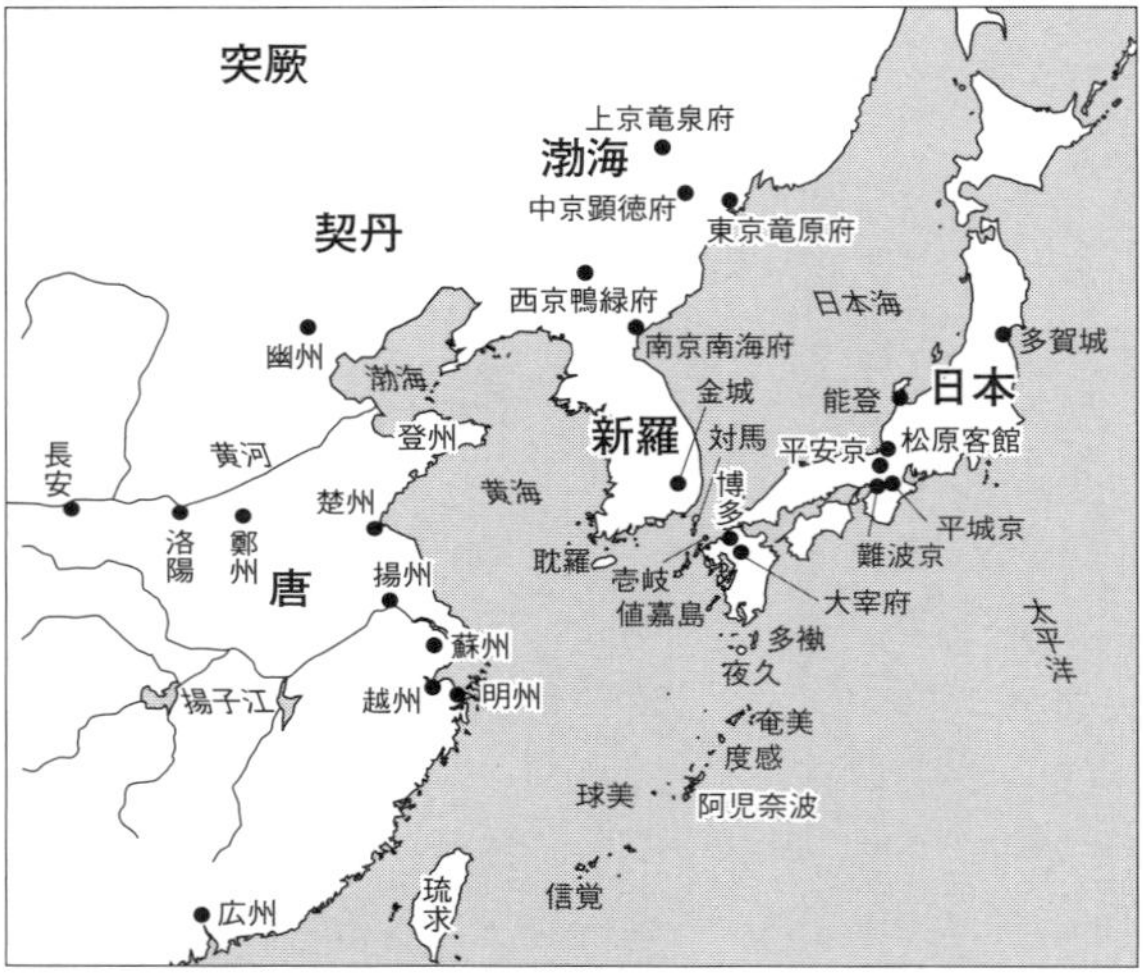

図33　８世紀東アジア地図　原図：新日本古典文学大系本『続日本紀』１（岩波書店、1989）472頁

る。これは当然、中国的な国際秩序の受容と評価するべきものであり、しかも新羅だけではなく、七二七年にはじめて使節を日本に派遣してきた渤海に対しても同様に、中国王朝が使用したのと同じ様式である慰労詔書を使用していたことは、日本は新羅や渤海との関係を、中国王朝と周辺諸勢力との関係と同じく君臣関係として設定したことになる。また、八世紀の日本は新羅・渤海両国に対して「表」の提出（上表）をくりかえし要求しているのだが、この「表」も周辺君長から中国皇帝に対して奉られる文書様式であるので、日本は自らの君主（天皇）を中国皇帝と同等の地位に置いていることになる。もちろん新羅も渤海も、日本に対しては最後まで表は提出していないので、日本が設定した（対外的な）国際秩序は貫徹したとはいえないのであるが、律令国家日本が中国王朝同様の「帝国」を志向していたことはまちがいない。

八世紀日本の外交儀礼と隋〜唐前半期の外交儀礼

ところが、外交儀礼の議論は複雑である。八世紀日本の外交儀礼は以下の通りである。

A　難波で飾船による迎船をおこなう（瀬戸内海経由の場合）。
B　入京時に飾馬による郊労をおこない、使者を鴻臚館《こうろかん》に安置する。
C　朝庭での元日朝賀（正月在京の場合）。天皇出御、使者も参列。
D　朝庭での拝朝《はいちょう》の儀。天皇出御。外交文書（持参していれば）・信物が提出される。使者が天皇に奏上をおこない、天皇が返詔を発する。
E　朝庭での宴会。天皇出御。使者への叙位、国王・使者への賜禄がおこなわれる。終了後に宮内で公卿が使者と公式の面会をおこなう。
F　鴻臚館に勅使を派遣して外交文書を授与し、使者は帰国する。

この外交儀礼は、倭国段階の外交儀礼と比較すると、天皇が蕃国の使者の前に出御して挙行される（第四章第三節参照）ことや、同じく天皇が出御しておこなわれる元日朝賀に蕃国の使者が参列していることなど、大きな差異が存在する。そしてこの外交儀礼の体系は、つぎに再掲する隋〜唐前半期での周辺諸勢力に対する外交儀礼（第二章第三節参照）と共通する部分が多いことから、唐の外交儀礼を体系的に導入した結果と考えられてきた。

①到着地で蕃国王・使者を迎接。つづいて一行（の一部）を入京させる。
②入京時に蕃国王・使者を迎接。つづいて鴻臚館で皇帝との謁見日程を伝達。
③宮内で蕃国王・使者が皇帝と謁見。原則として全官人参加。使者入朝時には外交文書・信物が提出され、皇帝は中書侍郎を介して外交文書を受ける。つづいて皇帝は中書舎人を介して使者に蕃国王以下の起居（安否）を問い、使者は回答する。
④日を改めて宮内で宴会。皇帝出御。蕃国王入朝時には信物が提出される。皇帝からの返礼物を授与する。蕃国王や使者に官職を授与することもある。
⑤さらに日を改め、鴻臚館に勅使を派遣して蕃国王・使者に外交文書を授与する。

しかし、八世紀日本の外交儀礼は、隋〜唐前半期の外交儀礼と儀礼の手順ではおおむね一致しているのだが、儀礼の挙行方法には大きな差異が存在する。特に問題となるのは、Dの朝庭での拝朝の儀（唐では③に相当）における使者から天皇への奏上である。唐の儀礼においても使者から皇帝への奏上はなされるのだが、その奏上は蕃国王以下の起居を問う皇帝の詔への返答でしかなく、中国王朝と周辺諸勢力との君臣関係は、あくまで外交文書（表）の提出により表現されていたのである。

新羅・渤海使からの奏上と「仕奉観念」

これに対して、八世紀日本の拝朝の儀では、使者から天皇への奏上と天皇からの返詔が独自の意味を有していた。代表的なところで、七五二年に来日した新羅王子金泰廉と、七七六年に来日した渤海使史都蒙の事例を見ておきたい。

α　新羅王子金泰廉等拝朝シ、幷ビニ調《みつき》ヲ貢ズ。因リテ奏シテ曰ハク、……新羅国ハ、遠朝ヨリ始メテ、世々絶エズ、舟檝《かぢな》並メ連ネテ、来リテ国家（＝天皇）ニ奉ル。……詔シテ報ジテ曰ハク、新羅国、遠朝ヨリ始メテ、世々絶エズ、国家ニ供奉ス。……

β　渤海使史都蒙等、方物ヲ貢ズ。奏シテ曰ハク、渤海国王、遠世ヨリ始メテ、供奉スルコト絶エズ。……詔シテ曰ハク、……遠ツ天皇《すめろき》ノ御世々々、年緒《としのお》落チズ間《あいだ》ム事無ク、仕奉《つかへまつ》リ来ル業《わざ》トナモ念《おもほ》シ行ス。……

この儀礼では、先に新羅使・渤海使から天皇に対して、自国が日本に「服属」している旨の奏上が口頭でなされ、それを受けて天皇が「服属」を嘉《よみ》する返詔を宣することで、日本と新羅・渤海との上下関係が確認されている。そして、この奏上と返詔で表現されている上下関係は、いずれも「遠朝」や「遠世」から代々天皇に供奉してきたという、いわゆる「仕奉観念」によるものであり、君臣関係ではないことに注意する必要がある。

仕奉観念とは、氏《うじ》の名を持つ人びとが大王に対して「ツカヘマツル」意識であり、大化前代の支配構造を支えた理念であると同時に、律令制下でも基層意識として存在した。仕奉観念の典型例は、大伴氏や中臣氏のような負名氏《なおいのうじ》であり、氏の始祖がある大王の代にある職掌により奉仕することで氏の名を賜り、以後代々の大王に同じ職掌と氏の名で奉仕する（譜代性の重視）ことにより、大王との政治的関係を保持していた（稲荷山鉄剣銘に見える「上祖」の記述や、百人一首の「名にし負はば」の和歌は、この仕奉観念と関係する）。そして、氏の名こそ賜与されていないが、この仕奉観念は倭国段階の外交関係にも適用されて、倭国の「帝国」としての側面を支える理念として機能していた。例えば、六八九年に来倭した新羅使金道那に対して発せられた詔は、以下の通りである。

γ　……又タ新羅、元来《もとより》奏シテ云ハク、我国、日本ノ遠ツ皇祖《みおや》ノ代ヨリ、舳ヲ並ベテ句《かぢ》ヲ干サズ、奉仕ノ国ナリ、ト。……又タ奏シテ云ハク、日本ノ遠ツ皇祖《みおや》ノ代ヨリ、清キ白《あきら》カナル心ヲ以テ仕《つか》ヘ奉《たてまつ》ル、ト。……

この詔で表明されている「服属」の論理は、明らかにα・βと同様、譜代性を重視する仕奉観念である（この詔の背景は、第四章第三節参照）。

つまり、八世紀日本の拝朝の儀では、使者からの奏上と天皇の返詔を通じて、倭国段階と同様に仕奉観念による「服属」が表明されていたことになる。

対外的な国際秩序と対内的な国際秩序

このように考えるならば、八世紀日本の国際秩序は、外交文書に関しては慰労詔書の使用に象徴されるように、君臣関係の設定が新たに開始されたにもかかわらず、外交儀礼に関しては倭国段階と同様、仕奉観念による「服属」の表現がつづいていたことになる。言い換えれば、八世紀の日本には二種類の国際秩序が併存していたことになるのだが、律令制下における拝朝の儀は「大儀」とされ、倭国段階の儀礼とは異なり官人全体が参加していることから考えれば、外交儀礼で提示された仕奉観念による国際秩序は、対外的に表明されたものというよりは、新羅・渤海の「服属」を国内の臣下に示すという、対内的な性格が強いものといえる。八世紀日本の拝朝の儀では、中国王朝の外交儀礼とは逆に、先に新羅使・渤海使からの奏上がなされ、それを受けて天皇の詔が発せられているのだが、これは新羅使・渤海使からの奏上が、儀礼に参列している国内の臣下に対して、仕奉観念による両国の「服属」を象徴的に示すものとして重視されていたためであろう。

ところで、八世紀日本の拝朝の儀において、新羅と渤海が同様に扱われていたことには注意を要する。なぜなら、新羅は倭国段階・律令制下を通じて、倭国＝日本に外交文書を持参したことは一度もないため、外交意思を伝達するためには口頭による奏上をおこなう必要があるのであるが、七二七年に新たに日本との通交を開始した渤海は、当初から外交文書として上長に奉じる様式の「啓」を持参しているので、あえて口頭による奏上をおこなう必要はない。むしろ、律令制下日本が「中国王朝と同様の」帝国を志向するのであれば、仕奉観念による「服属」の伝統のない渤海との関係は、中国王朝と同様に君臣関係で表現しなければならないはずである。ところが、実際には渤海に対しても新羅と同様に、使者からの奏上と天皇の返詔による儀礼がおこなわれたということは、律令制下の日本は国内の臣下に対して、渤海の「服属」をも意図的に仕奉観念で表現していたことになる。

以上のように、八世紀の日本が設定した国際秩序は、対外的には中国王朝と同様に、新羅・渤海との君臣関係を基軸としたものであるが、対内的には倭国段階にひきつづき、譜代性を重視する仕奉観念に基づく貢納・奉仕関係で説明されていた。これは、倭国段階では仕奉観念に依拠してきた国内の支配秩序に、律令制の導入というかたちで中国的な君臣関係の原理が持ち込まれたことが大きく関係していると思われるのであるが、このような対外的な面と対内的な面との乖離こそが、倭国段階とも中国の方式とも異なる、律令制下日本の「帝国」としての大きな特徴ということができる。

始祖伝承の創出と仕奉観念

八世紀日本の拝朝の儀において、仕奉観念による「服属」が表明されていたことに関しては、いまひとつ重要な論点が存在する。それは、新羅と渤海の「始祖伝承」の問題である。仕奉観念とは、氏の始祖がある大王の代にある職掌により奉仕することで氏の名を賜り、以後代々の大王に同じ職掌と同じ氏の名により奉仕する、という理念なのであるから、現在の新羅王と渤海王が現在の天皇に「服属」することを正当化するためには、仕奉観念の起点である氏の始祖に相当する、過去の大王（天皇）に「服属」した過去の新羅王・渤海王の存在と、その「服属」の由来（始祖伝承）が不可欠なのである。

新羅に関しては、神功皇后伝承がその役割を果たしていたことは疑いない。神功皇后伝承とは、仲哀天皇の皇后である神功皇后が、神託に従い新羅を征伐して以降、新羅が種々の調《みつき》を貢納したという物語であり、八世紀でも「新羅国ノ来リテ朝庭《みかど》ニ奉《つかへまつ》ルハ、気長足媛《おきながたらしひめ》皇太后（神功皇后）ノ彼ノ国ヲ平定セシヨリ始リテ、以テ今ニ至ルマデ、我ガ番屛ト為ル」との詔が発せられている（七五二年、新羅王子金泰廉に対して）ように、新羅が倭国＝日本に「服属」した起源として位置づけられている。

ところが、七二七年にはじめて日本との通交を開始した渤海とのあいだには、当然ながら神功皇后伝承のような「始祖伝承」は存在していないので、そのままでは仕奉観念は有効に機能しないことになる。そこで、日本側が注目したのが「渤海高句麗継承国意識」である。渤海高句麗継承国意識とは、渤海を強国・高句麗の継承国と位置づけるものであり、渤海国内の支配秩序を構成する理念の一つと考えられるのだが、日本は渤海を「かつての付庸国である高句麗の後継者」と位置づけることで、渤海高句麗継承国意識を仕奉観念の「始祖伝承」として利用していた。つまり、日本は渤海を「高句麗の後継者として、かつての高句麗同様に」天皇に「服属」するべき存在とみなしていたのである。

なお、渤海高句麗継承国意識自体に注目すると、渤海が高句麗を継承した存在であるという点（事実認識の段階）では日本側も渤海側も認識は一致しているのだが、その意味づけ（解釈の段階）においては両者の認識は正反対である。

渤海でも渤海高句麗継承国意識が倭国＝日本の仕奉観念と同様に、独自の国際秩序としても機能した可能性がある（特に対靺鞨《まつかつ》諸族）ことを考えると、このような現象は、互いに「帝国」である複数の勢力が有していた複数の種類の国際秩序が、意図的か否かはともかくとして、相互に誤解をはらみながらも併存していた事例と考えられるのではないだろうか。

2 日本と新羅の相克

三者鼎立の国際関係（1）唐―突厥関係

ではつづいて、律令国家日本の「帝国」としての側面を念頭に置きながら、八・九世紀における東部ユーラシアの具体的な歴史展開を提示していきたい。この時期の東部ユーラシアの国際関係は、序章で提示した玄宗朝の事例が典型的に示しているように、唯一の超大国・大唐帝国の膨張過程から、唐―突厥《とっけつ》（のち回鶻《ウイグル》）―吐蕃《とばん》という複数の大帝国の鼎立関係に転換しており、その周辺には新羅・日本や、六九八年に成立した渤海など、必ずしも十分な領土的広がりを持たない「小帝国」としての諸勢力が位置していた。

これら諸勢力の相互関係のうち、基軸となるのは唐―突厥関係と唐―吐蕃関係（突厥―吐蕃関係は史料の残存状況が悪く、不明な点が多い）である。まず、唐―突厥関係の推移を見ていくと、前章第三節ですでに述べたように、六八二年の突厥第二帝国の復興により「大唐帝国」が崩壊した後、六九八年には突厥・黙啜《カプガン》可汗が漢人の閻知微《えんちび》を「南面可汗」に冊立し、漠南の農牧接壌地帯の支配を基盤として華北平原に大挙侵入した。このような突厥優位の南北関係は七〇六年ごろまで継続するが、七〇八年以降には黠戛斯《キルギス》をはじめとする支配下諸族の反乱があいついだことや、張仁愿《ちょうじんげん》が黄河大湾曲部以北に東・中・西の三つの受降城を築き、漠南における唐の勢力を回復したことにより、南北関係は再度逆転する。七一一年以降、黙啜可汗は唐公主の降嫁を受けることで事態の打開を図り、唐の衣冠を着け「臣」と自称して唐の使者を迎え、唐に臣従する態度を示したのだが、最終的には突厥内部の混乱により降嫁は実現しないまま、七一六年に黙啜可汗は戦死する。

黙啜可汗の死去後は、初代頡跌利施《エルテリシュ》可汗の子・毗伽《ビルゲ》可汗が即位するが、黙啜可汗の直系子孫を奉じ

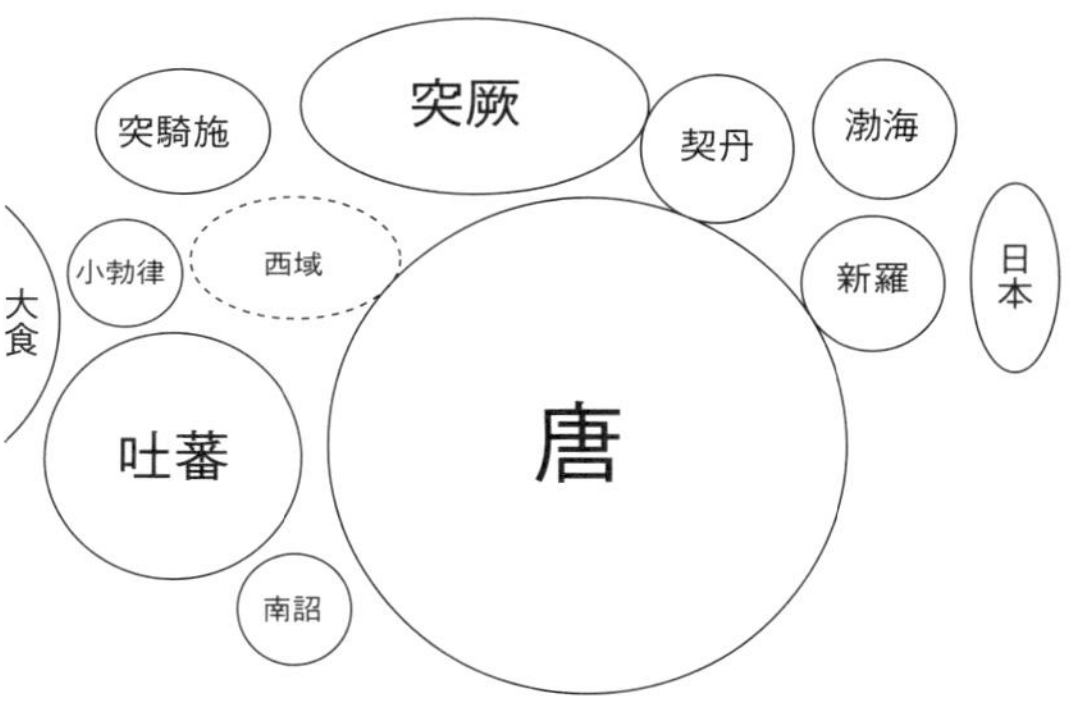

図34　8世紀前半の東部ユーラシアの概略図　原図：菅沼愛語「八世紀前半の唐：突厥：吐蕃を中心とする国際情勢」（『史窓』67、2010）2頁

るブグチョル集団との対立を抱えていたため、毗伽可汗時代には南方の唐との全面的な対決は極力回避され、絹馬交易を重視する融和策が採用された。七二〇年に大規模な唐の突厥遠征が失敗した際も、毗伽可汗は唐に対して攻勢には出ず、玄宗と父子関係を結んで唐公主の降嫁を求めたが、唐は突厥の強大化を恐れて公主降嫁を拒否したうえで、第一帝国時代に突厥に臣属していた契丹と奚《けい》に対しては、李姓を賜与して公主を降嫁し、突厥を牽制しつづけた。そのため、以後の唐—突厥関係は唐優位のもとで展開することになり、七三四年に毗伽可汗が毒殺された後は、ブグチョル集団が台頭して内紛が激化したので、突厥の勢力は衰退する。七四一年には登利《テングリ》可汗が唐に臣下の礼を表明するに至り、七四四年に回鶻の骨咄禄毗伽闕《クトゥルグビルゲキョル》可汗が自立

することで、突厥第二帝国は滅亡した。

三者鼎立の国際関係（2）唐―吐蕃関係

一方、玄宗朝における唐の格付けでは第一位であり、唐がもっとも対策に苦慮した西方の吐蕃との関係では、七一〇年に金城公主が吐蕃賛普のチデツクツェンに降嫁したのだが、七一二年に吐蕃が公主の化粧料という名目で肥沃な河西九曲の地（保安河・煖泉河流域）を獲得すると、以降は唐に対する軍事行動と平行して、対等外交・盟約の締結・国境の画定を要求した。しかし、七二〇年以降唐―突厥関係が安定すると、唐は吐蕃との戦闘に注力するようになり、七二七年に突厥・毗伽可汗が吐蕃からの外交文書（瓜州挟撃の提案）を玄宗に献上し、西受降城での互市《ごし》（交易）を認められると、孤立した吐蕃は苦境に立たされることになる。そのため吐蕃は、唐との対等関係は認められないまま、七三〇年から七三一年にかけて唐と盟約を結び、青海の東の赤嶺《せきれい》（日月山。農耕社会と遊牧社会の境界）を国境とした。ところが、七三六年に吐蕃がパミール高原の南麓にある小勃律《ギルギット》を攻略したことから、唐と吐蕃の盟約は破られることになり、唐は赤嶺に建てられた盟約の碑文を破壊し、南詔王や康国王・史国王などを冊立して吐蕃を孤立させると、七四〇年に雲南の安戎城を六十年ぶりに奪還して、七四七年には小勃律を攻略して帰順させるなど、吐蕃との戦闘を優位に進めていく。

このように、安史の乱発生（七五五年）以前の東部ユーラシアの国際関係は、唐―突厥―吐蕃の三者鼎立関係を中心に理解することができるのだが、安史の乱以降の国際関係と比較すると、基本的には唐の優位のもとで国際関係が展開していたことは重要である。突厥が何度か唐に臣下の礼を示したことや、吐蕃が要求した唐との対等関係が認められていないことに加えて、擬制親族関係においても唐—突厥間が父子関係、唐—吐蕃間が舅甥関係であるように、唐が尊属の地位を維持していることにも注意したい。ただし、唐—吐蕃間の舅甥関係での唐の尊属としての地位は、安史の乱以降は無実化することや、安史の乱以降の唐後半期を越えて、第二次南北朝時代に重要な役割を果たす「盟約」が登場していることは、押さえておくべき重要な事項である。

日羅関係の悪化と王城国事件

このような東部ユーラシアの国際関係のなかで、日本律令国家は前節で述べたように、新羅と渤海を「服属」させる「帝国」としての体制を整えていた。しかし、前章第三節でも言及した通り、白村江の戦いの勝者である新羅が倭国に「服属」したのは、唐羅戦争による唐との関係の悪化や、耽羅《たんら》の服属に関する問題など、国際情勢が倭国有利に作用したからである。そのため、八世紀に入りその国際関係に変化が生じると、日本に対する新羅の「服属」も大きく変質していき、最終的には日羅関係の断絶にまで至るのである。

ただし、これまで考えられてきた日羅関係の悪化過程には大きな問題がある。日羅関係が決定的に悪化した画期としては、七三五年に発生した王城国事件が重視されてきたが、この王城国事件に関する従来の解釈は再検討の必要がある。そのことを述べる前に、まずは王城国事件の以前から、関係の断絶に至る日羅関係を提示しておきたい。

奈良時代の日羅関係は、新羅が日本への「服属」を拒否して対等関係を求めるようになると、次第に悪化していく。七二二年に新羅が「日本ノ賊ノ路《みち》ヲ遮ル」ために毛伐郡城を築城したことや、七三一年に「日本国兵船三百艘」が新羅の東辺を襲い、撃退されたことを伝える『三国史記』の記事は、日羅間の軍事的緊張の高まりを示すと考えられてきた。一方日本側では、同じ七三一年に治安維持を目的とした惣管《そうかん》・鎮撫使《ちんぶし》が設置され、翌七三二年には節度使を任命して軍事体制を強化しているが、これは同年九月に渤海が山東半島の登州《とうしゅう》を攻撃した事件に象徴される、東アジアの軍事的緊張への対応と評価されている。この七三二年に来日した新羅使は、以後の来日間隔（年期）を三年一貢とすることを奏請して認められているが、七三五年には、来日した新羅使が入朝の旨を問われた際、自国を「王城国」と称したため放還される事件（王城国事件）が発生する。

王城国事件の発生以降は、日本・新羅双方とも相手方の使者を放還しつづけていく。七五二年に新羅王子金泰廉が来日すると、日羅間の緊張は一時的に緩和するのだが、翌七五三年に遣新羅使の小野田守が放還されると、ふたたび日羅間に深刻な対立が発生する。七五五年に発生した安史の乱の情報が、渤海に派遣された小野田守により日本にもたらされると、藤原仲麻呂（恵美押勝）政権は節度使を設置して新羅征討を計画するが、征討は実施されないまま仲麻呂政権は瓦解してしまう。その後も日羅関係は好転することなく、七七九年に来日した使者を最後として、新羅の遣日本使は完全に途絶することになる。

王城国事件の真相

このように、従来の見解では、天平年間（七二九〜）に日羅関係が悪化したと考えられており、そのなかでも王城国事件は、関係の決定的な悪化を象徴する事件として重視されてきた。王城国事件に関しては、①日本側が新羅使の「入朝之旨」を尋問した初例であり、②かつ尋問の結果新羅使を放還した初例でもあり、③渤海の登州入寇や日本の節度使設置など、東アジアにおける軍事的緊張の高まりを背景とする、などの点が指摘されているのだが、このうち①・②については、七三〇年代にはすでに日本側による新羅使の「資格審査体制」が確立していたことを示しており、七六〇年以降の新羅使が日本側から「入朝之由」を問われ、放還されつづけたことの先蹤《せんしょう》として重視されてきた。

しかし、王城国事件は、日本側が新羅使の「入朝之旨」を尋問した結果生じた事件ではありえない。この時の新羅使は、七三四年の十二月に来日、翌七三五年の二月十七日に入京しているが、王城国事件が発生したのは二月二十七日であり、使者の入京十一日目のことである。この日、中納言多治《たじ》比県守《ひのあがたもり》が兵部曹司に派遣され、新羅使の「入朝之旨」を問うたことが『続日本紀』には見えているが、仮に七六〇年以降と同様の審査体制がすでに確立していたならば、新羅使の「入朝之旨」は来日時に大宰府で問われるはずである（使者の入京前でなければ資格審査の意味がないはず）。しかも、入京十一日目というのは、通常は一連の外交儀礼がほぼ終了した時点である。例えば、七三二年の新羅使の場合では、入京十一日目には使者への宴会（前節儀礼体系のE）がおこなわれ、その際に三年一貢の年期奏請が認められている。つまり、王城国事件が発生した二月二十七日は、本来は新羅使の「入朝之旨」を問う場などではありえないのである。

それでは、王城国事件はどのような場で発生したのであろうか。ここでは前節儀礼体系のEに見えるように、使者への宴会の終了後、宮内で公卿が使者と公式の面会をおこなうことに注意したい。例えば、七〇九年には右大臣藤原不比等が新羅使を弁官庁に招いているのだが、これと同様に七三五年の事例でも、中納言多治比県守が新羅使を兵部曹司に招いて面会をおこなう場が設けられていたはずである。このように考えると、王城国事件の際の新羅使は、日本側から「入朝之旨」を問われることなく通常の外交儀礼を受けていたのだが、その最後におこなわれた多治比県守との面会の場で、自国を「王城国」と称したため、日本側の誤解と反感を買い放還された、と理解しなければならないであろう。

日羅関係の真の悪化時点は

以上のように、王城国事件が発生した七三五年の時点においても、日本側は新羅使を資格審査なしで入京させ、通常の儀礼を挙行していたとするならば、王城国事件に関するこれまでの理解のうち、①と②は撤回せざるをえなくなり、③も再検討を余儀なくされる。まず、①と②に関しては、王城国事件を日本側による「入朝之旨」尋問の初例とみなすことができないのであれば、尋問の初例は七六〇年にまで下ることに注意したい。つまり、七六〇年以降に見られる日本側の厳格な資格審査と、その結果としての新羅使の放還という現象は、八世紀前半には遡らないことになる。

また、七三五年の時点においても日本側が新羅使を資格審査なしで入京させていたということは、日羅関係の本格的な悪化は王城国事件以降と考えざるをえなくなるので、③のように東アジアの軍事的緊張と日羅関係の悪化を単純に連動させることは不可能になる。もちろん、七三二年の節度使の設置は注意すべき事項なのであるが、節度使は早くも七三四年には停止されていることや、この時節度使により整えられた防衛体制は、七五九年にはすでに弛緩していたこと、そもそも統一新羅の誕生後には、百済・新羅併存期よりも恒常的な沿岸防衛体制の必要性が高いことから考えるならば、七三二年の節度使の設置は、日羅関係悪化の画期として過度に評価することはできないであろう。

それでは、日羅関係が本格的に悪化したのはどの時点なのであろうか。ここで画期として提示したいのは、七三六年に派遣され、七三七年に帰国した日本遣新羅使である。この使者は『万葉集』に多くの和歌が残されていることや、帰途に天然痘に罹患して大使が対馬で死去したことなどで有名であるが、より重要な点は、帰国後に「新羅国、常ノ礼ヲ失ヒ、使ヒノ旨ヲ受ケズ」と上奏しているように、この使者が新羅から放還されていることである。そして、日本側はこれを受け、官人を内裏に召して意見を述べさせ、また意見の表を上《たてまつ》らせるなど、即座に対応策を検討しており、しかもこの時に出された意見のなかには、仲麻呂政権下と同様の「兵ヲ発シテ征伐ヲ加ヘヨ」というものも見える。ただし、鈴木拓也が説くように、天然痘の流行で左大臣藤原武智麻呂以下多数の公卿が死去して、藤原四子政権自体が崩壊したことや、全人口の何割かが失われて、軍団兵士制も一時辺要国以外は停止を余儀なくされたこと、そして大仏の造立などのため、実際の新羅征討計画は、東北の版図拡大策とともに、聖武の死去・仲麻呂政権の成立まで待つことになる。

新羅の外交方針の転換

この七三六年の遣新羅使が日羅関係悪化の画期となりえるもう一つの理由は、七五二年に来日した新羅王子金泰廉に対する詔では、日本側は日羅関係悪化の画期をこの遣新羅使に求めていることである。その部分を以下に示す。

而ルニ前王承慶（孝成王）・大夫思恭（上大等金思恭）等、言行怠慢ニシテ、恒《つね》ノ礼ヲ闕失ス。…
…今、彼ノ王軒英（景徳王）、前ノ過ヲ改メ悔イテ、親《みづか》ラ庭《みかど》ニ来《まゐ》ルコトヲ冀《こひねが》フ。

ここで少し注意が必要なのは、孝成王の即位は『三国史記』では七三七年二月と記されているが、これは中国史料（聖徳王の死去が伝えられた時点か）に依拠したものと想定できるので、実際の即位は七三六年後半とみなすことができる。つまり、七三七年正月に帰国した日本遣新羅使は、即位直後の孝成王により放還されたことになる。

では、この時の日本遣新羅使はなぜ新羅に放還されたのであろうか。残念ながら直接的な理由は『続日本紀』にも『三国史記』にも見えないので、推測に頼らざるをえないのであるが、七〇六年に日本が慰労詔書の使用を開始して以降、新羅国内で外交上の問題が発生したのは、この時の日本遣新羅使がはじめてであり、しかもこの時点で新羅が「常ノ礼ヲ失ヒ」とされているからには、少なくとも新羅がこの時、何らかのかたちで新羅優位となる変更を施したことはまちがいない。そして、新羅が施した変更としてもっとも可能性が高いのは、慰労詔書の伝達場面を中心とした、外交儀礼での面位・拝礼などをめぐる問題であろう。

前述のように、遣新羅使は「新羅国、常ノ礼ヲ失ヒ、使ヒノ旨ヲ受ケズ」と上奏しているのだが、ここでいう「使ヒノ旨」とは、遣新羅使が新羅側に伝達するものなので、口頭伝達を併用している可能性はあるにせよ、七〇六年から使用されている外交文書としての慰労詔書とみなければならない。さらに、第二章第三節で述べたように、慰労詔書の伝達に際しては天使南面不拝・蕃国王北面起立拝礼を原則としており、しかも前章第三節で明示したように、六九八年以降の新羅の外交儀礼は王が出御する形式に変化しているので、第二次南北朝時代の外交儀礼と同様に、新羅王と日本遣新羅使の面位・拝不拝・立座は争礼の対象となるはずである。日本との対等関係を志向していた新羅が、この外交儀礼を何らかのかたちで自国優位に改変することは、当然想定しなければならないであろう。

ただし残念なことに、新羅の外交儀礼の詳細を語る史料はない。そのため、この時点でどのような礼式の改定がおこなわれたのかは不明なのであるが、第二章と第三章で考察した、第一次・第二次南北朝時代に見られたさまざまな便法、すなわち南宋のように蕃主南面で受け取る儀礼や、高麗のように蕃主西面で受け取る儀礼、そして第一次南北朝時代のように客館で受け取る儀礼などが採用されていないことは明白である。このような便法を採用すれば、相互の体面をそれほど損なわずに外交意思の伝達が可能になるはずなのだが、結果として「使ヒノ旨ヲ受ケズ」という事態に至るということは、あるいは新羅側が慰労詔書の受け取りを拒否した、という可能性も考えなければならない。

このような想定をおこなうのは、専使としての日本遣新羅使が七五三年の小野田守以降途絶するからである。これは、新羅遣日本使の途絶（七七九年の金蘭蓀《きんらんそん》以降）に先立つ出来事であるので、新羅による日本遣新羅使の拒否も日羅関係悪化の重要な要因と考えられる。その一方で、日本の遣新羅使は、太政官牒のみ持参する送使（遣唐使遭難時の保護依頼）であれば、新羅遣日本使途絶以降の九世紀にも派遣されており、紀三津《きのみつ》の事例のように使者そのものに不備がある場合を除き、問題なく受け入れられている。新羅は慰労詔書を持参する使者は放還するが、慰労詔書を持参しない使者（日本側史料に見えず、律令国家日本の派遣とは判断できない「日本国使」を含む）は受け入れていたのではないだろうか。

日羅関係と唐羅関係の対応

以上のように、日羅関係悪化の画期を王城国事件ではなく、七三六年に派遣された日本遣新羅使に対する新羅側の礼式変更に求めるとすれば、その背景には七三五年の浿江《ばいこう》（大同江）以南の割譲を想定しなければならない。これは、七三〇年に契丹の可突于《かとつう》が契丹王を弑殺して、奚とともに突厥に臣属したことに端を発する唐東北辺境の動乱のなか、七三二年に渤海が唐の登州に入寇したことに対して、北方経営を志向する新羅が唐とともに渤海を征討するなど、積極的に唐を援助したことへの見返りである。

この浿江以南の割譲は、これまでも唐羅関係改善の画期として重視されてきた。しかしここでは、浿江以南の割譲が決定したのが七三五年三月（新羅遣唐使の帰国時）であり、王城国事件（七三五年二月）と日本遣新羅使の派遣（七三六年）のあいだに相当していることに注目したい。そもそも、統一新羅が倭国＝日本に「服属」していたのは、唐羅戦争による対唐関係の悪化などが原因であるので、渤海と唐の対立を背景に唐羅関係が改善することになれば、石井正敏も指摘するように、日羅関係の推移にも大きく影響してくるはずである。唐による浿江以南の割譲の報を伝えられた新王・孝成王が、唐羅関係の改善を背景として、日本との対等関係を志向したことは容易に想定できる。

さらに、七三五年以降の唐羅関係は順調に推移しており、新羅はほぼ毎年遣唐使を派遣するなどして、唐との関係の強化に努めていることにも注意したい。唐羅関係が順調に推移しているかぎりは、新羅が日本に「服属」する特段の理由も存在せず、渤海との対立関係も優位に進めることができる。実際、唐末に発生した新羅と渤海の争長事件《そうちょうじけん》（席次をめぐる対立）においても、新羅は渤海の上位を墨守できているのだから、唐羅関係の強化は、浿江以南の割譲以降の新羅外交を支えた重要な戦略といえる。また、新羅末期に後百済・後高句麗（のち高麗）が自立して、後三国時代に突入した後でも、新羅が日本に使者を派遣することは一度もないのだが、これは唐羅関係改善後の日羅関係の重要性の低下を明確に示すものということができる。

3　君臣関係拒否の諸相

安史の乱から三国会盟へ

東部ユーラシアの国際関係は、七五五年に発生した安史の乱を境に大きく変動する。安史の乱とは、范陽《はんよう》節度使の安禄山が史思明らとともに唐に反旗を翻した事件であり、唐が回鶻・吐蕃など周辺諸勢力に対する優位を喪失した画期でもある。

七五五年十一月、幽州（現在の北京）に本拠を置く安禄山は、玄宗の側近・楊国忠（楊貴妃の一族）を除くと称して蜂起し、洛陽を陥落させる。翌七五六年正月、安禄山が大燕聖武皇帝として即位すると、哥舒翰《かじよかん》が安禄山討伐に派遣されるが敗退し、玄宗は蜀へ落ち延びる。また、皇太子李亨は朔方節度使の郭子儀らに迎えられ、西北辺境の霊武で粛宗として即位し、七五七年には子の広平王李俶（後の代宗）に命じて、回鶻の太子・葉護《ヤブグ》と兄弟の約を結ばせ、回鶻の援軍とともに長安と洛陽を回復した。七五八年には粛宗の実娘・寧国公主が回鶻可汗の磨延啜《まえんてつ》に降嫁するが、翌七五九年には磨延啜は急逝する。その間、七六〇年には史思明は体制を立て直し、洛陽の奪還に成功している。

七六二年の四月に入ると、唐では太上皇玄宗・皇帝粛宗があいついで死去して、代宗が即位したが、八月には史朝義の援軍要請を受けた回鶻の牟羽《ぼうう》可汗が、唐を侵略するため大挙南下する。ところが、回鶻の可敦《カトン》（可汗の正妃）の父である僕固懐恩《ぼくこかいおん》が牟羽可汗の説得に成功したので、回鶻は唐に味方することになり、代宗の子の雍王李适《りかつ》（後の徳宗）とともに洛陽を回復する。翌七六三年正月に史朝義は幽州で自殺して、安史の乱は終息した。

一方、安史の乱平定のため、唐の河西・隴右の軍勢が東へ移動したのと前後して、吐蕃は勢力を東漸させ、七六三年にはわずか十五日間ではあるが、長安を占領して傀儡政権を樹立することに成功する。以後、代宗朝を通じて唐と吐蕃の戦闘がくりかえされたが、徳宗は即位当初は吐蕃との和平を進めていき、七八三年の建中会盟で賀蘭山《がらんさん》・弾箏峡《だんそうきよう》・清水《せいすい》などを国境と定め、同年に朱泚《しゆせい》の乱が勃発すると、徳宗は安西四鎮と北庭《ビシユバリク》の割譲を条件として吐蕃に援軍を求めた。しかし、吐蕃軍が長安奪回以前に撤退したことから、徳宗は安西四鎮と北庭の割譲を撤回して、宰相李泌《りひつ》の献策に基づいて吐蕃

図35　唐—回鶻—吐蕃の三国会盟　原図：森安孝夫『シルクロードと唐帝国』（講談社、2007）353頁

包囲網を形成する。まず七八八年には回鶻の天親可汗に実娘の咸安公主を降嫁したのにつづき、七九四年には吐蕃に服属していた南詔を離反させ、異《い》牟尋《ぼうじん》を南詔王に冊立することで吐蕃を孤立させた。これにより、吐蕃の対外攻勢は停滞を余儀なくされた。

また吐蕃は、七六四年に涼州を占領して以降、唐本国と西域を結ぶ河西回廊の攻略を進め、七八六年には敦煌を陥落させ河西回廊を完全に掌握した。しかし、七八九年から七九二年の北庭争奪戦では回鶻に敗れ、吐蕃の勢力はタリム盆地南辺（西域南道）からの北上を阻まれた。

そして、八二一年から八二二年にかけて、唐—吐蕃間で長慶会盟が締結されると、同時期に回鶻—吐蕃間でも盟約が結ばれて、それまでの唐—回鶻間の連携とあわせて、唐―回鶻―吐蕃の三国会盟が成立することになる。

南詔が設定した国際秩序

以上のように、安史の乱以前では唐の相対的な優位のもとで展開していた東部ユーラシアの外交関係は、唐の勢力の後退と回鶻・吐蕃の勢力伸張により、大きく変貌を遂げている。もちろん、唐は回鶻や吐蕃に対しても、安史の乱以前と同様に慰労詔書や論事勅書を発給しつづけており、第二次南北朝時代のように致書文書を使用してはいないので、自らを中心とする一元的な国際秩序は放棄していないことになるのだが、周辺諸勢力からの外交文書や、周辺諸勢力内部での外交儀礼に注目すると、唐が設定した国際秩序が貫徹していない事例が、意外に多く存在したことが判明する。

このうち、回鶻や吐蕃との関係はよく知られているのだが、雲南に本拠を置く南詔との関係はあまり知られていないと思われるので、まずは唐―南詔関係から見ていきたい。南詔は七五〇年に唐から離反して吐蕃に接近し、吐蕃から贊普鐘《ツエンポ》（吐蕃王の弟）に冊立されるが、七九四年には唐の冊封を受け、再び吐蕃と敵対した。ただし、この時点での冊立儀礼では、唐使は南面、南詔王以下は北面しており、王以下が唐使に拝礼舞踏するなど、唐の秩序が南詔国内でも貫徹したことが確認できる。

しかし、八四〇年代以降に吐蕃が衰退すると、唐は南詔に対する優遇政策を放棄する。そのため、南詔王は皇帝を自称して四川方面などに遠征をくりかえすとともに、唐に対して対等関係を要求していく。黄巣の乱により長安が陥落する前年の八七九年には、南詔王は唐の大使と抗礼（対等の礼）で会見して、副使以下を拝礼させることに成功した。さらに南詔は、唐との兄弟ないし舅甥関係を要求して、唐への上表を拒否していたが、翌八八〇年には、唐は南詔への公主降嫁（舅甥関係）と「不称臣」を認めており、七九四年段階とはまったく異なる唐―南詔関係が確立することになる。

この唐―南詔関係における外交文書と外交儀礼は、以下の通りと推定される。

外交文書……唐→南詔は「皇帝舅敬問驃信（南詔の王号）外甥」ではじまる慰労詔書。南詔→唐は様式は不明（表ではない）だが、臣とは自称せず、臣下の礼は示さない。

外交儀礼……南詔国内では、唐の大使は南詔王と抗礼、または拝礼をおこなう。副使以下は拝礼をおこなう。唐国内では、従来通り唐の外交儀礼に従う。

一見してわかる通り、唐が設定した国際秩序が貫徹していないというよりは、南詔が設定した国際秩序を唐が一部（外交文書での臣との自称の拒否、外交儀礼での王と大使の抗礼など）容認していたという方が、実態に近いのではと思われる。

日渤関係と唐―回鶻・吐蕃関係

このような唐―南詔関係は、南詔が唐との兄弟ないし舅甥関係を要求していたことからすれば、唐―回鶻・吐蕃関係を前提に成立したと考えることができる。まず、唐―回鶻関係は兄弟関係であり、可汗は皇帝の実娘の降嫁を受けていた。七五七年に寧国公主が降嫁した際には、回鶻可汗は皇帝の娘婿であることを理由に起立拝礼させられているが、八一三年には可汗は座礼で唐使を迎えており、副使の殷侑《いんゆう》が可汗への拝礼を拒否したことが特記されていることから推測すれば、大使以下は可汗に拝礼していたと考えられる。

また、唐―吐蕃関係は舅甥関係であり、文成公主・金城公主という二人の公主が吐蕃の賛普に降嫁していた。吐蕃は安史の乱以前から唐との対等関係を求めていたが、七一八年に使用したのが「仲冬極メテ寒シ。伏シテ惟《おも》フニ皇帝舅万福ナラン」ではじまる外交文書である。この外交文書の様式は表ではなく、上長に奉じる様式の「状」であり、吐蕃賛普は唐皇帝を上位に置きながらも、唐との君臣関係は拒否している。

以上のような外交文書と外交儀礼のあり方は、唐―南詔関係と基本的には同一であるのだが、これは周辺諸勢力が唐との君臣関係を拒否した例であるとともに、後述の日本―渤海関係など、周辺諸勢力間関係でも見受けられることも重要である。ただし、このすぐ後に訪れる第二次南北朝時代（盟約の時代）との関係で附言すれば、上位勢力が設定した国際秩序が貫徹していないことに関しては、唐代と第二次南北朝時代は同様であるが、唐代では第二次南北朝時代とは異なり、外交文書や外交儀礼の規定を盟約等で明文化はしていないことに注意しなければならない。

さらに、このような外交関係は、唐―回鶻・吐蕃・南詔関係にとどまらず、周辺諸勢力間関係である日本―渤海関係でも見られる。日本―渤海関係の外交文書では、日本は渤海に慰労詔書を発給したうえで、渤海に上表・称臣を要求しているのだが、渤海は日本に表を提出することはせず、上長に奉じる様式の「啓」を送ることで、日本を上位に置きながらも君臣関係は拒否している。これは、同じく上長に奉じる様式の「状」を提出することで、唐を上位としながらも君臣関係を回避した唐―吐蕃関係や、唐から「不称臣」を認められ、上表の拒否に成功した唐―南詔関係と共通している。さらに、結局成立はしていないのだが、日本―渤海関係では、日本側が日本を兄とする兄弟関係を、渤海側が渤海を舅とする舅甥関係を提示していたことも、擬制親族関係を伴う唐―回鶻・吐蕃・南詔関係と共通している。つまり、外交当事者間の勢力差が大きくなく、擬制親族関係を伴うような場合には、外交文書では下位勢力が上位勢力への上表・称臣を何らかのかたちで回避しており、外交儀礼では下位勢力の君長が上位勢力使者からの拝礼を受けるということが、東部ユーラシアでは一般的に見られる現象と考えることができる。

唐使を迎えた日本の外交儀礼

それでは逆に、外交当事者間の勢力差が無視できないほど大きい場合には、上位勢力が設定した国際秩序は下位勢力内部でも貫徹したのであろうか。第一章で紹介した西嶋定生の「冊封体制」論や「東アジア世界」論では、貫徹する（させる）ことを原則に東アジア世界の構造的連関を想定しているのだが、そのように考えることはできない。なぜなら、律令国家日本は、来日した唐の使者を自国上位の礼で迎えているからである。

日本と唐との関係は、外交文書に関しては、本居宣長以来通説とされてきた外交文書不持参説が西嶋定生・榎本淳一により否定されて以降は、日本は唐に表を提出したと考えられるようになり、一時的には「皇帝、敬《つつし》ミテ書ヲ日本国王ニ到（致カ）ス」という致書文書が送られてはいるが、全体としては日唐関係は君臣関係とみなされている。この点に関しては、特に異論を挟む余地は見当たらない。

これに対して、外交儀礼は「大沢清臣本壬生家文書」に基づいて再構成されてきた。この「大沢清臣本壬生家文書」とは、栗田寛が一八八七年十二月稿の「石上宅嗣補伝」の中で、大沢清臣邸で閲覧した壬生官務家古文書中の一編として紹介した文書であり、七七八年に来日した唐使孫興進の迎接時に、天皇が玉座を降りたことが記されている。ただしこの文書では、典故として「晋人」の「嵆《けい》仲散《ちゅうさん》」（中散大夫《ちゅうさんたいふ》の嵆叔夜《けいしゅくや》。竹林の七賢の一人）を引き、殷の湯王・周の武王の放伐を否定しているのだが、これは近世の儒学者、山崎闇斎の『湯武《とうぶ》革命論《かくめいろん》』と同様の特異な論であり、明らかに不審である。山崎闇斎の放伐否定論が「大沢清臣本壬生家文書」に基づくものではない以上は、山崎闇斎の思想の影響下で「大沢清臣本壬生家文書」が成立した（つまり、偽作）と考えざるをえないのである。

一方、正史である『続日本紀』の記述からは、唐使の迎接は、直前に派遣された日本遣唐使が唐で受けた外交儀礼に準じておこなわれたことが判明する。例えば、日本側が唐使に日本の位階を授けていることや、天皇と唐使の会見の際に唐使が「臣」と自称して「天闕《てんけつ》ニ謁ス」と奏上していること、および日本側が唐使を「卿」と称していることなどである。この記述に従えば、日本は唐の使者を自国上位の礼で迎えていることになるのだが、この唐使の迎接に関する記述は、東野治之も指摘するように自然な流れであること、また前章第一節で言及したように、推古朝に来倭した裴世清も隋の国際秩序を強要してはいないことから考えれば、あえて『続日本紀』の記述を疑う必要性はなく、日本は唐の使者を自国上位の礼で迎えていたと考えて差し支えないであろう。

異なる冊封の解釈

これに対し、同じ周辺諸勢力でも、新羅・渤海は唐が設定した国際秩序を受け入れて、王が唐使に起立拝礼していた可能性が高いと思われる。

しかし、それは唐との力関係からやむを得ず受け入れたというよりは、唐の国際秩序を積極的に受け入れることを通じて、自らが理想とする外交関係や国際秩序を一定程度実現させていたと考えるべきではないだろうか。前章第二節において、百済に旧加耶地域を奪われた新羅が六四八年以降唐に接近する際に、独自の年号と官服を廃止したことを述べたのだが、これは周辺諸勢力が唐の国際秩序を積極的に利用した好例といえるであろう。

このように考えるならば、唐皇帝が周辺諸勢力君長に対しておこなう「冊封」も、周辺諸勢力の視点から再検討する必要が生じてくるのだが、一方では金子修一が指摘するように、唐による冊立が、第三国（例えば、契丹）を討伐する際に、被冊立国（例えば、突厥）を唐側に引きつける手段として利用されたことにも注目したい。これは、主体的か否かを問わず、周辺諸勢力側の事情で冊封がおこなわれる場合だけではなく、唐側の事情で冊立がおこなわれる場合も存在することを示している。東部ユーラシアにおいて「複数の種類の国際秩序の併存」という状況を想定するのであれば、冊封という一つの「秩序」を示す行為も、複数の主体により異なる解釈を付される可能性を考えなければならないであろう。

4 「帝国」日本の変質

回鶻と吐蕃の崩壊

九世紀の東部ユーラシアは、唐―回鶻―吐蕃の三国会盟が形成されたことにより、前半期には相対的な安定期を迎えるが、八四〇年代に入ると、回鶻と吐蕃があいついで崩壊したことにより、国際関係は大きく変動していく。まず回鶻については、八三九年に宰相堀羅勿《キュレビル》が彰信可汗を殺害するという内紛が発生したのにつづき、翌八四〇年には反宰相派の将軍が黠戛斯《キルギス》と手を結んで新可汗以下を殺害している が、この時、オルホン河畔の回鶻可汗の牙帳オルドゥバリク（カラバルガスン遺跡）も焼失して、約百年つづいた回鶻帝国は瓦解した。その後、回鶻遺民はモンゴル高原を脱出したが、唐の辺境に南下した集団は唐に受け入れられず、最終的には撃破されてしまう。しかし、西方をめざした集団は東部天山地方に落ち着き、焉耆《カラシャール》を首都とした西ウイグル王国を誕生させ、別の一派は吐蕃の崩壊後に河西回廊へ進出して、甘州回鶻王国を建国している。

つづいて吐蕃については、八四一年に賛普のチックデッツェンが宰相に暗殺され、ダルマが賛普に擁立されたが、仏教を弾圧したため仏教勢力に暗殺されてしまう。その後、国内の勢力は二分してしまい、八四三年にダルマの二子がそれぞれ賛普として即位した結果、チベット史上唯一の統一政権である吐蕃は分裂・崩壊することになる。その直後になるが、吐蕃に占領されていた敦煌では、八四八年に張議潮が吐蕃勢力を駆逐して唐に帰順し、張議潮は後に唐から帰義軍節度使に任命されている。

この回鶻と吐蕃の崩壊は、東部ユーラシアの三大勢力のうちの二つが崩壊したことを意味するので、当時の国際関係全体を大きく変動させたことは疑いない。しかし、この変動が柔然・突厥や契丹・金の崩壊と大きく異なる点は、回鶻と吐蕃が崩壊した後には、モンゴル高原やチベット高原を本拠とする新たな大勢力はしばらく発生せず、両者の故地を併合してさらなる大帝国に成長した勢力も出ていないことである。これは、東部ユーラシアの国際関係に一種の空白が生じたことを示しているのだが、九世紀末にその空白のなかから台頭してくるのが、第二次南北朝時代初期の主役となる契丹と沙陀《さだ》なのである。

七九〇年代の変化——上表・称臣要求の放棄

以上のように展開した東部ユーラシアの国際関係は、当然ながら当該期の日本の外交関係や国際秩序にも大きな影響を与えたことが想定できるはずである。しかし、安史の乱の終息以降は、前述の回鶻と吐蕃の崩壊に代表されるような東部ユーラシアの変動と、奈良末から平安期に至る日本国内の変動が連関している兆候は見受けられない。そのことを確認していくために、時間軸を八四〇年代から七九〇年代に戻したうえで、律令国家日本の「帝国」としての面の変質過程を提示していきたい。

七九〇年代、すなわち桓武天皇の延暦年間は、従来、律令国家日本の大きな画期と位置づけられてきた。それは、坂上田村麻呂に象徴される東北地方での支配領域の拡張（征夷）や、長岡京・平安京の建設（造都）という大事業が挙行されたことに加え、律令国家を支える諸制度にさまざまな改革が加えられた（例えば、七九二年におこなわれた、一部地域を除く軍団兵士制の廃止）ことによる。そして、外交関係においても、渤海との関係が新たな展開を見せたという意味で、七九〇年代を一つの画期とみなすことが可能である。

七九〇年代の日渤関係で発生した新たな展開は、三点にまとめられる。まず一点目は、日本側が渤海への上表・称臣要求を放棄して、それ以前から渤海が提出していた「啓」という上長に奉じる様式を受容したことである。これは、七八〇年に新羅遣日本使の金蘭蓀《きんらんそん》（最後の新羅使）に詔して、表を持参しない使者は入国させない旨を通告したこととはまったく逆の対応であり、日本の外交方針の大きな変化といわなければならない。

つづいて二点目は、日本側の慰労詔書では渤海側をこれまでよりも高く評価する一方で、渤海側の啓でも日本への敬意を明確化しており、相互に相手の位置づけを高めていることである。これは、外交文書の様式があくまで慰労詔書と啓である以上、日本側は君臣関係を、渤海側は非君臣関係を提示しているのだが、その関係は、相手を通常より高く評価した君臣関係であり、相手を通常よりも上位に置く非君臣関係ということができる。

最後に三点目は、日本国内で新羅や渤海の「服属」を説明づけていた仕奉観念が衰退したことである。仕奉観念の大きな特徴は、現在の大王（天皇）への奉仕を、始祖から代々つづけられてきた奉仕の一環として説明すること（譜代性の重視）であるが、七九〇年代以降には「始祖から代々の天皇に奉仕する」という部分が欠落するようになり、君臣関係同様の、単なる現在における服属表現に変質してしまう。また、七九八年を最後に、日本側が渤海高句麗継承国意識を表明しなくなるように、仕奉観念に基づく「服属」が表明される機会そのものが減少していることや、天皇の徳の高さを賞賛するために渤海の「来朝」が利用された例が出現したことも、見逃すことができない変化であろう。

このような日本の外交関係の変化は、以下のようにまとめることができる。八世紀を通じて、倭国段階から支配秩序として利用されてきた仕奉観念が衰退していき、天皇と国内の臣下との上下関係は、八世紀末にかけて大きく変質していく。これと対応するように、国内の支配秩序を支える思想として、中国的な君臣関係の占める比重が高まり、天皇を中国の皇帝同様に徳の高い君主と演出することを通じて、国内秩序の維持が図られるようになる。渤海の「来朝」が天皇の徳の高さを賞賛するために利用されたのもその一環であるが、外交を通じた天皇の徳化賞賛をおこなうためには、当然ながら渤海の「来朝」が不可欠である。七九〇年代に日本が上表・称臣要求を放棄したのは、国内の臣下に向けて天皇の徳化を演出するために、対外的な外交方針を緩和して渤海との外交関係を安定させる目的でおこなわれたといえる。そしてこれは、これまでにも指摘されていたように、天皇のあり方が中国の皇帝に接近してきたということとも共通するものである。

八四〇年代の変化――「変化しない」という変化

七九〇年代の変化は、奈良時代には新羅・渤海に対して執拗に求めていた上表・称臣要求を放棄したという点で、日本の外交関係の画期とすることに異存はないであろう。しかし、日本の外交関係の画期は七九〇年代だけではなく、八四〇年代にも求めることができる。しかも、この八四〇年代の画期は、七九〇年代の画期を仮に「中国化」と表現するならば、まったく逆の「脱中国化」とでも表現すべき方向性を秘めており、さらにその方向性は七七〇年代にまで遡るという点で、注目すべきものということができる。

では、八四〇年代に何が変化したのか。まず指摘しなければならないのは、慰労詔書で使用された定型語句である。日本が中国王朝と同様、外交文書として慰労詔書を使用しつづけるためには、現代の我々が外国語で（優美な文面の）手紙を書く必要に迫られた時と同じく、何らかの「手本」が手元になければならない。しかも、その「手本」が最新のものであれば、日本の文化水準の高さを新羅や渤海に対して示すことになるので、日本は唐の慰労詔書・論事勅書の形式を、常に貪欲に取り入れ続けたはずである。

実際、日本が外交文書として使用した慰労詔書と、唐が国内外に対して発給した慰労詔書・論事勅書の定型語句を比較すると、顕著な類似性を見て取ることができる。特に八世紀では、中野高行が指摘する通り、唐では七三〇年代以降定型化される最末尾の「書ヲ遣ハスニ指《むね》ハ多ク及バズ」という語句が、早くも七五九年に使用されたということは、日本が最新の「手本」を利用して慰労詔書を起草したことを示している。これと同様に、七三五年初見の「卿及ビ首領・百姓《ひやくせい》、並ビニ平安ニシテ好カラム」という語句は、七九六年の日本の慰労詔書に見え、七八六年初見の「宰相已下《いか》、並ビニ存問ス」という語句は、七九八年の日本の慰労詔書に反映されているので、七九〇年代には最新の唐の慰労詔書・論事勅書を参照する傾向が徹底されたことは疑いないであろう。このような傾向は、少なくとも八二〇年代までは継続したことが、堀井佳代子の研究で確認されている。

しかし、八四〇年代以降には、日本の慰労詔書に新たな形式は見えなくなる。すでに唐では、八〇八年初見の「想《おも》フニ宜シク知悉スベシ」という語句が登場しており、しかもこの語句は、以後金代までは継続して使用されていくのであるが、日本ではまったく使用されていないのである。同様に、唐末には「故ニ茲《ここ》ニ詔シテ示ス」という語句が登場するが、これも日本ではまったく使用されていない。八四〇年代以降の日本の慰労詔書は、それ以前のものとは正反対に、最新の唐の慰労詔書・論事勅書を参照する努力を放棄して起草されているという意味で、いわば「変化しない」という変化が生じているのである。

『白氏文集』の詔勅は利用されていない

この「変化しない」という変化に関して付け加えなければならないのは、日本ではまったく使用されていない「想フニ宜シク知悉スベシ」という語句の初見が、唐・白居易の『白氏長慶集』ということである。八四六年に没した白居易の文集である『白氏長慶集』は、通常『白氏文集《はくしもんじゆう》』として知られており、八三八年に大宰少弐《だざいのしように》に任じられた藤原岳守が「大唐人貨物」のなかから入手し、つづいて八四四年に入唐僧慧蕚《えがく》が書写した蘇州南禅院本がもたらされるなど、早くから日本に伝来したことが確認できる。そして、国語の教科書にも登場する清少納言『枕草子』第二八〇段では、中宮定子が清少納言に「少納言よ、香炉峰《こうろほう》の雪いかならん」と語ると、少納言が『白氏文集』の漢詩文の一節である「香炉峰ノ雪ハ簾ヲ撥《かか》ゲテ看ル」に倣い、御簾を高く上げたことが記されているように、平安時代には『白氏文集』が多くの文学作品に継受され、漢文学だけではなく和歌の表現にも多大な影響を与えてきたことが、これまでの日本文学の研究では強調されてきた。

ところが、外交文書に関しては『白氏文集』は日本に継受されていないのである。八四四年には確実に将来された『白氏文集』収録の外交文書は、それまでの傾向がつづいていれば、八四八年に来日した渤海使に対して発給する慰労詔書に、早速利用されているはずである。それにもかかわらず、八四〇年代以降の日本の慰労詔書に『白氏文集』の影響がまったく見られないということは、同じ『白氏文集』でも、絶句や律詩などの漢詩文は好んで利用されつづける一方で、慰労詔書や論事勅書など詔勅の利用はなされなくなるという、対照的な状況が生じていることになる。

では、なぜ日本は『白氏文集』に収録されている最新の唐の慰労詔書・論事勅書を利用しなくなる一方で、香炉峰の雪の故事に代表されるように、漢詩文は積極的に利用したのであろうか。その理由は単純ではないのだが、いわゆる「国風文化」と関係するところでは、大陸文物に対する日本の貴族層の関心が変化したことが重要であろう。この点について榎本淳一は、倭国＝日本による大陸文物の導入は、あくまでも支配の手段として進められたため、当初は支配に直接結びつかないような文化の導入が阻害されたが、九世紀以降の民間貿易の展開により大陸文物の流入量が増大すると、文学作品の入手も容易になり、日本の漢文学・国文学の発展が促されたことを指摘している。また太田次男は、鎌倉時代に幕政の中枢に参画した撰者が『白氏文集』を抄出した『管見抄』では、漢詩文の抄出は少ない反面、判（判決文）を中心とする政治上の実務文は数多く抄出されるという、特異な継受がなされていることから、これらの政治上の実務文は、現実的な政治実務（特に裁判制度）を重視する鎌倉時代に至り、はじめて価値を見出されたとしている。これらの指摘を参照しながら上記の現象を位置づけるならば、遣隋使以来（前章第一節参照）導入が進められてきた、最新の唐の慰労詔書・論事勅書に代表される、支配の手段としての大陸文物に対する日本貴族層の関心は、八四〇年代にはすでに薄れており、それと入れ替わるようにして、漢詩文に代表される、直接支配には結びつかない文化が注目を集めてきた、ということになろう。大陸文物の導入という点に注目するならば、民間商人の活動により流入量自体は順次増大していくなかで、受容する日本側の関心や選択基準が大きく変化した八四〇年代は、重要な画期と考えなければならない。

「対」の制度の不継受

以上に提示した八四〇年代の画期は、同時期に来日した渤海使が元日朝賀に参加しなくなり、拝朝の儀では天皇が出御しなくなるという田島公の指摘や、九世紀後半では多くの儀式で天皇の出御が見られなくなり、儀式の構造やその中で天皇が果たす機能に変化が生じているという神谷正昌の指摘とも関係するものである。これらの変化は、中国の皇帝制度や国家体制を追求していた時代から、日本独自の天皇と朝廷のあり方を模索（あるいは回帰。倭国段階では大王は外交儀礼に出御していない）していく時代への移行を示すものといえる。ただし、この移行に関して見逃してはならないのは、すでに七七〇年代には、日本は中国とは異なる外交儀礼を整備していき、独自の外交方式の追求を開始していることである。そしてその背景には、第二章第三節でも言及した「対」の制度がある。

「対」の制度とは、皇帝が少数の官人（宰相など）との個別会見を通じて政務をおこなう聴政制度であり、唐後半期に淵源を持ち、北宋にかけて盛行している。唐後半期では、延英殿《えんえいでん》や麟徳殿《りんとくでん》で宰相などが皇帝と対面して奏上をおこなう聴政制度や、特定の官人を招いておこなう宴会などが整備されているが、これに対応して外交儀礼も、外交文書・信物の提出儀礼の他に、入朝時と帰国時の二回使者が皇帝と対面して、使者の奏上と宴会がおこなわれる形式に変化している。そして、この形式の外交儀礼は、七七七年に入唐した遣唐使が体験しており、先にも述べた通り、七七八年に来日した唐使孫興進の迎接に利用されている。

ところが、七七九年以降の日本の外交儀礼では、宮内での儀礼回数こそ二回から三回に変化しているが、唐でおこなわれていた「対」の制度に基づく外交儀礼は導入されておらず、三回目の儀礼として整備された朝集堂での王禄賜与儀礼は、八世紀におこなわれていた公卿が使者と公式に面会する儀礼（本章第二節参照）を母体として、最初から天皇不出御儀として整備されている。これは、唐と同じ外交文書、同じ外交儀礼を志向してきた「帝国」であるはずの律令国家日本が、独自の道を歩み出した画期ということができる。

もちろん、八～九世紀の日本律令国家が「対」の制度の導入を試みたとしても、失敗に終わる可能性が高いであろう。唐から北宋にかけての「対」の制度は、宮崎市定が「君主独裁」の基盤と位置づけていることからしても、平安時代の日本にはなじまないことは明白である。ところが倭国＝日本は、六四〇年代に造営された前期難波宮が象徴的に示すように、八世紀半ばまでは機能していた『大《だい》唐開元礼《とうかいげんれい》』段階の外交儀礼と、皇帝が「正殿」に出御して官人集団（五品以上など）と対面する聴政制度は、積極的に導入を試みているのである。この差異は、当該制度の導入可能性の問題だけではなく、その時々の倭国＝日本の中枢部が、中国の皇帝制度や国家体制にどのような役割を見出していたかということを、如実に反映した結果ではないだろうか。

上表儀礼の変容――良房と基経の析出と「帝国」の終焉

中国の皇帝制度や国家体制の日本への導入に関しては、厳密には外交関係ではないが、九世紀以降の日本で盛行した上表儀礼についても言及する必要がある。上表儀礼とは、臣下が表様式の文書を皇帝・天皇に提出し、皇帝からは批答《ひとう》（返答）として慰労詔書・論事勅書が発給される儀礼であり、君臣間の意思の応答を上表と批答でおこなうものである。もちろんこの構造は外交関係と同様であり、中国王朝や日本律令国家の国際秩序では、皇帝や天皇は周辺諸勢力の君長から表を提出させる一方、返答として慰労詔書・論事勅書を発給することで、国内の臣下同様の君臣関係を設定していた。

八世紀の日本では、この上表儀礼はあまりおこなわれていないのだが、八世紀末以降、中国的な君臣関係の比重が国内の支配秩序のなかで高まると、各種の上表儀礼がさかんにおこなわれるようになり、以後平安時代を通じて、慶賀・謝恩・辞職・奏請などに際して上表儀礼が盛行するようになる。ここまでは、中国の制度がそのまま日本国内に導入された過程として位置づけることができる。

ところが、九世紀後半になると、この上表儀礼のうち、辞官・致仕《ちし》（漢人がすべての官職を辞して引退すること）の上表には、日本独自の要素が登場してくる。具体的に列挙すると、①八六〇年代以降、一定以下の官職を辞する場合には表ではなく状が使用されるようになり、②儀式次第も含めると、大臣以上、近衛大将・大中納言・参議、四衛府督《かみ》・八省卿・蔵人頭《くろうどのとう》・弁官、という官職の序列が形成されていき、③大臣以上のなかで、その時々の政治情勢において重要な位置を占める臣下を、他の臣下よりも高く評価するようになり、④その場合でも批答はすべて論事勅書が使用されており、相手を重視する度合によらず、慰労詔書は国外、論事勅書は国内という使い分けが確定した、というものである。

このうち、①と②に関しては、中国では官職の序列により表と状を使い分けることは原則としてないので、これは日本国内の秩序に合わせた独自の制度改変と考えられる。重要なのは③であり、この時高く評価された臣下のなかには、惟喬《これたか》親王（清和の庶兄）・時康親王（のち即位して光孝）とともに、藤原良房・基経が含まれているのである。八五八年に清和が九歳で即位して以降、天皇の統治権の代行者・補佐者として摂政・関白が置かれていくのだが、摂関に任じられた良房・基経の高い地位は、この上表儀礼でも明示されていることになる（逆に、著名な阿衡《あこう》の紛議の際に橘広相《たちばなのひろみ》が起草した批答では、基経を重視する語句を意図的に削除している）。平安時代の貴族社会は、吉川真司が「天皇・院宮・摂関を中心とし、公卿とそこに至る特定の官職、更に殿上人《てんじょうびと》などの近臣が重視され、受領や実務官人がそれを支えるという構造を持つ」と規定しているのだが、上表儀礼における臣下の序列化は、これ以降摂関期を通じて機能することになる平安貴族社会の国内秩序を表現して、維持・強化していく有効な手段ということができる。

そして、九世紀後半における「帝国」日本の変質を如実に示すのが④である。それまでの倭国＝日本は、君臣関係か仕奉観念かという違いはあるのだが、外部勢力の「服属」を国内の秩序の延長で説明してきており、そのかぎりにおいては、ふさわしい領土的広がりを有していなくても、倭国＝日本は「帝国」と位置づけることができた。しかし、④では国内外の秩序が完全に分離してしまい、外部勢力の「服属」は国内の秩序の延長で説明できていないことになる。倭国段階からの伝統を引く「帝国」日本の終焉は、最終的には④の変化に求めることができるであろう。

ふたたび第二次南北朝時代へ

「帝国」としての日本が終焉を迎えた後、十世紀の日本は海外との公的交渉をつぎつぎと断絶していく。具体的には、九二二年・九二九年の後百済、九二九年の東丹国、九三六年・九四四年の呉越国、九三七年・九三八年・九四〇年の高麗との交渉では、日本側は大宰府の牒などを発給してはいるが、新羅や渤海との関係のような国家間の公的交渉は拒否している。そのなかでも、使者張彦澄が「古(百済)ノ如ク調貢《みつき》ヲ進《まいら》サント欲ス」と明言し、大宰府への書にも「朝庭ニ事《つか》ヘント欲スルノ由《よし》ヲ序《つい》ヅ(順序立てて述べる)」とある、九二九年来日の後百済使との交渉を拒否したことは、「帝国」日本の終焉を雄弁に物語るものであろう。朝鮮半島における後三国の分立は、かつての百済—新羅並立期と同様の、日本に有利な国際環境が醸成されたことを意味するのだが、それにもかかわらず、日本は後百済の「朝貢」を受け入れていないのであるから。

このような「帝国」日本の変化は、外的環境から見れば第二章で述べた通り、全盛期の唐のような他を圧倒する大勢力が存在しない国際環境を利用して、中国王朝を中心とする国際秩序から離脱したということになるのだが、それだけでは後百済などとの関係を説明することはできない。本節で述べてきたように、内的環境としては「帝国」日本がすでに八四〇年代から変質をはじめていたことが重要であり、それが十世紀前半の公的交渉の断絶に至る最大の原因ということができるであろう。

さて、本書の叙述もこれで一巡して、ふたたび第二次南北朝時代へと回帰したことになる。第二次南北朝時代は、第二章でも述べたように、東部ユーラシアという新たな枠組みでの国際関係の基準となる時代であるが、その第二次南北朝時代が幕を開けた九〇五年には、日本では初の勅撰和歌集である『古今和歌集』が撰上されている。現行本『古今和歌集』には九〇五年以降の和歌も収録されているとか、著名な仮名序は真名序《まな》（漢文の序文）を土台として書かれたものであるとか、いくつかの重要な留保が必要ではある。しかしそれでも、第二次南北朝時代の開始を告げる雲中の盟が結ばれた九〇五年に、日本で発生した出来事として最大のものが、八四〇年代からの和歌復興の流れの結実であり、舶載された『白氏文集』の詩句を摂取して表現力を高めた和歌を集成した『古今和歌集』の撰上であることは重要である。前述した日本の外交文書における『白氏文集』の不継受も考え合わせると、これは東部ユーラシアとの政治的連関をほぼ喪失した、第二次南北朝時代の日本を象徴するものということができるのではないだろうか。

終章　新たな世界史像の模索

世界史の終着点の変質

以上、第二章から第五章まで、四章にわたり東部ユーラシアの具体的な歴史叙述を進めてきた。本書では通常の通史などとは異なり、著者自身の研究成果を中心に内容を構成していることに加え、一千年近くに及ぶ時間を原稿用紙わずか三百枚程度で叙述しているので、抜け落ちている論点は多いはずである。ただし本書では、これまでの「通説」とは異なる新たな知見や視点を多数盛り込むことで、新たな歴史像を提示できたのではないかと思う。本章では最後に、本書で提示した東部ユーラシアという新たな枠組みを基礎にして、より広い視点からする新たな歴史像の構築に関する諸問題を論じていきたい。

現在の歴史学をめぐる問題のなかでもっとも重要かつ困難な問題は、世界史構想の再度の体系化であろう。現在の日本における世界史構想は、上原専禄により一九六〇年に刊行された『日本国民の世界史』を基礎に構成されているのだが、この世界史構想では、一九五〇年代から六〇年代の現実世界（ヨーロッパがアジア・アフリカを支配する世界秩序）を背景にして、近代世界（地球規模の世界史）の成立過程を、ヨーロッパ世界による他世界の包摂を中心に構成している。そして、第一章で言及した西嶋定生の「東アジア世界」論も、李成市が明らかにしたように、この上原の世界史構想に基づく世界史像の体系化の一環として、前近代に生成消滅した複数の「歴史的世界」の一つとして提唱されたものなのである。そのため、東部ユーラシアという新たな枠組みを提示するのであれば、上原や西嶋が体系化を試みた世界史像と、東部ユーラシアの先にある（はずの）新たな世界史像がどのように関係するのか、見通しを示しておかなければならないと思われる。

この点に関して注意しておきたいのは、一九六〇年から二〇一四年までに積み重ねられた時間の重さである。上原や西嶋が体系化を試みた世界史像は、一九五〇年代から六〇年代の「現実世界」が抱えていた課題に向き合うために構成されたのであるが、我々が生きている「世界史の終着点」＝「現実世界」は、中国などアジア諸国の台頭により、欧米を中心とする世界秩序の動揺が進んだ結果、上原や西嶋の段階の「世界史の終着点」＝「現実世界」とは大きく変質している。論旨に多くの問題点を含むとはいえ、二十一世紀の世界経済の中心が欧米からアジアに回帰することを主張した、A・G・フランクの『リオリエント』が注目されたのは、それ相応の時代背景が存在するからであろう。

ローカル化する日本史

「世界史の終着点」がこの五十年ほどのあいだで大きく変質した以上は、新たな「世界史の終着点」＝「現実世界」に合致する歴史像が提示されなければならない。これが、世界史構想の再度の体系化という問題である。そのため、東部ユーラシアを歴史的世界と位置づけて「東アジア世界」と置き換えるだけでは、この問題の解決に何ら寄与しない。

求められているのは、東部ユーラシアという新たな枠組みと対になり、上原や西嶋が体系化を試みたものとは異なる、新たな世界史構想なのである。

その意味では、東部ユーラシアという新たな枠組みは、一見すると現代という時代に適合しているようにも見受けられる。東アジアから東部ユーラシアへという地理的な拡大、一元的な国際秩序から複数の種類の国際秩序の併存へという中心—周辺関係の相対化、そして中国と日本の位置づけの見直しは、グローバル化、冷戦後の地域紛争の拡大、日本の地位の相対的低下という、現代社会で進行する諸問題とも合致しており、新たな世界史構想に挑むうえでも大きな助けになることが予想される。

しかし現段階の著者は、少なくとも上記のような方向性での新たな世界史構想への挑戦には消極的である。なぜなら、東アジアから東部ユーラシアへの地理的な拡大は、中心—周辺関係の相対化とともに、過大に評価されてきた各地域間の歴史連関の見直しを意図したものであり、現代社会で進行するグローバル化とは正反対の方向性を持つからである。誤解される恐れがあるので改めて記しておくが、著者が提示した東部ユーラシアという枠組みは、政治的にも文化的にも一体である「東アジア世界」を、思考の枠組みの変化を伴わずに地理的に拡大したものではない。日本と外部世界との連関性を過大に評価する傾向を戒め、周辺諸勢力の主体性・独自性に主眼を移すことを目的に、対象となる空間を地理的に拡大したのである。言い換えれば、東アジアから東部ユーラシアへの地理的な拡大に伴い、日本史は決してグローバル化などすることなく、むしろローカル化してしまうのである。序章でも言及したように、奈良の都は本来の意味での「シルクロードの終着駅」ではなく、単なる支線の終着駅でしかないのだから。

外交史と国内史の奇妙な対立

じつはこの点は、東野治之が著書『遣唐使』の最後（一八九～一九〇頁）で述べたこととも関係するのである。重要な問題提起であるので、ここで提示しておきたい。

そのような点に着目すると、このところ日本史の学界を中心に強調される「開かれていた日本」という論には、そのまま同調するのはむずかしい。……平安時代以降の対外交渉が、あくまで周辺的な現象にとどまることは、中央要人の渡航がほとんど見られないことからも決定的だろう。十世紀以降、近代になるまで、朝廷や幕府の中枢にいた人の内、一体幾人が、中国や朝鮮を自分の目で見ただろうか。……

「開かれていた日本」という発想は、常識化した鎖国史観への批判として有効だし、耳を傾けなければならない点があるのはたしかだが、歴史の大局から見れば、それに偏ると日本が本質的に持つ鎖国体質に目をつむってしまうことになる。歴史を将来に役立てる意味でも、むしろ日本の鎖国性こそが自覚されるべきであり、それはいくら強調してもし過ぎることはないであろう。

いかがであろうか。もちろん、この意見には賛否両論が予想される。しかし著者は、日本国内における歴史展開が、過度に強調された「国際情勢の緊迫化」や「緊張緩和」などを背景に説明される傾向がある（特に七・八世紀）ことをふまえると、東野の指摘は重く受け止めるべきだと考えている。

また、一部の分野では、外交史以外の論者が外部世界との連関性を強調する論を提示して、本来は外部世界との連関性を強調する側の外交史の専門家がその論を否定するという、奇妙な対立が生じているのだが、これも同様の問題が背景にあるのだろう。仮に、現代社会で進行するグローバル化などの諸事象を過去の歴史のなかに投影しているだけなのであれば、そのような歴史像は決して受け入れられることはなく、その後の実証研究により否定されることは明白であろう。

見えないゴリラは見えるのか

著者が新たな世界史構想への挑戦に消極的な理由はもう一点存在する。それは、新たな世界史構想をおこなう上では不可欠となる、現代が抱える諸問題から歴史学上の課題を見出すという手法に対して、ある種の不審と危惧を抱いているからである。

歴史学とは「問題解決の学」であり、歴史学の役割は「現代が抱える諸問題に解を与えること」という論は、表現の差こそあれ誰もが一度は耳にしたことがあろう。歴史家クローチェによる「すべての歴史は現代史である」との言や、よく提示される「歴史は鑑《かがみ》である」という考え方も、歴史から何らかの示唆を引き出すという意味で、これと同様の意図を有している。そして実際に、池内敏の著書『竹島問題とは何か』に代表されるように、現代が抱える諸問題に対して歴史学的な分析が有効であるということは、一般にも広く認められているところである。

ところが、歴史学は「過去を研究することにより現代を理解し未来を展望する」学問であるべきだという面が強く出てしまうと、必然的に歴史像をゆがめてしまう。歴史はたしかに鑑なのであるが、見る人の眼が何らかの予見で曇らされていては、都合のよい「手本とすべき事実」しか見えなくなる。これを示すのが、アメリカの心理学者、C・チャブリスとD・シモンズが実施した、認知心理学の「見えないゴリラ」の実験である。

この実験は、バスケットボールの試合のビデオを被験者に見せ、片方のチームがパスを通した回数を数えさせるというものであるが、パスの回数に関心が集中していた被験者の約半分は、試合中にゴリラの着ぐるみを着た学生がコートに乱入して、胸を叩く真似までしたことにまったく気づかないという、衝撃的な結果が出たのである。有名な実験なので、ご存知の方も多いのではないかと思うのだが、この結果は、人間の認識上における「見えるけど、見えないもの」の存在を示すものとして、貴重な知見を提示してくれている。

もちろん、現代日本の歴史学の成果のほとんどは予見で曇らされているわけではない。しかし、ここで問題にする「新たな世界史構想への挑戦」は、その時々の「現実社会」が抱える諸問題を起点としておこなうものであるかぎり、必然的に何らかの予見という「危険性」を抱え込むことになる。そしてその過程で、自らの望む「手本とすべき事実」に関心が過度に集中することになると、単純な事実を見過ごしてしまい、結論先行のゆがんだ歴史像を提示してしまうはずである。では、二十一世紀の世界史構想では、見えないゴリラは見えるようになるのであろうか。

理論と実証のはざまで

見えないゴリラを見えるようにする世界史構想は、たしかに難しい課題である。しかし、理想の世界史構想に少しでも近づくためにするべきことは何かと聞かれたら、著者は「実証研究」と答える。

なぜなら、少なくとも日本の歴史学では、物理学（理論物理学と実験物理学）などとは異なり、理論家と実証家に分化しているわけではなく、一人の歴史家が理論と実証の双方を担うのが普通である。実際、本書第一章でも言及した西嶋定生と石母田正は、一般的には「冊封体制」論や「東アジア世界」論、あるいは「東夷の小帝国」論を提唱した理論家として名が知られているが、西嶋は日本遣唐使の国書不持参説を否定して（第五章第三節参照）日唐関係を再検討しており、石母田は唐・玄宗が聖武天皇に与えた「日本国王主明楽美御徳《スメラミコト》ニ勅ス」という外交文書が論事勅書であることをはじめて指摘するなど、実証研究でも優れた成果を残している。よく誤解されるのだが、両者の卓越した理論の背景には、このような実証研究の成果があることは疑いないであろう。

また、個別の実証研究を進める過程でも、枠組みや理論は生み出されていく。個々の事実は史資料に記されており、実証研究としてはそれを正確に読み取ることを重視するのであるが、その新たな事実が歴史的にどのような意味を持つのかということは、史資料をいくら読んでも記されてはいない。そのため、既存の枠組みや理論のなかに位置づけて解釈するか、もしくは新たに発見した事実で既存の考え方を批判して、別の枠組みや理論を構築するか、いずれかの作業が必要なのである。本書で提示した東部ユーラシアという枠組みも、古代日本を中心とする個別具体的な外交関係を主題とした実証研究のなかから生み出されたものであり、今後も幅広い実証研究により補強され、または修正され続けなければならない（自らの枠組みを自らの実証研究で否定する覚悟も必要だが）。その意味では、本書よりも広汎な時間的・空間的範囲を扱う新たな世界史構想に取り組むのであれば、新たな「世界史の終着点」＝「現実世界」に合致する歴史像を無理に理論から求めていくよりは、これまでと同様に個別の実証研究から積み上げていくのが確実な方法であろう。

　ただし、このような方法による世界史構想には莫大な時間を必要とする。本書ですら十五年分の実証研究の成果に相当することを考えると、新たな世界史構想よりも先に「世界史の終着点」＝「現実世界」の方が変化してしまう可能性が高い。実際、小惑星からのレアメタル採掘をめざしたベンチャー企業が活動している現在では、著者の時代から中学校の教科書に掲載されていた「宇宙船地球号」という考え方（地球環境を宇宙船のように閉じられた循環回路とみなす理念。地球の重力圏の内外での物質とエネルギーの出入りが、自然状態を過度に超えておこなわれないことを前提とする）ですら、すでに過去のものとなりつつある。おそらく将来的には、新たな世界史構想が対象とする「世界」が「地球規模」であること自体も、時間の経過とともに賞味期限を迎えてしまうのではないだろうか。もちろん、未来の展望も含めて、拙速な理論化は著者の望むところではないのだが、歴史学の成果を一般にわかりやすく示すには、理論化は有効な方法である。これからも理論と実証のはざまを往復しながら、歴史研究をつづけていくことになるのだろう。

【関連年表①】

年	事項
304	劉淵、前趙を建国。また李雄、成漢を建国。五胡十六国時代開始。
311	永嘉の乱発生、洛陽陥落。
318	琅邪王司馬睿、建康で即位。東晋成立。
369	百済、倭王に贈る七支刀を製作。倭国―百済同盟成立へ。
370	前秦、前燕を滅ぼし華北の覇権を確立。
371	百済、高句麗の平壌城を抜き、高句麗王戦死。
372	百済、東晋に朝貢。高句麗、前秦に朝貢。
383	淝水の戦い。前秦、東晋に敗れ、程なく分裂・滅亡。
391	北魏・道武帝による柔然遠征。
391	倭国、この年より朝鮮半島に渡海して、百済と新羅を「臣民」とする。
396	高句麗、百済を破る。百済は高句麗に服属。
398	北魏、鄴を平定。平城に遷都して皇帝号を使用。
400	高句麗、新羅領内に展開した倭国軍を撃破して、安羅まで追撃。
402	柔然可汗国成立。
404	高句麗、帯方界に侵入した倭国の水軍を撃破。
407	高句麗人高雲（慕容雲）、北燕を建国。
413	高句麗と倭国、東晋に遣使。
414	高句麗・長寿王、広開土王碑を建立。
417	東晋の劉裕、後秦を滅ぼす。その後、夏が長安を占領。
420	劉裕、宋を建国。
421	倭王讃、劉宋に遣使して叙爵される。
427	北魏、夏の統万城を攻略。
428	夏、北魏より関中を奪回。
429	北魏・太武帝、漠北に遠征。
430	北魏、夏を破り関中を確保。
431	吐谷渾、夏を滅ぼす。
442	北魏、後仇池を滅ぼし華北を統一。
462	倭国の「世子」興、劉宋に朝貢して安東将軍に任じられる。
464	柔然、独自の年号使用開始。
471	倭国でワカタケル大王（倭王武）の在位が確認できる。
475	高句麗、百済の漢城を抜き、百済王を戦死させる。
477	倭王武、劉宋に表を上り高句麗の無道を訴える。
479	南斉成立。百済では倭国から帰国した東城王が即位。
487	高車の阿伏至羅、柔然に反旗を翻す。
493	北魏、洛陽へ遷都。百済の東城王、新羅と婚姻関係を結び羅済同盟を固める。
512	倭国、任那四県を百済に「割譲」。
520	柔然で反乱発生。阿那瓌、北魏へ亡命。のち復権。
523	北魏で六鎮の乱発生。北魏、東西分裂へ。
527	倭国で筑紫国造磐井の乱発生。

【関連年表②】

532	金海の金官国、新羅に降伏。
539	東魏―梁間の外交文書問題が決着する。
541	第一回任那復興会議。このころ「梁職貢図」が成立。
544	第二回任那復興会議。
548	梁で侯景の乱が発生。
552	柔然滅亡、突厥可汗国成立。新羅、漢城を占領。
553	西魏、梁の分裂に乗じて蜀を占領。
568	東ローマ帝国の使者ゼマルコス、突厥に派遣される。
570	高句麗、倭国への遣使を開始。
575	新羅、倭国へ「任那の調」を初めて持参する。
577	北周、北斉を滅ぼし華北を統一。
581	楊堅、隋を建国。
583	突厥、東西に分裂。
585	東突厥、隋に臣属。
589	隋、陳を滅ぼし中国内地を統一。
598	隋、高句麗に遠征、失敗。
600	倭国、第一回遣隋使を派遣。
603	啓民可汗、隋の支援を受け東突厥の大可汗となる。
607	倭国、小野妹子を遣隋使として派遣。
607	煬帝、高句麗遣東突厥使を恫喝し、万里の長城を修復する。
608	隋使裴世清、倭国に至る。西突厥の処羅可汗、隋の詔を起立拝受させられる。
612	隋、高句麗に遠征（～614まで3回、失敗）
615	啓民可汗の子始畢可汗、隋に反旗を翻す。
618	李淵、唐を建国。
626	唐で玄武門の変発生。李世民（太宗）即位。
630	唐、東突厥と隋亡命政権を滅ぼす。
630	倭国、第一回遣唐使派遣。
631	唐の遣倭国使、倭王（ないし王子）と礼を争い帰国。
635	唐、吐谷渾を制圧、傀儡政権を樹立。
640	唐、高昌国を滅ぼす。
641	唐、吐蕃に文成公主を降嫁。
641	百済で義慈王による政変発生。義慈王、王子豊璋を質として倭国に派遣。
642	百済、新羅より旧加耶地域を奪う。
642	高句麗で泉蓋蘇文のクーデター発生。
643	倭国で上宮王家討滅事件発生。
644	唐、高句麗に遠征（～648まで3回、失敗）
645	倭国で乙巳の変発生。蘇我本宗家滅亡。
647	新羅で毗曇の乱発生。
653	倭国、難波から飛鳥へ遷都。大王孝徳、事実上の失脚。
657	唐、西突厥を滅ぼす。
659	倭国の遣唐使、唐に抑留される。

【関連年表③】

660	唐、百済を滅ぼす。
661	百済王子豊璋、倭国より帰国して、百済復興軍に王として迎えられる。
663	白村江の戦い、周留城落城。豊璋、高句麗に逃亡。
663	吐蕃、吐谷渾の唐の傀儡政権を滅ぼす。
664	百済遺民、泗沘山城で蜂起するが、鎮圧される。
664	倭国、対馬・壱岐・筑紫に防人を置き、水城を築く。
665	熊津都督府にて都督・扶余隆と新羅・文武王が盟約を結ぶ。
666	高句麗・泉蓋蘇文死去。その長男の男生、唐に投降。
667	倭国、近江大津宮へ遷都。ついで大和高安城、讃岐屋島城、対馬金田城を築く。
668	唐、高句麗を滅ぼす。
668	新羅、倭国に使者を送る。以後、新羅は倭国に接近。
669	新羅、旧百済領に侵攻。唐羅戦争開始。
670	唐、烏海～大非川間の戦いで吐蕃に敗北。吐谷渾滅亡。
670	新羅、安勝を高句麗王に冊封、小高句麗国成立。
671	唐使郭務悰が来倭して、白村江の戦いの捕虜を返還。
672	倭国で壬申の乱発生。新羅、旧百済領の本格統治を開始。
674	唐、新羅王の官爵を削る。
675	唐、新羅王の官爵を下げて再冊封する。
676	唐、安東都護府を遼東に移転。新羅、倭国への「請政」を開始（～695）。
678	唐、青海の上で吐蕃に敗北。唐の新羅遠征計画が頓挫する。
679	新羅、耽羅を服属させる。倭国で吉野の盟約が結ばれる。
680	吐蕃、唐から雲南の安戎城を奪う。
681	倭国で草壁皇子が立太子し、律令改定の勅命が出る。
682	阿史那骨咄禄、突厥可汗国を復興（突厥第二帝国）。
683	新羅、小高句麗国を併合。
684	倭国で八色の姓制定。同じころ新羅では骨品制が整備される。
689	倭国、飛鳥浄御原令を施行。
690	唐、則天武后即位。国号を周とする。
694	倭国、藤原京に遷都。
698	渤海建国。突厥、華北平原に大挙侵入。
701	日本、大宝令施行。翌年大宝律施行。
702	日本、遣唐使を再開。
705	周、則天武后死去。国号を唐に復す。
710	日本、平城京に遷都。唐の金城公主、吐蕃に降嫁。
716	突厥で毗伽可汗が即位。以後、対唐融和策が採用される。
727	渤海、日本との通交を開始。突厥、吐蕃からの外交文書を唐に献上。
732	唐で『大唐開元礼』が成立。渤海、唐の登州に入寇。
735	日本で新羅使の迎接中に王城国事件が発生。唐、新羅に浿江以南を「割譲」。
737	日本遣新羅使帰国、新羅が使旨を受けずと奏上。日羅関係は急速に悪化。
740	唐、雲南の安戎城を吐蕃から奪回。
741	突厥、唐に臣下の礼を表明。

【関連年表④】

744	回鶻が突厥から自立。突厥第二帝国滅亡。
752	新羅王子金泰廉来日。日羅関係、一時的に改善。
753	唐で日本と新羅との争長事件発生。日本遣新羅使、新羅に放還される。
755	唐で安史の乱発生。藤原仲麻呂、新羅征討を計画するが実行されず。
757	回鶻、唐を援助して長安と洛陽を回復。
763	安史の乱終結。吐蕃、長安を十五日間占領。
778	唐使孫興進来日。日本、孫興進を自国上位の礼で迎接。
779	最後の新羅遣日本使来日。
783	唐と吐蕃、建中会盟。
784	日本、長岡京に遷都。
788	唐、回鶻に咸安公主を降嫁。
789	回鶻—吐蕃間で北庭争奪戦開始（～792)。回鶻が勝利する。
794	日本、平安京に遷都。唐、南詔を吐蕃から離反させる。
821	唐と吐蕃、長慶会盟（822にかけて)。ついで回鶻と吐蕃も盟約を結び、唐—回鶻—吐蕃の三国会盟が成立。
838	藤原岳守、仕大宰少弐。任中に『白氏文集』を得て天皇に献上。
840	黠戛斯の攻勢により回鶻可汗国滅亡。
843	吐蕃賛普ダルマが暗殺され、吐蕃が分裂。
851	吐蕃から独立した敦煌の張議潮、帰義軍節度使に任命される。
858	日本で九歳の清和天皇が即位し、藤原良房が事実上の摂政となる。
875	唐で黄巣の乱発生（～884)。
880	唐、南詔への公主降嫁と「不称臣」を認める。
887	日本で阿衡の紛議発生。
892	甄萱が後百済を建国。
894	菅原道真、遣唐使派遣の可否について奏上。
901	弓裔が後高句麗を建国。朝鮮半島、後三国時代に突入。
902	雲南の南詔、鄭買嗣のクーデターで滅亡。
905	契丹・耶律阿保機と李晋・李克用、雲中に会盟。日本で『古今和歌集』が撰上。
906	ベトナムで曲氏が節度使を自称。
907	朱全忠、唐を滅ぼし後梁を建国。契丹・耶律阿保機、天皇帝に即位。
911	日本で海商に対する年紀制が施行される。
918	王建、弓裔を殺害して高麗を建国。
919	最後の渤海使、日本着。
923	李克用の子李存勗、後梁を滅ぼして後唐を建国。
926	契丹、渤海を滅ぼす。
929	後百済、日本に朝貢を求めるが、拒否される。
935	新羅、滅亡する。
936	高麗、朝鮮半島を統一。
936	後晋・石敬瑭、契丹・耶律堯骨に臣従して後唐を滅ぼし、燕雲十六州を割譲。
937	雲南に大理国成立。
951	郭威、後漢を滅ぼして後周を建国。

【関連年表⑤】

951	後漢の一族の劉崇、太原で自立して北漢を建国し、契丹に臣従。
958	南唐、後周に江北を奪われ、帝号を去り後周に上表する。
960	趙匡胤、北宋を建国。
965	北宋、後蜀を滅ぼす。
974	契丹と北宋の第一次通和開始。
975	北宋、南唐を滅ぼす。
978	呉越国王銭俶、北宋に降伏。
979	北宋、北漢を滅ぼし燕雲十六州以外の中国内地を統一。北宋と契丹の第一次通和破綻。
982	李継遷、北宋から離反、自立する。
983	日本僧奝然入宋。
996	高麗、契丹の冊封を受ける。
1004	北宋と契丹、澶淵の盟を結ぶ。
1030	これ以降、北宋―高麗関係は一時断絶。
1038	李継遷の孫の李元昊、皇帝を自称。西夏成立。
1042	北宋と契丹、新たな誓書を交わして歳幣を増額。
1044	北宋と西夏、慶暦の和約を結ぶ。
1071	北宋―高麗関係復活。
1072	日本僧成尋、北宋の神宗に謁見。
1099	北宋と西夏、元符和議を結ぶ。
1115	完顔阿骨打、皇帝を自称。金成立。
1120	北宋と金、海上の盟を結ぶ。
1122	金、契丹の中京・西京・南京（燕京）を占領。
1124	西夏、金に臣従。金―西夏間で争礼。
1125	契丹・天祚帝、金に捕縛され、契丹は完全に滅亡。
1126	金、北宋の開封を包囲して、伯姪関係と太原などの割譲を認めさせる。
1127	金、北宋を滅ぼす。江南に南宋成立。
1130	金、華北に劉豫を立て斉国（劉斉）皇帝とする。
1137	金、劉斉を廃止して、華北を直接統治する。
1142	金―南宋の皇統（紹興）和議。南宋、金に臣従。
1161	金・海陵王、南宋攻撃に失敗、殺害される。
1165	金―南宋の大定（乾道）和議。君臣関係を叔姪関係に改める。
1167	日本僧重源入宋。以後、日本僧の入宋が急増。
1173	金使完顔璋、南宋の客館で外交文書を授受したため、帰国後処罰される。
1206	モンゴルでチンギス＝ハン即位。
1206	南宋の権臣韓侂冑、金攻撃に失敗。
1207	金―南宋の泰和（開禧）和議。叔姪関係を伯姪関係に改める。
1215	モンゴル、金の中都を占領。
1215	このころ、金の将軍蒲鮮万奴、遼陽で自立して大真国を建国。
1225	金―西夏の和議。君臣関係を兄弟・対等関係に改める。
1227	モンゴル、西夏を滅ぼす。
1234	モンゴル、金を滅ぼす。

参考文献

●序章

金子修一『隋唐の国際秩序と東アジア』（名著刊行会、二〇〇一）
廣瀬憲雄『東アジアの国際秩序と古代日本』（吉川弘文館、二〇一一）
森安孝夫『興亡の世界史05　シルクロードと唐帝国』（講談社、二〇〇七）
山内晋次『奈良平安期の日本とアジア』（吉川弘文館、二〇〇三）
山口瑞鳳『吐蕃王国成立史研究』（岩波書店、一九八三）

●第一章

井黒忍「金初の外交史料に見るユーラシア東方の国際関係――『大金弔伐録』の検討を中心に」（荒川慎太郎他編『遼金西夏研究の現在』三、二〇一〇）
井黒忍「受書礼に見る十二～十三世紀ユーラシア東方の国際秩序」（平田茂樹・遠藤隆俊編『外交史料から十～十四世紀を探る』東アジア海域叢書七、汲古書院、二〇一三）
石母田正『石母田正著作集四　古代国家論』（岩波書店、一九八九）
入澤崇「イランの仏教遺跡」（『印度学仏教学研究』五八―一、二〇〇九）
石見清裕『唐代の国際関係』（山川出版社、世界史リブレット97、二〇〇九）
鬼頭清明『日本古代国家の形成と東アジア』（校倉書房、一九七六）
酒寄雅志「古代東アジア諸国の国際意識――『中華思想』を中心として」（歴史学研究会編『東アジア世界の再編と民衆意識』青木書店、一九八三）
酒寄雅志『渤海と古代の日本』（校倉書房、二〇〇一）

杉山正明『中国の歴史08　疾駆する草原の征服者』(講談社、二〇〇五)
唐代史研究会編『隋唐帝国と東アジア世界』(汲古書院、一九七九)
西嶋定生『中国古代国家と東アジア世界』(東京大学出版会、一九八三)
西嶋定生「世界史像について」(『岩波講座世界歴史』25月報、岩波書店、一九九七)
西嶋定生『西嶋定生東アジア史論集三　東アジア世界と冊封体制』(岩波書店、二〇〇二)
西嶋定生著、李成市編『古代東アジア世界と日本』(岩波現代文庫、学術25、二〇〇〇)
橋本雄「室町幕府外交は王権論といかに関わるのか?」(『人民の歴史学』一四五、二〇〇〇)
旗田巍「十~十二世紀の東アジアと日本」(『岩波講座日本歴史』四、岩波書店、一九六二)
廣瀬憲雄「倭国・日本史と東部ユーラシア――六~十三世紀における政治的連関再考」(『歴史学研究』八七二、二〇一〇)
廣瀬憲雄「東アジア世界論の現状と展望」(『歴史評論』七五二、二〇一二)
古松崇志「契丹・宋間の澶淵体制における国境」(『史林』九〇―一、二〇〇七)
堀敏一『律令制と東アジア世界――私の中国史学(二)』(汲古書院、一九九四)
前田直典『元朝史の研究』(東京大学出版会、一九七三)
松本新八郎「原始古代社会に於ける基本的矛盾について」(歴史学研究会編『世界史の基本法則』岩波書店、一九四九)
毛利英介「澶淵の盟の歴史的背景――雲中の会盟から澶淵の盟へ」(『史林』八九―三、二〇〇六)
森安孝夫『興亡の世界史05　シルクロードと唐帝国』(講談社、二〇〇七)
山内晋次「日本古代史研究からみた東アジア世界論――西嶋定生氏の東アジア世界論を中心に」(『新しい歴史学のために』二三〇・二三一、一九九八)
山内晋次『奈良平安期の日本とアジア』(吉川弘文館、二〇〇三)
山尾幸久『古代の日朝関係』(塙書房、一九八九)

李成市『東アジア文化圏の形成』（山川出版社、世界史リブレット7、二〇〇〇）

●第二章

荒川慎太郎他編『契丹［遼］と10～12世紀の東部ユーラシア』（アジア遊学一六〇、勉誠出版、二〇一三）
荒野泰典他編『日本の対外関係3　通交・通商圏の拡大』（吉川弘文館、二〇一〇）
井黒忍「金初の外交史料に見るユーラシア東方の国際関係――『大金弔伐録』の検討を中心に」（荒川慎太郎他編『遼金西夏研究の現在』三、二〇一〇）
石井正敏「いわゆる遣唐使の停止について――『日本紀略』停止記事の検討」（『中央大学文学部紀要　史学科』三五、一九九〇）
石井正敏「寛平六年の遣唐使計画について」（中央大学人文科学研究所編『情報の歴史学』中央大学出版部、二〇一一）
石上英一「日本古代一〇世紀の外交」（『東アジア世界における日本古代史講座七　東アジアの変貌と日本律令国家』学生社、一九八二）
伊原弘・梅村坦『世界の歴史7　宋と中央ユーラシア』（中央公論社、一九九七）
石見清裕『唐の北方問題と国際秩序』（汲古書院、一九九八）
石見清裕「唐の国書授与儀礼について」（『東洋史研究』五七―二、一九九八）
榎本淳一『唐王朝と古代日本』（吉川弘文館、二〇〇八）
榎本渉「北宋後期の日宋間交渉」（『アジア遊学』六四、二〇〇四）
榎本渉『東アジア海域と日中交流――九～一四世紀』（吉川弘文館、二〇〇七）
奥村周司「使節迎接礼より見た高麗の外交姿勢――十一、二世紀における対中関係の一面」（『史観』一一〇、一九八四）
金子修一『隋唐の国際秩序と東アジア』（名著刊行会、二〇〇一）

金成奎「外国朝貢使節宋皇帝謁見儀式復元考――『開元礼』의（の）継承과（と）変容」（『宋遼金元史研究』四、二〇〇〇）
金成奎「入宋高麗国使의（の）朝貢儀礼와（と）그（その）주변（周辺）」（『全北史学』二四、二〇〇一）
島田正郎『遼朝史の研究』（創文社、一九七九）
杉山正明『中国の歴史08　疾駆する草原の征服者』（講談社、二〇〇五）
竺沙雅章『征服王朝の時代』（講談社現代新書、一九七七）
趙永春「宋金関於〝受書礼〟的闘争」（『民族研究』八六、一九九三）
趙永春『金宋関係史』（人民出版社、二〇〇五）
土肥義和「敦煌発見唐・回鶻間交易関係漢文文書断簡考」（栗原益男先生古稀記念論集編集委員会編『中国古代の法と社会』汲古書院、一九八八）
外山軍治『金朝史研究』（同朋舎、一九六四）
西村陽子「唐末『支謨墓誌銘』と沙陀の動向――九世紀の代北地域」（『史学雑誌』一一八―四、二〇〇九）
林謙一郎「大理国史研究の視角――中原史料の分析から」（『名古屋大学文学部研究論集』史学五〇、二〇〇四）
平田茂樹『宋代政治構造研究』（汲古書院、二〇一二）
廣瀬憲雄「書評　榎本淳一著『唐王朝と古代日本』」（『歴史評論』七一一、二〇〇九）
廣瀬憲雄「宋代東アジア地域の国際関係概観――唐代・日本の外交文書研究の成果から」（平田茂樹・遠藤隆俊編『外交史料から十～十四世紀を探る』東アジア海域叢書七、汲古書院、二〇一三）
舩田善之「日本宛外交文書からみた大モンゴル国の文書形式の展開――冒頭定型句の過渡期的表現を中心に」（『史淵』一四六、二〇〇九）
松本保宣『唐王朝の宮城と御前会議――唐代聴政制度の展開』（晃洋書房、二〇〇六）
毛利英介「澶淵の盟の歴史的背景――雲中の会盟から澶淵の盟へ」（『史林』八九―三、二〇〇六）

毛利英介「一〇九九年における宋夏元符和議と遼宋事前交渉――遼宋並存期における国際秩序の研究」(『東方学報(京都)』八二、二〇〇八)
毛利英介「十一世紀後半における北宋の国際的地位について――宋麗通交再開と契丹の存在を手がかりに」(宋代史研究会研究報告第九集『「宋代中国」の相対化』汲古書院、二〇〇九)
桃木至朗「唐宋変革とベトナム」(『岩波講座東南アジア史二　東南アジア古代国家の成立と展開』岩波書店、二〇〇一)
桃木至朗「『ベトナム史』の確立」(『岩波講座東南アジア史二　東南アジア古代国家の成立と展開』岩波書店、二〇〇一)
森克己『新編森克己著作集一　新訂日宋貿易の研究』(勉誠出版、二〇〇八)
森克己『新編森克己著作集二　続日宋貿易の研究』(勉誠出版、二〇〇九)
森克己『新編森克己著作集三　続々日宋貿易の研究』(勉誠出版、二〇〇九)
森部豊「唐末五代の代北におけるソグド系突厥と沙陀」(『東洋史研究』六二―四、二〇〇四)
山内晋次「古代における渡海禁制の再検討」(『待兼山論叢』史学二二、一九八八)
山内晋次『奈良平安期の日本とアジア』(吉川弘文館、二〇〇三)
渡邊誠「平安貴族の対外意識と異国牒状問題」(『歴史学研究』八二三、二〇〇七)
渡邊誠『平安時代貿易管理制度史の研究』(思文閣出版、二〇一二)

●第三章

石井正敏「五世紀の日韓関係――倭の五王と高句麗・百済」(『日韓歴史共同研究報告書』第一分科会篇、二〇〇五)
石見清裕「ラティモアの辺境論と漢～唐間の中国北辺」(唐代史研究会編『東アジア史における国家と地域』唐代史研究会報告第Ⅷ集、刀水書房、一九九九)

内田吟風『北アジア史研究　鮮卑柔然突厥篇』（同朋舎、一九七五）
榎本あゆち「南斉の柔然遣使　王洪範について――南朝政治史における三斉豪族と帰降北人」（『名古屋大学東洋史研究報告』三五、二〇一一）
河上麻由子『古代アジア世界の対外交渉と仏教』（山川出版社、二〇一一）
季増民『中国地理概論』（ナカニシヤ出版、二〇〇八）
熊谷公男「五世紀の倭・百済関係と羅済同盟」（『東北学院大学大学院文学研究科　アジア文化史研究』七、二〇〇七）
熊谷公男『日本の歴史03　大王から天皇へ』（講談社学術文庫、二〇〇八）
河内春人「倭の五王と中国外交」（『日本の対外関係1　東アジア世界の成立』吉川弘文館、二〇一〇）
坂元義種『古代東アジアの日本と朝鮮』（吉川弘文館、一九七八）
白石典之編『チンギス・カンの戒め――モンゴル草原と地球環境問題』（同成社、二〇一〇）
鈴木靖民「倭国と東アジア」（『日本の時代史二　倭国と東アジア』吉川弘文館、二〇〇二）
鈴木靖民『倭国史の展開と東アジア』（岩波書店、二〇一二）
田中俊明『古代の日本と加耶』（山川出版社、日本史リブレット70、二〇〇九）
田中史生『倭国と渡来人――交錯する「内」と「外」』（吉川弘文館、歴史文化ライブラリー一九九、二〇〇五）
礪波護・武田幸男『世界の歴史6　隋唐帝国と古代朝鮮』（中央公論社、一九九七）
任美鍔編著、阿部治平・駒井正一訳『中国の自然地理』（東京大学出版会、一九八六）
林俊雄「遊牧民族の王権――突厥・ウイグルを例に」（網野善彦他編『岩波講座天皇と王権を考える三　生産と流通』岩波書店、二〇〇二）
廣瀬憲雄「古代東アジア地域の外交秩序と書状――非君臣関係の外交文書について」（『歴史評論』六八六、二〇〇七）
廣瀬憲雄「書評　河上麻由子著『古代アジア世界の対外交渉と仏教』」（『日本史研究』六〇八、二〇一三）
堀内淳一「馬と柑橘――南北朝間の外交使節と経済交流」（『東洋学報』八八―一、二〇〇六）

松田壽男『松田壽男著作集三　東西文化の交流Ⅰ』（六興出版、一九八七）
松田壽男『松田壽男著作集四　東西文化の交流Ⅱ』（六興出版、一九八七）
三﨑良章『五胡十六国――中国史上の民族大移動【新訂版】』（東方選書、二〇一二）
吉川忠夫「島夷と索虜のあいだ――典籍の流伝を中心とした南北朝文化交流史」（『東方学報（京都）』七二、二〇〇〇）

●第四章

池田温『東アジアの文化交流史』（吉川弘文館、二〇〇二）
石母田正『日本の古代国家』（岩波書店、一九七一）
石見清裕『唐の北方問題と国際秩序』（汲古書院、一九九八）
石見清裕「唐代内附民族対象規定の再検討――天聖令・開元二十五年令より」（『東洋史研究』六八―一、二〇〇九）
石見清裕『唐代の国際関係』（山川出版社、世界史リブレット97、二〇〇九）
大隅清陽「これからの律令制研究――その課題と展望」（『九州史学』一五四、二〇一〇）
筧敏生『古代王権と律令国家』（校倉書房、二〇〇二）
門脇禎二『「大化改新」史論』上・下（思文閣出版、一九九一）
金子修一『隋唐の国際秩序と東アジア』（名著刊行会、二〇〇一）
岸俊男『日本古代文物の研究』（塙書房、一九八八）
鬼頭清明『日本古代国家の形成と東アジア』（校倉書房、一九七六）
熊谷公男『日本の歴史03　大王から天皇へ』（講談社学術文庫、二〇〇八）
沢田勲「突厥第一王朝の内乱――グミリョフ『ビザンチン史料よりみた第一突厥王朝の大紛争』について」（『駿台史学』三二、一九七三）

篠川賢『日本古代の歴史２　飛鳥と古代国家』（吉川弘文館、二〇一三）
菅沼愛語『七世紀後半から八世紀の東部ユーラシアの国際情勢とその推移――唐・吐蕃・突厥の外交関係を中心に』（溪水社、二〇一三）
鈴木宏節「唐代漠南における突厥可汗国の復興と展開」（『東洋史研究』七〇―一、二〇一一）
鈴木靖民『日本の古代国家形成と東アジア』（吉川弘文館、二〇一一）
礪波護・武田幸男『世界の歴史６　隋唐帝国と古代朝鮮』（中央公論社、一九九七）
西嶋定夫著、李成市編『古代東アジア世界と日本』（岩波現代文庫、学術25、二〇〇〇）
拝根興「〝唐羅戦争〟関連問題的再探討」（『唐研究』一六、二〇一〇）
廣瀬憲雄「壬申の乱から律令国家へ」（特別展『国宝　薬師寺展』図録、岐阜市歴史博物館、二〇一一）
廣瀬憲雄「皇極紀百済関係記事の再検討」（『日本歴史』七八六、二〇一三）
古畑徹「七世紀末から八世紀初にかけての新羅・唐関係――新羅外交史の一試論」（『朝鮮学報』一〇七、一九八三）
前島佳孝『西魏・北周政権史の研究』（汲古書院、二〇一三）
三上次男他『人類文化史四　中国文明と内陸アジア』（講談社、一九七四）
森公章『古代日本の対外認識と通交』（吉川弘文館、一九九八）
森公章『「白村江」以後――国家危機と東アジア外交』（講談社選書メチエ、一九九八）
護雅夫『古代トルコ民族史研究Ⅰ』（山川出版社、一九七七）
森安孝夫『興亡の世界史05　シルクロードと唐帝国』（講談社、二〇〇七）
山内晋次『奈良平安期の日本とアジア』（吉川弘文館、二〇〇三）
山尾幸久『古代の日朝関係』（塙選書、一九八九）
吉川真司『シリーズ日本古代史③　飛鳥の都』（岩波新書、二〇一一）
吉川忠夫『侯景の乱始末記――南朝貴族社会の命運』（中央公論社、一九七四）

李成市「新羅文武・神文王代の集権政策と骨品制」（『日本史研究』五〇〇、二〇〇四）
盧泰敦、橋本繁訳『古代朝鮮　三国統一戦争史』（岩波書店、二〇一二）

●第五章
石井正敏「八・九世紀の日羅関係」（田中健夫編『日本前近代の国家と対外関係』吉川弘文館、一九八七）
石井正敏『日本渤海関係史の研究』（吉川弘文館、二〇〇一）
石上英一「日本古代における調庸制の特質」（歴史学研究大会報告『歴史における民族と民主主義』青木書店、一九七三）
石上英一「古代東アジア地域と日本」（朝尾直弘他編『日本の社会史一　列島内外の交通と国家』岩波書店、一九八七）
石母田正『石母田正著作集四　古代国家論』（岩波書店、一九八九）
石見清裕『唐の北方問題と国際秩序』（汲古書院、一九九八）
石見清裕『唐代の国際関係』（山川出版社、世界史リブレット97、二〇〇九）
榎本淳一『唐王朝と古代日本』（吉川弘文館、二〇〇八）
太田次男『旧鈔本を中心とする白氏文集本文の研究』上・中・下（勉誠社、一九九七）
金子修一『隋唐の国際秩序と東アジア』（名著刊行会、二〇〇一）
神谷正昌「九世紀の儀式と天皇」（『史学研究集録』一五、一九九〇）
齊藤茂雄「突厥第二可汗国の内部対立——古チベット語文書（P.t.1283）にみえるブグチョル（'Bug-čhor）を手がかりに」（『史学雑誌』一二二—九、二〇一三）
坂上康俊『日本の歴史05　律令国家の転換と「日本」』（講談社学術文庫、二〇〇九）
酒寄雅志『渤海と古代の日本』（校倉書房、二〇〇一）
佐藤長『古代チベット史研究』上・下（東洋史研究会、一九五八・五九）

佐藤長「吐蕃の長安侵入について」(『京都大学文学部研究紀要』四、一九五六)
佐藤長「ダルマ王の在位年次について」(『史林』四六―五、一九六三)
佐藤長『チベット歴史地理研究』(岩波書店、一九七八)
杉山正明「帝国史の脈絡――歴史のなかのモデル化にむけて」(山本有造編『帝国の研究――原理・類型・関係』名古屋大学出版会、二〇〇三)
鈴木拓也「天平九年以後における版図拡大の中断とその背景」(今泉隆雄先生還暦記念論文集『杜都古代史論叢』同刊行会、二〇〇八)
鈴木宏節「唐代漠南における突厥可汗国の復興と展開」(『東洋史研究』七〇―一、二〇一一)
鈴木宏節「突厥可汗国の建国と王統観」(『東方学』一一五、二〇〇八)
鈴木靖民『古代対外関係史の研究』(吉川弘文館、一九八五)
田島公「日本の律令国家の『賓礼』――外交儀礼より見た天皇と太政官」(『史林』六八―三、一九八五)
東野治之『遣唐使船――東アジアのなかで』(朝日選書、一九九九)
中野高行『日本古代の外交制度史』(岩田書院、二〇〇八)
西嶋定生『西嶋定生東アジア史論集三　東アジア世界と冊封体制』(岩波書店、二〇〇二)
羽田亨「唐代回鶻史の研究」(同『羽田博士史学論文集』上、東洋史研究会、一九五七)
濱田耕策『新羅国史の研究――東アジア史の視点から』(吉川弘文館、二〇〇二)
林謙一郎「南詔国の成立」(『東洋史研究』四九―一、一九九〇)
林謙一郎「南詔国後半期の対外遠征と国家構造」(『史林』七五―四、一九九二)
廣瀬憲雄「九世紀の君臣秩序と辞官・致仕の上表――状と批答の視点から」(『ヒストリア』二一三、二〇〇九)
廣瀬憲雄「日本―渤海間の擬制親族関係について――『古代東アジア世界』の可能性」(専修大学社会知性開発研究センター『東アジア世界史研究センター年報』三、二〇〇九)

廣瀬憲雄「渤海の対日本外交文書について――六国史と『類聚国史』の写本調査から」（『続日本紀研究』三九八、二〇一二）
藤澤義美『西南中国民族史の研究――南詔国の史的研究』（大安、一九六九）
藤野月子『王昭君から文成公主へ――中国古代の国際結婚』（九州大学出版会、二〇一二）
藤原克己『菅原道真と平安朝漢文学』（東京大学出版会、二〇〇一）
古瀬奈津子『日本古代王権と儀式』（吉川弘文館、一九九八）
古畑徹「日渤交渉開始期の東アジア情勢――渤海対日通交開始要因の再検討」（『朝鮮史研究会論文集』二三、一九八六）
古畑徹「唐渤紛争の展開と国際情勢」（『集刊東洋学』五五、一九八六）
堀井佳代子「平安初期における渤海観――国書と儀式書の検討を通して」（『文化史学』六三、二〇〇七）
森公章『遣唐使と古代日本の対外政策』（吉川弘文館、二〇〇八）
護雅夫『古代トルコ民族史研究Ⅰ』（山川出版社、一九七七）
森安孝夫『興亡の世界史05　シルクロードと唐帝国』（講談社、二〇〇七）
山内晋次『奈良平安期の日本とアジア』（吉川弘文館、二〇〇三）
山内晋次「九世紀東部ユーラシア世界の変貌――日本遣唐使関係史料を中心に」（角田文衞監修、古代学協会編『仁明朝史の研究――承和転換期とその周辺』思文閣出版、二〇一一）
山口瑞鳳「ダルマ王の二子と吐蕃の分裂」（『駒沢大学仏教学部論集』一一、一九八〇）
山口瑞鳳『吐蕃王国成立史研究』（岩波書店、一九八三）
山下範久『世界システム論で読む日本』（講談社選書メチエ、二〇〇三）
吉川真司『律令官僚制の研究』（塙書房、一九九八）
吉村武彦「仕奉と氏・職位――大化前代の政治的結合関係」（同『日本古代の社会と国家』岩波書店、一九九六。初出

一九八六・九三）
吉村忠典「『帝国』という概念について」（『史学雑誌』一〇八―三、一九九九）
渡辺晃宏『日本の歴史04　平城京と木簡の世紀』（講談社学術文庫、二〇〇九）
Kiernan, V. G., "State and Nation in Western Europe," Past and Present, 31 : 20-38（1965）

●終章

池内敏『竹島問題とは何か』（名古屋大学出版会、二〇一二）
C・チャブリス&D・シモンズ著、木村博江訳『錯覚の科学』（文藝春秋、二〇一一）
東野治之『遣唐使』（岩波新書、二〇〇七）
羽田正『新しい世界史へ――地球市民のための構想』（岩波新書、二〇一一）
廣瀬憲雄「『日本史講座』删記」（『歴史評論』六七五、二〇〇六）

あとがき

あとがきから読みはじめた皆様へ。はじめまして。

本書は、二〇一〇年五月に開催された歴史学研究会大会古代史部会での大会報告、「倭国・日本史と東部ユーラシア――六～十三世紀における政治的連関再考」を基礎にして、現在までの実証研究の成果を加え、一般向けの一書として書き下ろしたものです。

本書の特徴は、「古代日本外交史」という表題が示すように、日本古代の政治的な外交関係を中心とした通史的な存在だということです。ただし本書では、これまでの「東アジア世界」論に基づく通史とは異なり、新たに「東部ユーラシア」という概念を提唱して、歴史の枠組みを大きく変えています。また、通常の通史とは異なり、自分の研究成果を中心に内容を構成していますので、目新しい事実や聞き慣れない事柄も多く登場していることと思います。新たな要素を取り入れた歴史像をお楽しみいただければ幸いです。

通史を書きたいと考えはじめたのは、名古屋大学のＹＬＣ（Young Leaders Cultivation）プログラムに採用され、名古屋大学高等研究院特任助教に在職していた二〇一一年一月のことでした。自分が提唱した「東部ユーラシア」という概念がどこまで通用するか、どのように新たな歴史像を描くことができるかを、試してみたいと思いましたし、試さなければならないとも思いました。直接の契機は、交替で自分の研究を紹介するＹＬＣセミナーで報告したことでしたが、同期の八割が理系という高等研究院の環境も、大きく影響していたのではないかと思います。

その後、愛知大学文学部に赴任することとなり、最初の著書『東アジアの国際秩序と古代日本』を刊行したところで、講談社選書メチエ編集部（当時）の山崎比呂志氏から声をかけていただきました。そこで、これ幸いと本書の準備を進めていきました。

ただし、これまでの研究をまとめただけのものを書くつもりはありませんでした。本書はあくまで一般向けの本なのですが、愛知大学赴任後の研究成果を中心に、相当量の新知見を盛り込んでいるのはそのためです。これは、ある意味「わがまま」な行為でもありますが、一般の方々だけではなく、細かい部分にもこだわる「その筋の方々」にも満足いただくため、あえてこのような構成にしました。

さて、本書を隅々まで紐解かれた方は、参考文献の九割五分までが日本語文献であることに、もしかすると奇異の念を抱かれたかもしれません。純然たる日本史ならともかく、パミール高原以東という広大な地理的範囲と、千年近い時間的範囲を対象とする本書では、当然ながら多数の外国語文献が必要ではないのか、と。もちろんこれは、私の語学力に起因するものでもありますが、一方では現在の日本の学術水準を如実に示すものでもあります。本書がこの学術水準に助けられていることは、改めて強調するまでもありません。

もう一点、本書を隅々まで紐解かれた方のために、記しておきたいことがあります。昨年ある方から、「東部ユーラシアという考え方はとても面白いのだが、本当にこれでいいのかと、実際は迷っているところもあるのではないか」と言われたことがあります。じつは、この指摘は図星です。東部ユーラシアという概念は、東アジア世界を排除するためのものではありませんし、実際に当初は、東部ユーラシア（ユーラシア東部）という語そのものを使用していませんでした。それは、東アジア世界と同様に、東部ユーラシアにも長所と問題点の両方があるからなのですが、最終的には東部ユーラシアの長所の方を重視しました。「カオスへの挑戦」への賽を投げたわけです。

本書の内容は、神奈川大学・中京大学・愛知大学での講義と、浜松市の賀茂真淵記念館での連続講演にも反映させています。特に現任校である愛知大学では、担当時間数の関係から、三年連続で特殊講義を担当することになり、やはりこれ幸いと、まだ論文にしていない赴任後の研究成果をつぎつぎと講義の題材にしました。三大学の学生たちには、講義での（無茶な）質問や課題に答えてくれたことも含めて、感謝したいと思います。また、関係文献をほとんど所蔵していた愛知大学図書館は、本書の執筆には欠かせない存在でした。

本書の製作には山崎比呂志氏と、その後任の所澤淳氏のお世話になりました。本書は私の「わがまま」の産物でもありますが、このような「わがまま」な本を刊行していただいた講談社選書メチエ編集部には、改めて感謝いたします。

二〇一四年寒九

廣瀬憲雄

［タ］

［ナ］

［ハ］

［ヤ］

［ラ］

［ワ］

索引

古《こ》代《だい》日《に》本《ほん》外《がい》交《こう》史《し》

東《とう》部《ぶ》ユーラシアの視《し》点《てん》から読《よ》み直《なお》す

二〇一四年二月一〇日第一刷発行

著者　廣《ひろ》瀬《せ》憲《のり》雄《お》

発行者　鈴木 哲

発行所　株式会社 講談社

東京都文京区音羽二丁目一二―二一　〒一一二―八〇〇一

電話（編集部）〇三―三九四五―四九六三

（販売部）〇三―五三九五―五八一七

（業務部）〇三―五三九五―三六一五

装幀者　奥定泰之

本文データ制作　講談社デジタル製作部

本文印刷　慶昌堂印刷 株式会社

カバー・表紙印刷　半七写真印刷工業 株式会社

製本所　大口製本印刷 株式会社

ISBN978-4-06-258572-9　Printed in Japan

N.D.C.210.3　254p　19cm

講談社選書メチエ　刊行の辞

書物からまったく離れて生きるのはむずかしいことです。百年ばかり昔、アンドレ・ジッドは自分にむかって「すべての書物を捨てるべし」と命じながら、パリからアフリカへ旅立ちました。旅の荷は軽くなかったようです。ひそかに書物をたずさえていたからでした。ジッドのように意地を張らず、書物とともに世界を旅して、いらなくなったら捨てていけばいいのではないでしょうか。

現代は、星の数ほどにも本の書き手が見あたります。読み手と書き手がこれほど近づきあっている時代はありません。きのうの読者が、一夜あければ著者となって、あらたな読者にめぐりあう。その読者のなかから、またあらたな著者が生まれるのです。この循環の過程で読書の質も変わっていきます。人は書き手になることで熟練の読み手になるものです。

選書メチエはこのような時代にふさわしい書物の刊行をめざしています。

フランス語でメチエは、経験によって身につく技術のことをいいます。道具を駆使しておこなう仕事のことでもあります。また、生活と直接に結びついた専門的な技能を指すこともあります。

いま地球の環境はますます複雑な変化を見せ、予測困難な状況が刻々あらわれています。

そのなかで、読者それぞれの「メチエ」を活かす一助として、本選書が役立つことを願っています。

一九九四年二月　　野間佐和子